Buchners Themen Politik

Globalisierung, internationale Politik und Konfliktbewältigung

Die politische Gestaltung der entgrenzten Welt.

bearbeitet von:
Andreas Gerster
Hartwig Riedel

C.C. Buchner Bamberg

Buchners Themen Politik
Herausgegeben von Manfred Handwerger

Band 2
Globalisierung, internationale Politik und Konfliktbewältigung
Die politische Gestaltung der entgrenzten Welt.

Bearbeitet von Andreas Gerster (Kapitel 3 und 4)
Hartwig Riedel (Kapitel 1 und 2)

1. Auflage 5 4 3 2 1 2008 07 06 05 04 03
Die letzte Zahl bedeutet das Jahr dieses Druckes.
Alle Drucke dieser Auflage sind, weil untereinander unverändert, nebeneinander benutzbar.

Grafische Gestaltung und Herstellung: creo Druck & Medienservice GmbH, Bamberg
Umschlaggestaltung: creo Druck & Medienservice GmbH, Renate Gunnermann

ISBN 3 7661 **6827** 4

Inhalt

Vorwort

Die Reihe „**Buchners Themen Politik**" ist für die gymnasiale Oberstufe konzipiert und setzt neue Akzente für den Politikunterricht: *Schülerorientierung, Problemorientierung und Methodenorientierung* standen bei der Konzeption im Vordergrund. Ziel der einzelnen Bände ist es, der Lehrerin/dem Lehrer Hilfen für einen spannenden, gut strukturierten und methodenorientierten Unterricht anzubieten. Schülerinnen und Schüler profitieren vom klaren Aufbau des Buches; schülergemäße Arbeitsmaterialien und Lerntexte erleichtern die selbstständige Arbeit mit dem Buch.

Zur Benutzung der Lehr- und Arbeitsbücher:

Ein kurzer einführender **Leitfaden** zu Beginn des Kapitels gibt Hinweise auf die Gliederung des Themas und wichtige Fragestellungen.

Der **Materialienteil** orientiert sich an der Unterrichtspraxis. Zu Beginn eines Kapitels steht ein **Einstieg (M 1)** in Form von spannenden Umfragen, Collagen, Karikaturen, Bildern, kurzen Texten etc. Er wirft interessante Fragen auf, will motivieren und gelegentlich auch provozieren.
Dann folgen **Arbeitsmaterialien**, mit denen ein Thema von den Schülerinnen und Schülern selbstständig erarbeitet werden kann. Die **aktuellen Materialien** stammen aus den unterschiedlichsten Bereichen: wissenschaftliche und journalistische Texte, Gesetzestexte, Bilder, Karikaturen, Grafiken und Statistiken sind sorgfältig ausgewählt.
Meist stehen am Ende eines Kapitels unter der Rubrik „**kontrovers diskutiert**" Texte, in denen kontroverse Inhalte eines Kapitels diskutiert werden. Hier werden Debatten angeregt und das eigene Urteil der Schülerinnen und Schüler ist gefordert.

Arbeitsfragen helfen bei der Erschließung der Texte und geben Anregungen für einen abwechslungsreichen Unterricht (Ampelspiel, Karikaturengalerie, etc.). Zusätzlich finden sich nach jedem Kapitel sorgfältig ausgewählte **Internetadressen**, die für die Weiterarbeit besonders geeignet sind.

Unter der Rubrik **Methodentraining** werden wichtige Methoden des Politikunterrichts immer an der Stelle vorgestellt, an der sich das Methodenproblem stellt. Die Methoden sind eng mit den Inhalten verknüpft, aber immer auch so erklärt, dass sie von den Schülerinnen und Schülern selbstständig auf andere Inhalte angewendet werden können.

Der Teil **Informationen und Zusammenhänge** schließt das Kapitel ab und ist besonders schülerfreundlich gestaltet. Er ist speziell für die Nacharbeit zuhause oder die Vorbereitung auf Klausuren geeignet. Hier werden für die Schülerinnen und Schüler klar und verständlich nochmals die wichtigsten Inhalte des vorausgehenden Kapitels aufgegriffen und im Zusammenhang dargestellt. Stichworte in den Randspalten erleichtern die Orientierung und verweisen auf die vertiefenden Quellen aus dem Materialienteil.

Ein ausführliches **Register** hilft beim Nachschlagen wichtiger Begriffe.

Globalisierung und Weltwirtschaft

1 Dimensionen der Globalisierung

Wir kaufen Südfrüchte in der Markthalle, finden billige und modische Textilien, die in China gefertigt sind, fliegen für 20 Euro nach London und erfahren zeitnah, was im letzten Winkel der Welt geschieht. Wir kommunizieren über das Internet in Sekunden über die Kontinente hinweg. Wir leben in einer vernetzten Welt, für die ganz neue Zeit- und Raumdimensionen gelten.

Das Schlagwort, welches die globalen Veränderungen der letzten Jahre zusammenfasst heißt 'Globalisierung'. Kapitel 1.1 geht der Frage nach, welche Dimensionen der Begriff „Globalisierung" umfasst und ob die Globalisierung zu einer Homogenisierung der vielfältigen Kulturen der Welt beiträgt.
Vor allem in der zunehmenden Dynamik des weltwirtschaftlichen Strukturwandels zeigen sich die Auswirkungen der Globalisierung. Davon sind nicht nur die großen Städte betroffen. Veränderte Angebots- und Nachfragebedingungen und eine grundlegend veränderte Wettbewerbssituation haben Auswirkungen auf praktisch alle Unternehmen und Arbeitnehmer der westlichen Industrienationen (Kapitel 1.2)
Global agierende Unternehmen sind dabei die wirtschaftlichen Einheiten, die den Prozess maßgeblich vorantreiben. Kapitel 1.3 fragt nach den Ursachen und Folgen weltweiter Unternehmenszusammenschlüsse.
Deutschland ist ein traditionell stark exportorientiertes Land, das zu den führenden Volkswirtschaften der Welt gehört. Damit ist es besonders von den Auswirkungen des globalen Strukturwandels betroffen. Welche Chancen hat der Standort Deutschland in Zukunft angesichts der sich beschleunigenden weltwirtschaftlichen Veränderungen? Kapitel 1.4 versucht auf diese Frage eine Antwort zu finden.
Wie steht es um die Verteilung des Reichtums auf der Welt? Vermehrt die Globalisierung automatisch den Wohlstand aller Länder oder ist sie verantwortlich für eine sich immer weiter öffnende Kluft zwischen Arm und Reich? Kapitel 1.5 geht der Frage nach, welchen Einfluss die Globalisierung auf die Entwicklungschancen der ärmeren Länder haben kann.

1.1 Globalisierung und Alltagswelt

M 1 Die Karriere des Wortes Globalisierung

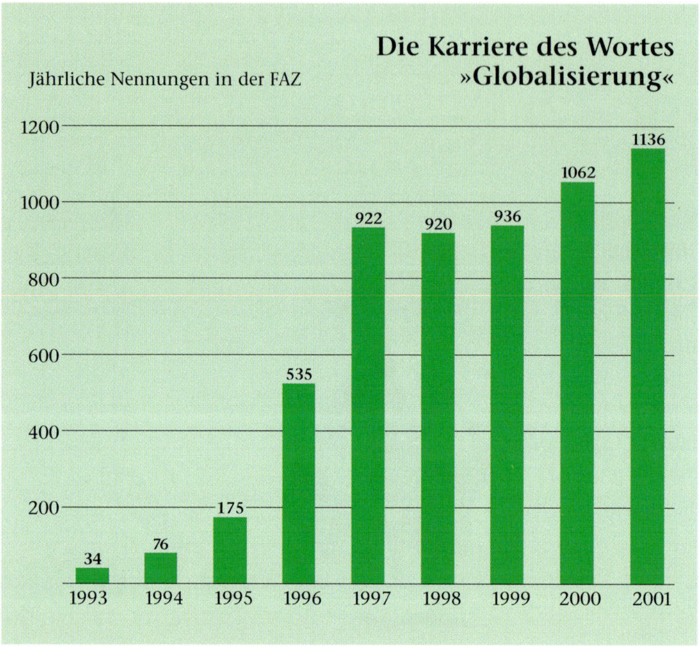

Deutscher Bundstag (Hg.), Globalisierung der Weltwirtschaft, Schlussbericht der Enquete-Kommission, Opladen 2002, S. 49

M 2 Annäherung an einen schillernden Begriff

Vor drei Jahren hatte die Hälfte der Deutschen den Begriff Globalisierung noch nie gehört. Heute kennt ihn praktisch jeder. Keine politische Debatte, keine Rede zur Zukunft der Gesellschaft, keine wirtschaftliche Analyse kommt ohne dieses Wort aus.

Die „Eine Welt" – vor ein paar Jahren noch die Zukunftshoffnung alternativer Bewegungen und so genannter „Dritte-Welt-Gruppen" – scheint nun durch grenzüberschreitende Finanzströme und Firmenfusionen, durch Internet und Mobiltelefon auf ganz andere Weise Wirklichkeit zu werden, als das einst gemeint war.

Das Wort „Globalisierung" begegnet uns nun beinahe täglich als Argument, als Argument allerdings für alles Mögliche: für radikale Bildungsreformen, für Englisch lernen schon im Kindergarten, aber auch für den Abbau von Arbeitsplätzen, für die Lockerung von ethischen Standards, zum Beispiel in der Gentechnik, für die Verlagerung von Firmensitzen, für den Zusammenschluss von Unternehmen – und schließlich als Grund dafür, dass es das ganze Jahr über Erdbeeren gibt.

Die einen sagen, die Globalisierung führe zum Verlust vertrauter Bindungen und zur

Schwächung des Nationalstaates – und sie haben Angst davor. Andere feiern, dass die Herrschaft des Marktes und seiner Gesetze bald überall und für alles gilt.

Manchen erscheint all das wie ein unentrinnbares Schicksal, wie ein Verhängnis, anderen wie die Verheißung eines goldenen Zeitalters. Das Stimmengewirr ist groß und auch die Unsicherheit darüber, was Globalisierung bedeutet – für jeden Einzelnen, für die Familien, für unsere Gesellschaft als ganze:

Es hat mit Globalisierung zu tun, wenn die Firma, in der man arbeitet, plötzlich mit Betrieben aus Gegenden der Welt konkurriert, von denen man bisher kaum gehört hatte.

Es hat mit Globalisierung zu tun, wenn sich junge Leute, die durch die Anden wandern, aus dem Internetcafe in Quito bei ihren Eltern in Oberursel melden und mal eben per E-Mail die ersten digitalen Fotos schicken.

Es hat mit Globalisierung zu tun, wenn wir vom PC aus unseren Urlaub buchen und wenn Studenten sich nachmittags aus dem Internet Material aus Amerika für ihre Hausarbeit holen.

Es hat mit Globalisierung zu tun, wenn in dem Auto, das wir kaufen, die Teile aus vielen Ländern kommen, wenn also das „Made in Germany“ manchmal nur noch für die Idee, für die Endmontage oder für den Namen steht.

Es hat mit Globalisierung zu tun, wenn Menschen in aller Welt am 11. September live miterleben mussten, wie das World Trade Center Tausende von Menschen unter sich begrub.

Es hat mit Globalisierung zu tun, wenn aus abgelegenen Berghöhlen ein Verbrechen geplant und gesteuert wird, das die ganze Welt erschüttert.

Aus der Geschichte wissen wir: Nichts, keine technische Erfindung, keine politische Entwicklung, keine gesellschaftliche Veränderung führt automatisch und für alle ausschließlich zum Schlechteren oder zum Besseren. Auch bei der Globalisierung kommt es darauf an, was wir aus den neuen Möglichkeiten machen.

Viele fragen heute aber: Kann man denn überhaupt etwas machen? Ist die Globalisierung nicht unbeeinflussbar, ist sie nicht wie ein Naturereignis, dem wir ausgeliefert sind? Dann wäre es tatsächlich sinnlos, auch nur zu überlegen, wie man gestaltend eingreifen kann und wer das tun sollte.

Nein, die Globalisierung ist kein Naturereignis. Sie ist von Menschen gewollt und gemacht. Darum können Menschen sie auch verändern, gestalten und in gute Bahnen lenken.

Man muss aber genau hinsehen: Es gibt großartige neue Chancen – und es gibt handfeste Interessen.

Es gibt Leute, die bestimmen – und es gibt Menschen, die haben nichts zu sagen. Es gibt mehr Wohlstand und mehr kulturellen Austausch – und es gibt Länder und Regionen, die werden abgehängt.

Wir können und wir müssen fragen: Wer sind – bisher – die Gewinner, wer sind – bisher – die Verlierer der Globalisierung? Wo erschließt uns die Globalisierung Zugang zu fremden Kulturen? Und wo führt sie zu einem undefinierbaren Einerlei der Lebensstile, dazu, dass alle das Gleiche essen und dieselben Filme sehen? Kommen wir uns nicht etwa zu nah? Gehört nicht auch Abstand zu den Fortschritten der Zivilisation, die Möglichkeit, Distanz zu halten? Von der Globalisierung sind wir alle betroffen – noch bevor alle genau wissen, wie sie eigentlich funktioniert. Darum müssen wir zu begreifen versuchen, was geschieht und warum es geschieht. Wir müssen die Globalisierung als politische Herausforderung verstehen und politisch handeln. Damit wir die Globalisierung gestalten können, brauchen wir neue politische Antworten.

Johannes Rau, Chance, nicht Schicksal – die Globalisierung politisch gestalten, „Berliner Rede“, 13.5.2002

M 3 Globalisierung – die Vernetzung der Welt

Autorengrafik

M 4 Schafft Globalisierung einen kulturellen Einheitsbrei?

Modisch gekleidete Chinesin in Shanghai

Das auffälligste Merkmal – und das wird von vielen Kritikern als alleiniges Kennzeichen wahrgenommen – ist die Angleichung eines Teilbereiches des kulturellen Lebens über universelle Bilderwelten, ... gleichen Konsumgütern, die von ... den internationalen Konzernen in alle Weltgegenden transportiert werden.

Im niederbayerischen Dorf werden die gleichen „Seifenopern" gesehen wie in New York, Tokio, Bombay oder in den Favelas von Rio de Janeiro. 800 Millionen Barbiepuppen weltweit propagieren das Schönheits- und Lebensideal der weißen US-amerikanischen Mittelschicht, und inzwischen stammeln in 120 Ländern die Teletubbies ihr „Winke, winke" über die Bildschirme. ...

Diese kulturelle Nivellierung betrifft vor allem die Bereiche der Unterhaltungskultur, die über Film, Fernsehen und Rundfunk, Kassetten, CDs und Videos zu den Menschen kommen, sowie zahlreiche Konsumgüter. Viele dieser Angebote für das alltägliche Leben wie Kleidung, Essen und Trinken sind gleichermaßen Gebrauchsgegenstände und – wenn es sich um bestimmte Markenerzeugnisse handelt – ästhetisch-kulturelle Kennzeichen. Nike-Schuhe oder eine Adidas-Hose, zu tragen, Coca Cola zu trinken und bei McDonalds zu essen symbolisiert einen Lebensstil und ist mindestens ebenso sehr kultureller Ausdruck wie die Befriedigung eines körperlichen Bedürfnisses. Das gilt inzwischen in der ganzen Welt – wobei die strukturelle Ungleichheit zwischen den verschiedenen Weltgegenden hier besonders drastisch ins Auge fällt: Viele internationale Konzerne lassen ihre Markenprodukte in Ländern des Südens unter erbärmlichen – Arbeitsbedingungen produzieren... Aber die, die sie herstellen, können sie nicht kaufen, da sie für sie zu teuer sind.

Bernd Wagner, Kulturelle Globalisierung, in: Aus Politik und Zeitgeschichte B 12/22.3.2002, S. 14

Mögliche Fogen der kulturellen Globalisierung

M 5

Folgen wir den öffentlichen Meinungsmachern, dann läuft kulturelle Globalisierung auf eines von zwei Szenarien hinaus: Im weit verbreiteten Bild der globalen Kulturschmelze werden kulturell einst eigenständige Gesellschaften von weltweit verfügbaren Waren und Medien überschwemmt. In einer Welt, in der Menschen von Bratislawa bis Bangkok Big Macs essen, Jeans tragen, auf raubkopierten Windowsversionen arbeiten und MTV sehen, erscheint kulturelle Vielfalt akut bedroht. Und da die meisten der globalen Güter und Ideen westlichen Ursprungs sind, liegt es nahe, in der Globalisierung nur einen neuen Namen für Amerikanisierung oder Westernisierung“ zu sehen.

Die zweite, nicht weniger apokalyptische Zukunftsvision sieht die Welt in kultureller Fragmentierung[1] und interkulturellen Konflikten versinken. Als Antwort auf die Homogenisierung scheint den Menschen nur noch die Abschottung gegen Fremdeinflüsse und die Zuflucht zu einem übersteigerten ethnischen Bewusstsein übrig zu bleiben.

Ethnische Minderheiten, aber auch transnationale Zusammenschlüsse wie die der Schwarzen, Homosexuellen oder Native Americans berufen sich auf ihre kulturellen Besonderheiten, um Anerkennung zu erlangen, Rechte im nationalen Raum durchzusetzen und Förderungen zu erhalten. Viele dieser Bewegungen haben erkannt, dass ihre Anliegen nur auf der globalen Ebene Gehör finden und mit Hilfe globaler Strukturen durchgesetzt werden können. Um von Men-

Straßenszene in Peking mit westlicher Reklame 2001

schen außerhalb der eigenen Gruppe gehört und verstanden zu werden, artikulieren sie ihre kulturellen Besonderheiten auf eine standardisierte Art und Weise. Jede „Kultur" beruft sich auf weltweit gültige Kategorien (eigene Sprache, Lebensstile, Weltbilder oder Rituale) ...

Die Betonung kultureller Eigenheiten birgt aber auch die Gefahr der Verabsolutierung kultureller Unterschiede und eines von Hass und Rassismus geprägten Ethnozentrismus. In Ethnographien über die Ursachen ethnischer oder ethnisch-religiöser Gewalt in Burundi, Nordirland und Jugoslawien wird deutlich, dass körperliche Gewalt zwischen ehemals friedlich koexistierenden Bevölkerungsgruppen eng mit einer existenziellen Unsicherheit bezüglich der eigenen Identität verbunden ist. Diese ... Unsicherheit (Wer bin ich? Wer ist der andere?) nimmt im globalen Zeitalter zu und kann, politisch instrumentalisiert, in mörderischen Ethnozentrismus umschlagen. ... Als Antwort auf die Homogenisierung scheint den Menschen nur noch die Abschottung gegen Fremdeinflüsse und die Zuflucht zu einem übersteigerten ethnischen Bewusstsein übrig zu bleiben. Die These von Kultur als neuer Konfliktlinie – Samuel P. Huntingtons „Kampf der Kulturen" – scheint sich durch die wachsende Anzahl ethnischer und religiöser Konflikte in Sri Lanka, Indonesien oder auf dem Balkan zu bestätigen. Seit dem 11. September 2001 hat dieses Szenario auch für die reichen westlichen Industriestaaten bedrohlich an Aktualität gewonnen. ...

Im Globalisierungsprozess entstehen unendlich viele neue Kulturformen und Lebensweisen. Durch die weltweite Verfügbarkeit bestimmter Waren und Ideen verändern sich lokale Kulturen und gehen ungewohnte Kombinationen miteinander ein. Die Grenzen zwischen dem Eigenen und dem Fremden verwischen sich. Diese Kulturmelange lässt sich an Individuen beobachten, kennzeichnet zunehmend aber auch ganze Gesellschaften. ... Auch in Deutschland werden in wenigen Jahren 40 bis 50 Prozent aller Kinder und Jugendlichen in den Großstädten aus Zuwandererfamilien kommen, und heute schon entstammt jedes neunte Neugeborene einer interkulturellen Partnerschaft. Die neu entstehenden Gemeinschaften, wie die der Latinos oder der Afro-Deutschen, verändern das Deutsche auf unspektakuläre, aber nachhaltige Weise. ...

Immer mehr Musiker bedienen sich der Stile und Rhythmen aus aller Welt. Die südafrikanische Kwaito-Musik, ein Amalgam aus Rap, Hip-Hop und afrikanischem Pop, wird als Ausdruck des Lebensgefühls der jungen Regenbogennation zelebriert, und Peter Gabriel oder das Kronos Quartett haben durch die afrikanische Einfärbung ihrer Musik Millionenbeträge eingespielt. ...

Die Welt gleicht einem Mosaik, dessen Steinchen die Kulturen sind. Kultur und lokale Gemeinschaft sind in diesem Bild identisch. Aber wie aussagekräftig ist die kulturelle oder nationale Herkunft heute? Im Hennes&Mauritz am Potsdamer Platz treffen russische Einwanderer auf deutsche oder türkische Jugendliche, Webdesignerinnen auf Buchhalter, Charlottenburger auf Menschen aus Marzahn. Sie alle tragen Canvashosen, kaufen CD-ROMs und mögen Falaffel. Marktforschungsunternehmen haben die flexibilisierten Identitäten schnell erkannt und ihre Konzepte angepasst. So erstellte die amerikanische Marktforschungsagentur Claritas eine hoch aufgelöste Landkarte der US-amerikanischen Gesellschaft, die nicht mehr auf Herkunft, sondern geschmacklichen Vorlieben und Lebensstilen basiert. Nun sind US-Amerikaner nicht mehr „Hispanics" oder „Black Americans", sondern gehören zu den Lebenstilkategorien „Money&Brains" (wohlhabende, politisch-korrekte Professionals) oder „Rustic Elders" (wenig begüterte, ländliche Rentner).

Joana Breidenbach / Ina Zukrigl, Widersprüche der kulturellen Globalisierung: Strategien und Praktiken, in: Aus Politik und Zeitgeschichte B 12/22.3.2002, S. 19 ff.

[1] *Zerfall, Aufsplitterung*

Internet und Kommunikation in der Familie

M 6

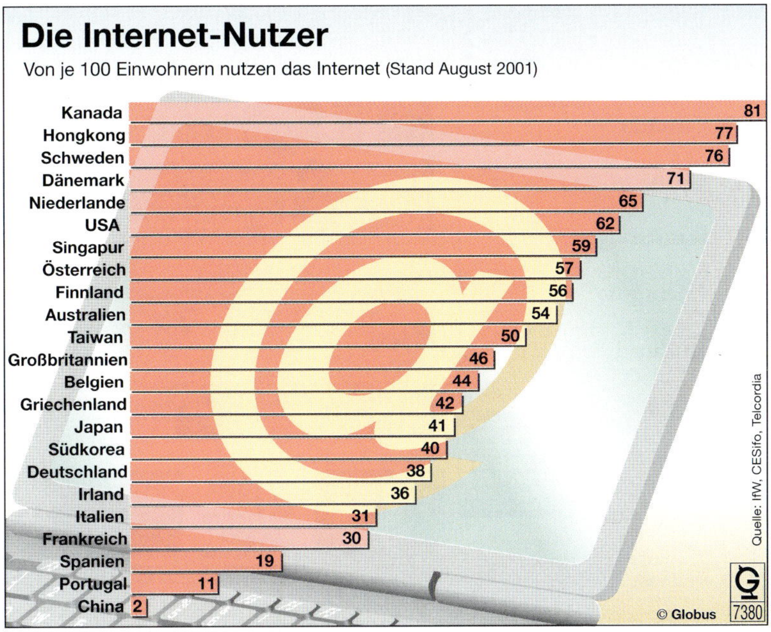

Globale Kommunikationstechnologien haben oft unvorhersehbare Konsequenzen. Das Internet beispielsweise verstärkt einer populären Auffassung zufolge die weltweite Tendenz zur Individualisierung und Vereinzelung. Doch seit 1995 auf Trinidad die ersten Netzanschlüsse gelegt wurden, hat das Familienleben einen unerwarteten Aufschwung erhalten. Die meisten trinidadischen Familien sind transnational, d. h., Mitglieder der Kernfamilie leben zu Studien- oder Arbeitszwecken im Ausland, so z. B. in den Vereinigten Staaten, in Kanada, in Venezuela, aber auch in Großbritannien, Dänemark oder Botswana. Vor Ankunft des Internets ... war die trinidadische Familie als zentrale Institution des sozialen Lebens akut bedroht. Die Kommunikation zwischen Trinidad und Übersee verlief schleppend. Wir schreiben nicht gerne Briefe, sagen Trinidader von sich, und da Telefonieren teuer ist, griff man nur zu besonderen Anlässen zum Hörer.

Mit dem Internet kam das neue Medium E-Mail: kostengünstig, schnell und vergnüglich. Plötzlich konnten Familienbeziehungen gelebt werden, welche die geographische Distanz eigentlich verhinderte. Trinidader nutzen sie für den alltäglichen Plausch und stellen so die Intimität her, die sie von einem normalen Familienleben erwarten. George lebt schon seit vielen Jahren in London. Wenn er sich Samstagnachmittag wie jede Woche in den Chatroom „De Trini Lime" einloggt, dann sitzen in Trinidad schon eine Reihe von Familienmitgliedern, seine Eltern, Tanten und Cousins, gemeinsam vorm Bildschirm. Drei Stunden lang chatten sie, berichten, wer wen getroffen hat, wie es Freunden und Verwandten in der letzen Woche ergangen ist. ...

Und ebenso wie im realen Leben ruft auch der medial vermittelte enge Familienkontakt gemischte Emotionen hervor: Einerseits fühlt man sich sicher und geborgen, andererseits eingeengt und kontrolliert. Wie Ann-Marie, die in London studiert. Jeden Tag erhält sie E-Mails von ihrer Mutter aus Port-of-Spain. Die Mutter verfolgt den Wetterbericht und schreibt: Diese Woche wird bei euch die Sonne ein wenig scheinen. Zieh dich trotzdem warm an. Iss was Anständiges. Und vergiss deine Vitamintabletten nicht!

Joana Breidenbach / Ina Zukrigl, Widersprüche der kulturellen Globalisierung: Strategien und Praktiken, in: Aus Politik und Zeitgeschichte B 12/22.3.2002, S. 21

M 7 International Features MTV

MTV Brazil
MTV Europe
MTV Canada
MTV China
MTV France
MTV Germany
MTV Holland
MTV India
MTV Italy
MTV Japan
MTV Korea

MTV Latin America
MTV Nordic
MTV Poland
MTV Russia
MTV South East Africa
MTV Spain
MTV Taiwan/ HK
MTV UK

MTV2 Europe
MTV2 Germany

AUFGABEN

1. Formulieren Sie eine erste, möglichst umfassende Definition des Begriffs Globalisierung (M 1 bis M 3).
2. Erörtern Sie die möglichen Auswirkungen der Globalisierung auf die Kultur eines Landes (M 4-M 6).
3. **Projekt-/Referatvorschlag.** M 3 zeigt die Dimensionen der Globalisierung. Einzelne Aspekte lassen sich als Referatsthemen oder Hausarbeitsthemen bearbeiten. Darüber hinaus eignen sich die verschiedenen
   Aspekte auch als Thema für den Seminarkurs oder projektorientiertes Arbeiten im Kurs.

LINKS

www.globalisierung-online.de (anschaulich aufbereitete Seite zum Thema Globalisierung)

www.edupolis.de/konferenz2002.galerie (virtuelle Galerie von internationalen Künstlerinnen und Künstlern, die sich in Bildern mit dem Thema Globalisierung befasst haben)

Informationen und Zusammenhänge

Dimensionen der Globalisierung
M 1 - M 3

Globalisierung hat zahlreiche Facetten – wirtschaftliche, politische, gesellschaftlich-soziale, kulturelle und rechtliche, die eine begriffliche Klärung erschweren. Allen Dimensionen gemeinsam ist die zunehmende globale Vernetzung, Interdependenz und Entgrenzung von Lebensbereichen, die vormals relativ autonom und begrenzt gestaltet waren.

Globalisierung und kulturelle Identität
M 4 - M 7

Im Bereich der Konsum- und Unterhaltungsindustrie ist die weltweite Angleichung der Alltagswelt vor allem bei Jugendlichen schon weit fortgeschritten. Die Globalisierungskritiker sprechen von der McDonaldisierung, einer hegemonialen Ausbreitung des amerikanischen Wirtschafts- und Lebensstils, die kulturelle Vielfalt nicht mehr zulässt. Die Folge daraus können kulturelle Abschottungstendenzen, Fragmentierungen und kulturelle Konflikte sein. Andererseits werden durch den massiven Einfluss westlicher Konsumgüter und Konsummuster lokale kulturelle Traditionen wiederentdeckt. Die Vermischung unterschiedlicher kultureller Traditionen führt möglicherweise zu einer neuen bunten Vielfalt kulturellen Lebens.
Das Internet, welches gleichsam ein Symbol der Globalisierung darstellt, revolutioniert die Kommunikation hinsichtlich ihrer Raum- und Zeitdimensionen. Es ermöglicht in Sekundenschnelle die Verbreitung von Informationen, Ideen, Werten und Meinungen.

1.2 Globalisierung als Ausdruck des weltwirtschaftlichen Strukturwandels

M 1 Panik in Granit

Grabsteine auf US-Friedhof: fieberhafte Pläne für die Heimatverteidigung

Die Grabsteinindustrie im US-Städtchen Elberton sah einer glänzenden Zukunft entgegen – bis eine chinesische Firma in den Ort kam.

Das Städtchen Elberton im Nordosten des US-Bundesstaates Georgia lässt keinen Zweifel daran, dass es steinreich ist. Das fröhliche „Willkommen" am Ortseingang ist in grauen Fels gehauen, die Bank glänzt vornehm in poliertem Granit, im Baseballstadion sitzen die Fans auf massiven Steinquadern, selbst die Öffnungszeiten der Anonymen Alkoholiker sind in Stein gemeißelt. Grabmale und Monumente säumen die Hauptstraße, und wer das eigentümlich findet, erfährt auf einer riesigen Häuserwand: „Elberton ist die Granithauptstadt der Welt."

Ein Drittel aller US-Grabmale stammen von hier. Allein vergangenes Jahr wurden 250 000 Stück aus der grau-blauen Vene gehauen, die sich 56 Kilometer lang und knapp 10 Kilometer breit unter dem Ort entlangzieht und 2300 Menschen Lohn und Brot beschert. Jeder Fünfte in der Region ist direkt oder indirekt vom Granitgeschäft abhängig. Damit immer genügend Personal für die schwere Arbeit zur Verfügung stand, hat sich die Stadt lange um keine anderen Industrien bemüht. 45 Steinbrüche klaffen wie kleine Canyons in und um Elberton, 150 steinverarbeitende Betriebe gibt es, dazu rund 130 Werkzeugfirmen, Speditionen, Broker.

Fast alle davon sind Familienunternehmen, sagt Bürgermeisterin Iola Stone, und gerade das mache aus der Stadt eine „nachbarschaftliche Gemeinschaft voller Wärme, Nähe und Gastfreundschaft". Das hätte noch lange so bleiben können, denn die Anzahl der potenziellen Kunden wächst. Über 2,4 Millionen Amerikaner starben im Jahr 2000, zwölf Prozent mehr als zehn Jahre zuvor. Zwar bereitet der Trend zur tragbaren Urne und zum Gemeinschaftsmausoleum der Branche einiges Kopfzerbrechen. Gleichzeitig aber kommt die Baby-Boomer-Generation ins Alter, und die begeistert sich mehr für denkwürdige Gräber und pompöse Familiengruften.

Doch plötzlich, ein Jahr vor den Feierlichkeiten zum 200. Stadtgeburtstag, gerät die Zukunft von Elberton ins Wanken. „Der Schatten der Globalisierung senkt sich über die US-Grabsteinindustrie", warnt Tom Robinson, Geschäftsführer der Elberton Granite Association (EGA).

Der Schatten hat sich nur wenige Meter neben dem Ortskern niedergelassen, eine weiße Lagerhalle gleich neben den Bahngleisen. Hier zog 1998 die Firma Sinostone ein, eine Tochter der chinesischen Wanli Stone Group aus Xiamen. Sinostone importiert fertig polierte Grabmale aus China. Und verkauft sie in den USA für die Hälfte der einheimischen Preise.

Anfangs, so erzählt Robinson, habe man die Konkurrenz relativ gelassen hingenommen. Schließlich habe man vor Jahren einen ähnlichen Angriff indischer Wettbewerber souverän abgewehrt. Die waren ebenfalls mit fertigen Billigprodukten in den US-Markt eingebrochen. Doch die Qualität des Steins war nicht konkurrenzfähig, das Material blich aus, die Lieferanten waren unzuverlässig, und die Großhändler machten schon bald einen Bogen um indische Grabmale.

Die Chinesen haben aus dieser Lektion gelernt. Sie kamen mit besseren Produkten, zunächst in die großen Hafenstädte. Sie studierten den Markt. Und zogen nach Elberton.

„Wir zahlen unseren Arbeitern Stundenlöhne von 15 bis 25 Dollar, die Chinesen schuften 16 Stunden für einen Dollar am Tag. Wie sollen wir da konkurrieren?", klagt Bob Paul von Eagle Granite.

Gene Roberts, Präsident von Old South Granite, marschierte Anfang des Jahres kurzerhand zu Sinostone-Geschäftsführerin Su Xian. Ihre Steine seien zu billig, sagte er ihr, das würde amerikanische Jobs vernichten. Chinesische Menschen brauchen auch Jobs, habe die ihm geantwortet.

Inzwischen verlässt Su Xian nur noch ungern ihr Büro. Sie verweigert jede Auskunft, und ihre drei Beschäftigten, zwei Chinesen und ein Amerikaner, müssen ebenfalls schweigen. Kein Wunder, sagt ein ehemaliger Mitarbeiter, der Sinostone beim Aufbau geholfen hat. Den Chinesen würde nur 300 Dollar im Monat bezahlt, plus Kost und Logis. Nach Hause dürften sie erst, wenn die Firma das gestattet. Und die persönliche Kontaktaufnahme zu Amerikanern sei unerwünscht.

Ein paar Straßen weiter, in der Zentrale der Elberton Granite Association, schmiedet Tom Robinson derweil fieberhaft an der Heimat-Verteidigung. Ihm schwebt das Schicksal der japanischen Schwesterstadt Mure vor Augen. Dort haben chinesische Billiggrabsteine die heimische Industrie innerhalb weniger Jahre völlig zerstört.

„Freier Handel bedeutet auf lange Sicht eine Bedrohung für Amerikas ökonomische Unabhängigkeit", sagt Robinson. „Die Stahl-, Textil- und Elektronikindustrie, einst Ikonen amerikanischen Handwerks, sind bereits vernichtet. Wenn wir so weitermachen, kann uns die ganze Welt erpressen."

Michaela Schießl, Der Spiegel Nr. 33, 12.08.2002 (www.spiegel.de/spiegel/0,1518,209138,00.html)

M 2

China – ein wachsender Riese

China und USA im Vergleich

	CHINA	USA
BSP/Kopf	840 $	34100 $
Dienstleistung	33 %	72 %
Industrie	50 %	26 %
Landwirtschaft	17 %	2 %
Arbeitslosigkeit	13 %	5 %

	CHINA	USA
Einwohner/km²	134	31
Bev.-Wachstum	0,7 %	0,9 %
Kindersterblichkeit	4,1 %	0,8 %
Alphabetisierung	83,5 %	99 %
Einwohner/Arzt	3446	381

Aktuell 2003, Harenberg Lexikon der Gegenwart, Dortmund 2002, S. 448, 611

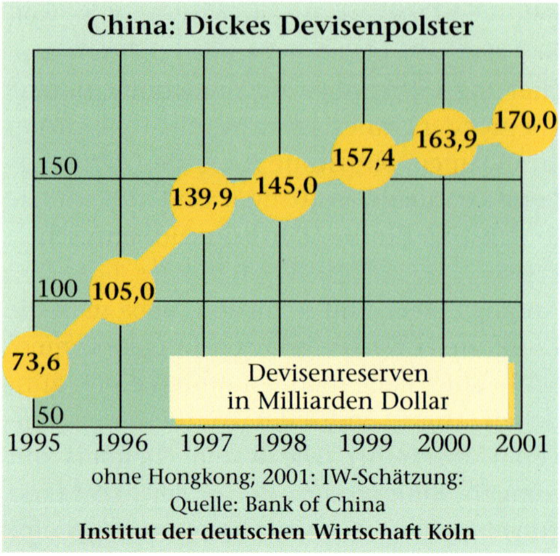

iwd-Informationsdienst des Instituts der deutschen Wirtschaft Köln Nr. 36, 5.9.2002

M 3 Globalisierung – neuer Begriff für ein altes Phänomen?

Zu klären ist ... zunächst, um was es überhaupt geht, wenn von Globalisierung im wirtschaftlichen Sinne gesprochen wird. ... Das nahe liegendste Begriffsverständnis zielt auf den Grad der Handelsverflechtung: Danach ist die Weltwirtschaft um so stärker „globalisiert“, je höher die Weltexportquote, je höher also der Anteil der Weltproduktion ist, der grenzüberschreitend gehandelt wird. In diesem Sinne war die zweite Hälfte des 20. Jahrhunderts bisher tatsächlich eine Zeit kontinuierlicher Globalisierung, denn die Weltexportquote stieg von rund 7 Prozent (1950) über 12 Prozent (1973) bis auf 17 Prozent im Jahre 1993.

Dieser Anstieg wird allerdings im historischen Vergleich etwas relativiert, da er zum Teil nicht mehr bedeutete als die Rückkehr zu dem Grad der Außenhandels-Verflechtung, wie er vor Ausbruch des Ersten Weltkriegs als Ergebnis einer langen Phase der weltwirtschaftlichen Integration vorherrschte. So lag die Weltexportquote – soweit für die damalige Zeit überhaupt sinnvoll messbar – 1913 bei immerhin schon rund 12 Prozent, also bereits auf dem Niveau von 1973, im Vergleich zu etwa 5 Prozent Mitte des 19. Jahrhunderts. Rein quantitativ unterscheidet sich also die Globalisierung heute weit weniger von der des frühen 20. Jahrhunderts, als viele öffentliche Äußerungen von Beobachtern glauben machen.

Strukturelle Veränderungen im Welthandel

Aber die wachsende Handelsverflechtung hat natürlich auch eine strukturelle Seite und da hat sich erheblich mehr getan. Es fallen vor allem zwei Tatsachen auf:

1. die Zunahme des Handels zwischen Industrieländern, und zwar oft innerhalb der gleichen Produktkategorien, und
2. der Aufstieg einer Reihe von vormals armen Entwicklungsländern – fast alle im östlichen Teil Asiens gelegen – in die Liga wichtiger Exportnationen.

Erstens: Ohne viel Übertreibung lässt sich sagen, dass noch zu Beginn des 20. Jahrhunderts der Handel der führenden Industrienationen einem einfachen Muster folgte: Export von Fertigwaren gegenüber Import von Rohstoffen. Entsprechend gering war die Handelsverflechtung der damals führenden Volkswirtschaften untereinander. Dies

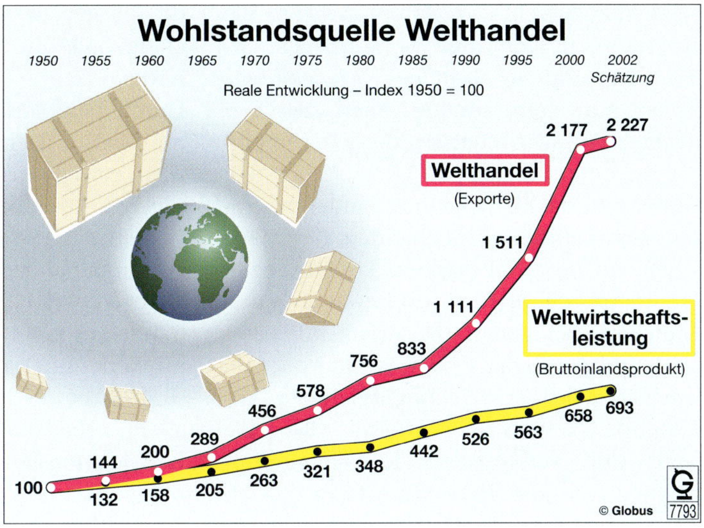

ist in den letzten Jahrzehnten ganz anders geworden: Industrieländer exportieren und importieren vor allem Fertigwaren, aber oftmals solche, die sich in ihren Funktionen nur wenig voneinander unterscheiden. Dieser intra-industrielle Handel, wie man ihn in der Fachsprache nennt, findet vor allem zwischen den reichen Industrieländern statt. Das meist zitierte Beispiel dafür ist die Automobilbranche: VW exportiert nach Frankreich, Renault nach Deutschland, und beide Automobilkonzerne bedienen dabei fast die gleichen Marktsegmente.

Warum ist dies so? Die Antworten liegen eigentlich auf der Hand: Mit steigendem Wohlstand werden die Bedürfnisse der potenziellen Käufer von Produkten immer differenzierter, und die Anbieter reagieren darauf, indem sie sich entsprechend spezialisieren. Der technische Fortschritt tut ein Übriges als Quelle der Differenzierung, vor allem auch bei Investitionsgütern, wo reine Geschmacksfragen stark in den Hintergrund treten. Die Herstellung eines typischen industriellen Produkts erfordert heutzutage den Einkauf einer Vielzahl unterschiedlicher Vorprodukte, die selbst schon technisch hochwertige und hoch spezialisierte Fertigwaren sind und nicht einfach Rohstoffe. Dass der Ankauf solcher Vorprodukte dabei immer stärker die nationalen Grenzen überschreitet, und zwar besonders die Grenzen hoch entwickelter Volkswirtschaften, ist letztlich die Konsequenz gesunkener Transport- und Kommunikationskosten sowie einer zunehmenden Feinstruktur des technischen Wissens, die eine Aufspaltung vieler komplexer Produktionsprozesse notwendig macht. ...

Zweitens: Die zweite strukturelle Veränderung im Welthandel, die sich vor allem für die letzten beiden Dekaden beobachten lässt, ist der Aufstieg einiger Schwellenländer[1] zu wichtigen Exportnationen, vor allem der so genannten ostasiatischen „Tiger“ Südkorea, Taiwan, Singapur und Hongkong. Für diese Länder selbst ist der Aufstieg ohne Zweifel im positiven Sinne dramatisch, zumal er mit einer Verbesserung des Lebensstandards verbunden ist, deren Tempo in der Wirtschaftsgeschichte ihresgleichen sucht. ...

Gesunkene Transport- und Kommunikationskosten

Es besteht kaum Zweifel, dass weltweit die Transport- und vor allem die Kommunikationskosten in den letzten Dekaden deutlich gesunken sind. Nicht im geographischen, wohl aber im ökonomischen Sinne ist die Welt erheblich geschrumpft. Dies eröffnet für einzelne Unternehmen und ganze Industriezweige zunehmend die Möglichkeit, die Wertschöpfungskette ihrer Produktion nach wirtschaftlich Kriterien räumlich aufzuspalten, und zwar im weltweiten Rahmen. Damit öffnet sich eine neue Dimension des intraindustriellen Handels, diesmal nicht mehr nur zwischen Volkswirtschaften, die geographisch nicht weit voneinander entfernt sind und ein ähnliches Entwicklungsniveau aufweisen, sondern auch zwischen solchen Volkswirtschaften, die wir gemeinhin zu „unterschiedlichen Welten" rechnen. Früher galt, dass Entwicklungsländer in einigen klar definierten Segmenten der Wirtschaft auf den Weltmärkten konkurrenzfähig waren oder werden, und zwar in jenen Branchen, bei denen die Arbeitsintensität der Produktion relativ hoch ist und/oder relativ standardisierte Technologien zur Anwendung kommen. Klassische Beispiele dafür sind verschiedene Konsumgüterindustrien wie die Herstellung von Bekleidung, Textilien, Spielwaren und Ledererzeugnissen, aber auch die Produktion von Rohstahl und einfachen Chemikalien.

Heutzutage ist die Produktpalette erheblich breiter geworden. Wichtiger noch: Sie lässt sich nicht mehr leicht einzelnen Branchen zuordnen, weil Unternehmen auch in Hochtechnologiebereichen immer mehr dazu übergehen, Teile des Produktionsprozesses in Länder mit niedrigen Lohnkosten auszulagern. Die Computerbranche ist dafür ein gutes Beispiel: Während Halbleiter, Mikroprozessoren und Bildschirme als forschungsintensivere Bestandteile eines Personal Computers typischerweise in Industrieländern hergestellt werden (wobei wir Südkorea bereits dazurechnen!), lassen die Produzenten der Branche das Gehäuse und sonstige einfachere Teile oftmals in Entwicklungsländern fertigen. ...

Durch die gesunkenen Transport- und Kommunikationskosten gelingt es den Unternehmen, gewissermaßen das Beste aus zwei Welten zu kombinieren, das technologische Wissen der „Ersten Welt" und die reichlich vorhandenen und billigen Arbeitskräfte der „Dritten Welt". Aus ökonomischer Sicht handelt es sich indes um ein Phänomen, das im Kern durchaus vertraut ist: Wie bisher sind es die niedrigen Produktions- und vor allem Arbeitskosten, die Unternehmen in Entwicklungsländer locken, lediglich die Möglichkeiten der Aufspaltung von Produktionsprozessen auch innerhalb von Industrien sind erheblich größer geworden. ...

Was folgt daraus? In einem Schlagwort zusammengefasst, ließe sich antworten: ein verschärfter weltweiter Standortwettbewerb. Tatsächlich erscheint die Diskussion hierzulande über den „Standort Deutschland", die sich in den letzten Jahren erheblich intensiviert und eigentlich alle wichtigen Industriebranchen erfasst hat, vor allem als ein Reflex dieser neuen Qualität der Globalisierung.

Karl-Heinz Paqué, Weltwirtschaftlicher Strukturwandel und die Folgen, in: Aus Politik und Zeitgeschichte, B 49/1995, S. 3 – 5

[1] Entwicklungsländer, die auf der Schwelle zum Industrieland stehen (BIP pro Kopf von mindestens 2000 USD)

Globalisierung – Erschließungsbegriffe

M 4

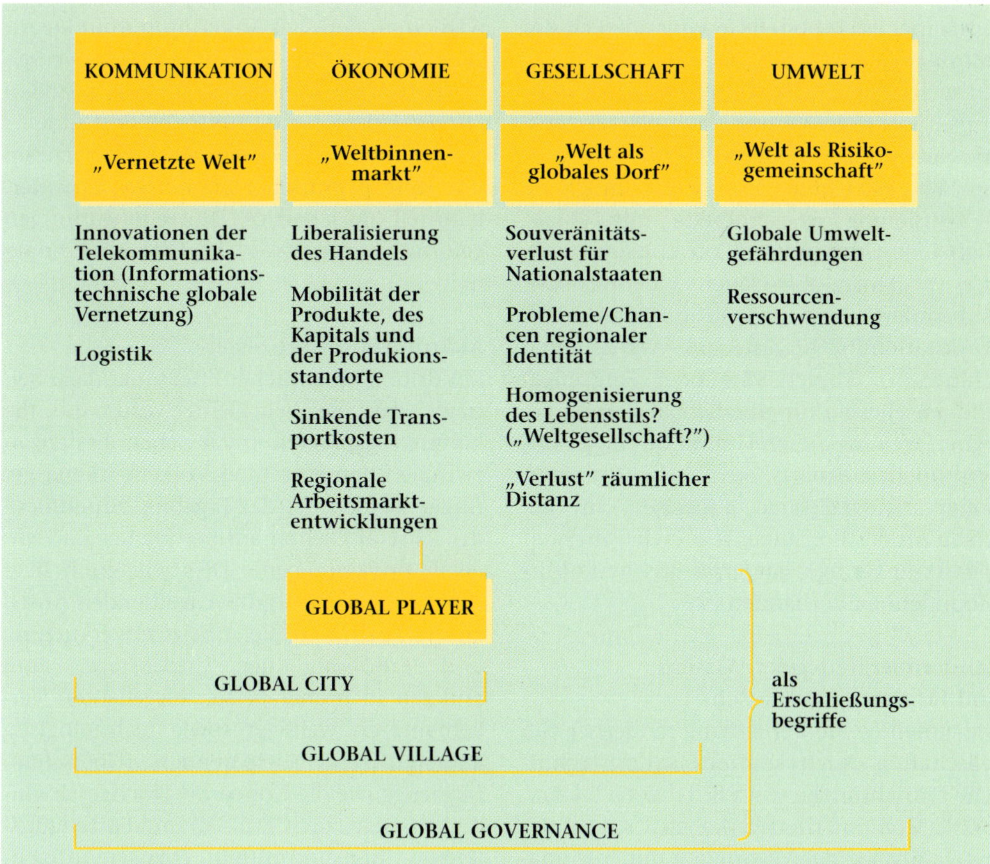

Praxis Geographie, 7 – 8/1999, S. 8

Ursachen der Globalisierung auf der Konsumentenseite

M 5

Die zunehmende Globalisierung von Produkten, Märkten und Geschäftssystemen beruht auf der Nachfrageseite im Wesentlichen auf drei weltweit wirksam werdenden, sich temporär selbst verstärkenden Prozessen. Alle drei beeinflussen die Nutzenstruktur der Konsumenten in der Weise, dass sie zu einer Angleichung unterschiedlicher Verbraucherbedürfnisse und Konsumentenpräferenzen auf der ganzen Welt beitragen (= Konvergenzthese). Erst dadurch ergeben sich Anknüpfungspunkte für eine erfolgreiche Anwendung globaler Markterschließungs- und -bearbeitungsstrategien. Diese drei Prozesse sind:

Die exponentielle Vermehrung menschlichen Wissens

Die exponentielle Vermehrung[1] menschlichen Wissens wird durch immer dichtere Kommunikationsnetzwerke und schnellere Übertragungsmöglichkeiten von Informationen stetig beschleunigt und führt damit:

a) zu einer Erhöhung der Wissenstransferströme weltweit mit dem Ergebnis einer län-

derübergreifenden Nivellierung des Wissensstandes in der Forschung
b) zu einer wachsenden Geschwindigkeit des technischen Fortschritts
... Der technologische Standard der Produktionsinnovationen erweist sich hier als zentrale Nutzungskomponente, welche zwingende Voraussetzung für eine mögliche Globalisierung ist. Produkte mit einem High-Tech-Grundnutzen, ob Konsum- (z.B. PCs, Walkmen, CD-Player, Videorecorder, Camcorder) oder Investitionsgüter (z.B. Workstations, CNC-gesteuerte Werkzeugmaschinen, ... Kopiergeräte oder Flugzeuge) sind am ehesten für eine Globalisierung geeignet, weil bei diesen Gütern des meist unpersönlichen Bedarfs, welche häufig einen hohen Neuigkeitsgrad aufweisen, im Bewusstsein der Konsumenten in den meisten Fällen nur geringe, länderspezifische Kulturgebundenheit vorhanden ist.

Länderübergreifender Wissens- und Erfahrungsaustausch
Die zunehmende Vernetzung moderner Gesellschaften durch kommunikationstechnische Einrichtungen wie z.B. Telefon, Telefax, ISDN, Computernetzwerke etc. sowie der stetige Ausbau der Versorgung mit Informationen auf der ganzen Welt durch die Medien (Rundfunk, Fernsehen, Presse) führen zu einem länderübergreifenden Wissens- und Erfahrungsaustausch zwischen den Völkern über ihre unterschiedlichen Lebens- und Konsumgewohnheiten. Aufgrund von Lern- und Imitationseffekten (zumeist aus Neugier auf „etwas Neues") kommt es demzufolge zu einer nachfragereduzierten Homogenisierung der Verbraucherwünsche, die ihre deutlichsten Ausprägungen in der lernfähigsten Bevölkerungsgruppe, bei den Jugendlichen zwischen 12 und 24 Jahren, zeigt.
Insbesondere bei Gütern des persönlichen Bedarfs z.B. modischen Produkten (Jeans, z.B. Levis 501, Diesel, Mustang, Sneakers, z.B. Nike, Reebok, Converse oder Pullovern z.B. Benetton, Marc O´Polo, Esprit etc.), welche von der jugendlichen Zielgruppe häufig als imagebehaftete Statussymbole angesehen werden, finden sich Anknüpfungspunkte für eine globale standardisierte Marktbearbeitungsstrategie. „Diese Produktarten stoßen fast in jedem Land zumindest auf eine ... Käufergruppe, wobei bei den Konsumenten mit Hilfe psychischer Erlebniswelten interkulturell gleichartige Nutzenerwartungen geformt werden"(sog. High-Touch-Produkte).

Akkulturationsprozesse[2]
Ein dritter wesentlicher Effekt, der dazu beiträgt, „dass die Welt kleiner wird", d.h. die kulturell geprägten psychischen Distanzen zwischen den einzelnen Völkern immer geringer werden, ist das Ergebnis zunehmender Reisetätigkeiten auf beruflicher und vor allem privater Ebene. Dies wiederum liegt zum einen in dem größer werdenden Anteil an Freizeit durch die Arbeitszeitverkürzung und Erhöhung der Urlaubstage, zum anderen in immer besser ausgebauten Verkehrsnetzen weltweit sowie technologisch ausgereifteren, zeitsparenden (Überschallflugzeuge wie die Concorde, Hochgeschwindigkeitszüge wie ICE, TGV) und kostengünstigeren Transportmitteln (Massengutfrachter, Containerschiffe und Großraumflugzeuge). ...
Dies führt in zweierlei Hinsicht zu Anpassungsprozessen zwischen der Kulturen und damit zu einer weltweiten Homogenisierung der Verbraucherbedürfnisse:
Zum einen werden die Touristen ... für neuartige Geschmacks- und Geruchserlebnisse sowie akustische Reize sensibilisiert, was bei positiven Erfahrungen zu einem Transfereffekt ins Heimatland und dort zumeist über Mund-zu-Mund-Propaganda zu einem Multiplikatoreffekt beim Konsum derartig kulturgebundener Güter führen kann (z.B. Akzeptanz ausländischer Speisen und Getränke wie Hamburger, Calamares, Chop Suey, Spaghetti, Tequila, Pernod, Ouzo etc.)
Zum anderen findet in den touristischen

Zielländern, welche vielfach nicht das Zivilisations- und Wohlstandsniveau westlicher Industrieländer erreichen, angesichts der Demonstration von Reichtum und Luxus durch die wohlhabenderen Urlauber ein Prozess der Bedürfnisweckung mit dem Wunsch nach Befriedigung ähnlicher Konsumvorstellungen statt. Dieser Akkulturationsprozess i.S. einer Imitation und Übernahme fremder geistiger und materieller Kulturelemente führt auch in den Urlaubsländern zu einer Angleichung der Konsumentenpräferenzen.
Eine derartige Entwicklung wird in beide Richtungen noch verstärkt durch die zunehmenden Migrationsbewegungen aus den verarmten und politisch unsicheren Gegenden der Welt hin zu den wohlhabenderen, politisch stabilen westlichen Industrieländern. Gastarbeiter und Immigranten etablieren ihre Kultur im Ausland und sorgen damit für eine langsame Diffusion bestimmter kulturspezifischer Produkte in den jeweiligen Gastländern.

Thomas Goette, Standortpolitik internationaler Unternehmen, Wiesbaden 1994, S. 124 – 126

[1] Die jeweilige Verdoppelung in einem jeweils gleichen Zeitraum

[2] Akkulturation: Angleichung an eine fremde Kultur, Umwelt

Ursachen der Globalisierung auf der Unternehmensseite

M 6

Allgemeine Sättigungstendenzen auf vielen Märkten (z.B. Waschmittel, Automobile, Personal-Computer) gehen einher mit einer wachsenden Anzahl neuer Produkte und neuen internationalen Konkurrenten (u.a. aus den Schwellenländern Südkorea, Taiwan oder Hongkong). Parallel dazu kommt es in nicht wenigen Produktbereichen zu einer drastischen Verkürzung der Produktlebenszyklen, vor allem aufgrund des technischen Fortschritts ... . Auf der anderen Seite ist dies mit einem deutlichen Anstieg der F&E-Kosten[1] und einer Verschiebung der Kostenstruktur hin zu einem wachsenden Anteil der Fixkosten verbunden.
In vielen Ländermärkten, in denen früher eine rein lokale Wettbewerbssituation gegeben war, versuchen neue ausländische Anbieter häufig über Niedrigpreisstrategien rasch Marktanteile zu erobern und der bisher etablierten inländischen Konkurrenz ihre Marktposition streitig zu machen. Dabei kommt es vielfach zu einem sich selbst verstärkenden Rückkoppelungsprozess, denn die angegriffenen Unternehmen sind bemüht, ihre Wettbewerbsposition dadurch zu sichern, dass sie ihr eigenes Geschäft ausweiten. Dies führt nicht selten dazu, dass die Unternehmen selbst über ihre angestammten nationalen Grenzen hinaus ins Ausland expandieren. „Die Bedeutung rein nationaler Konkurrenz ist z.B. bei Computern, pharmazeutischen Produkten, Konsumelektronik, Chemikalien, im Maschinenbau, bei industriellen Kontrollsystemen und bei Industrieanlagen bereits heute verschwindend klein“. Ähnliche Entwicklungen zeichnen sich auch in vielen Konsumgüter- und Dienstleistungsbranchen ab. ... Beispiele (sind) Soft-Drinks, Bekleidung, Tourismus, Versicherungen, Transport- und Bankgeschäfte.
Der Innovationsdruck durch technischen Fortschritt und zunehmenden internationalen Wettbewerb verkürzt demzufolge die Marktpräsenzzeiten und damit auch die Amortisationszeiten der F&E-Investitionen, so dass sich viele Unternehmen gezwungen sehen, möglichst große Produktmengen in möglichst kurzer Zeit am Markt unterzubringen. Dieses Ziel wiederum lässt sich ... in vielen Fällen nur durch eine konsequente Internationalisierung realisieren.

Thomas Goette, Standortpolitik internationaler Unternehmen, Wiesbaden 1994, S. 126

[1] F&E-Kosten: Forschungs- und Entwicklungskosten

M 7 Evolutionsphasen der Globalisierung

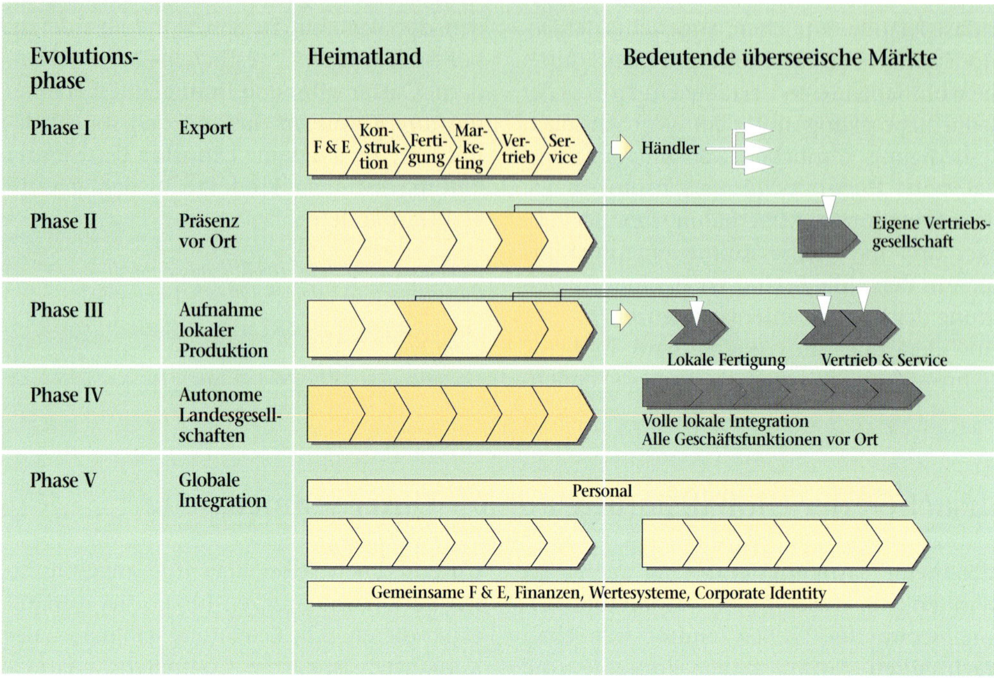

Thomas Goette, Standortpolitik internationaler Unternehmen, Wiesbaden 1994, S. 125

AUFGABEN

1. Beurteilen Sie ausgehend von M 1 die Auswirkungen des globalen wirtschaftlichen Strukturwandels.
2. Fassen Sie Bedingungen und Ursachen der wirtschaftlichen Globalisierung zusammen (M 3 bis M 7).

LINKS

www.bmwi.de (Bundesministerium für Wirtschaft und Arbeit)

www.bundestag.de/gremien/welt/ (Enquete Kommission des Deutschen Bundestags „Globalisierung der Wirtschaft“)

Informationen und Zusammenhänge

Globalisierung Begriff
M 3

Der wirtschaftliche Aspekt des Begriffs 'Globalisierung' zielt auf den Grad der globalen Handelsverflechtungen. Die Globalisierung nimmt zu, wenn die Weltexportquote, also der Anteil der Exporte an der Weltproduktion, zunimmt. Die Globalisierung bzw. der weltwirtschaftliche Strukturwandel erfasst heute nahezu alle Bereiche des Wirtschaftens. Die Akteure in diesem Wandel sind vor allem internationale Konzerne ('Global Players'). Strukturelle Veränderungen sind einerseits die Zunahme des intra-industriellen Handels (der Handel von Fertigprodukten mit nahezu gleichen Eigenschaften zwischen den Industrienationen), andererseits der Aufstieg von Schwellenländern, vor allem südostasiatischer Länder, zu wichtigen Exportnationen. Gesunkene Transport- und Kommunikationskosten sind eine wesentliche Bedingung und Folge für die dynamische Entwicklung der Weltwirtschaft.

Ursachen für Globalisierung
M 1, M 2,
M 4 - M 7

Auf der Nachfrageseite zeigt sich eine deutliche Entwicklung zur Angleichung der Verbraucherbedürfnisse weltweit (Konvergenzthese). Hervorgerufen wird dies durch eine Angleichung des Informationsstands durch den weltweiten Einsatz immer effizienterer Kommunikationsmittel, welche einen länderübergreifenden Wissens- und Erfahrungsaustausch ermöglichen. Dazu trägt auch die zunehmende Reisetätigkeit bei (Akkulturation).
Wesentliche Ursachen der Globalisierung auf der Angebotsseite sind Marktsättigungstendenzen auf bestimmten Märkten; die Öffnung der Märkte durch den Abbau von Handelshemmnissen (Liberalisierung der Märkte); das Aufkommen neuer internationaler Konkurrenten (Schwellenländer); die Verkürzung der Produktzyklen.

1.3 Transnationale Unternehmen als Motoren der Globalisierung

M 1 Die Firma Renz – ein mittelständisches Unternehmen im globalen Wettbewerb

Einst als Schmiede- und Beschlagwerkstatt gegründet, produziert das schwäbische Unternehmen heute in 8 Ländern. Ein Interview des Autors mit dem Firmenleiter Peter Renz.

Christian Renz gründete 1908 in Stuttgart eine Huf-, Schmiede- und Beschlagwerkstatt

Herr Renz, welche wirtschaftliche Bedeutung haben heute mittelständische Unternehmen?

Tragende Funktionen sind die Deckung von Angebotslücken, die (groß-) industriell wirtschaftlich nicht abdeckbar sind. Der Mittelstand ist ein Ideenträger ohne seinesgleichen. Viele heute so selbstverständliche, lebensnotwendige, alltägliche, aber auch nicht lebenswichtige Ideen entstanden dort und wurden bis zur Industriereife gebracht, so z. B. Motorfahrzeuge, der Brezelherstellautomat, der Fleischcutter, aber auch die Modelleisenbahn und das Steiff-Tier. Den Hausbau mit Heizung, Installationen und anderen handwerklichen Leistungen gäbe es ohne Mittelstand nicht. Ein weiteres wesentliches Merkmal ist das hohe unternehmerische Risiko: Dem Mittelständler stehen zwar theoretisch die gleichen Informationen zur Verfügung wie der Industrie, bestimmte Instrumentarien wie z. B. detaillierte Marktforschung sind aber wegen begrenzter Finanzmittel nicht oder nur schlecht einzusetzen. Damit ersetzt dem Mittelständler häufig der Glaube an das eigene Tun das Minimieren von Risiken.

Können Sie die Entwicklung Ihres Unternehmens von den Anfängen bis heute kurz beschreiben?

Mein Großvater Christian gründete 1908 eine Huf- und Wagenschmiede in Stuttgart. Er brannte darauf, mehr aus dem lokal begrenzten Unternehmen zu machen. So entwickelte er ein Ruderboot, in dem der Ruderer in Fahrtrichtung saß, einige Jahre befuhr er damit den Neckar. Die Schmiede baute einige Jahre Einachsanhänger und erweiterte sich u.a. um einen Schweißbetrieb.
Es blieb bei dem 2 – 3-Mann-Betrieb bis nach dem 2. Weltkrieg. Die Wiederaufbauarbeiten führten u.a. zur Entwicklung eines Bauaufzugs. Hr. Liebherr hat diese Idee aber dann industriell aufgegriffen und so war wieder kein Platz zum eigenen Wachstum. 1948 endlich hatte Großvater Renz Glück: Die Entwicklung einer Papier-Stanzmaschine wurde möglich durch den Eintritt meines Vaters Alfred und wurde ab 1951 eigenständig vermarktet. Sie war Grundstein der heute nahezu ausnahmslos gefertigten mechanischen Loseblatt-Bindesysteme („LBS“).

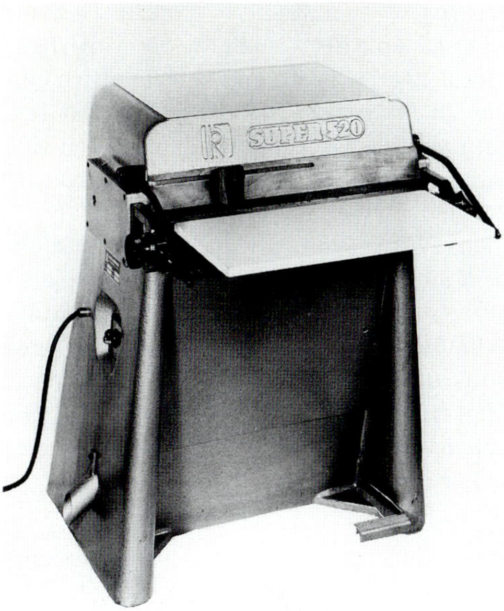

Seit 1958 produziert die Firma Renz Hochleistungs-Perforiermaschinen in eigener Regie.

Endlich hatte er eine Marktnische entdeckt. Die hervorragende handwerkliche Qualität, rasche Entwicklung weiterer LBS-Produkte, Berechenbarkeit und der bis zur Erschöpfung reichende bedingungslose Einsatz führten zu ersten Markterfolgen. Erbprobleme behinderten dann zunächst diesen Aufschwung, konnten aber gelöst werden und führten 1956 zur Übernahme des Unternehmens durch meinen Vater. Nun war auch die kommerzielle – wenn auch schwierige – Basis gegeben und erlaubte erstmals die Produktion der Bindematerialien „Plastikspirale, Plastikbinderücken und Klemmschienen", dies war der Anfang für den heutigen Vollsortimenter. Verkauft wurde jetzt auch ins benachbarte Ausland. Der erneute Aufschwung führte zur Erweiterung auf 12 Mitarbeiter und erforderte größere Räume. 1965/66 erfolgte der Umzug nach Heubach in einen für damalige Verhältnisse riesigen Neubau mit insg. 700 m^2.

Nach meinen Eintritt 1969 entwickelten wir anfangs der 70er wiederum hochwertige handwerklich orientierte Büro-Bindesysteme. Dies erforderte 1972 nach nur 6 Jahren eine verdoppelte Produktionsfläche. 2002 arbeitet die Unternehmung auf eigenen 14.000 m^2 und weiteren 3.000 m^2 gemieteten Produktionsflächen, 2003 werden 1.200 m^2 in Heubach zusätzlich gebaut. 1978 übernahm ich den Betrieb mit 24 Mitarbeitern und begann mit der Entwicklung des Ring – Wire – Bindesystems.

Noch im gleichen Jahr wurde die heute in Massachussetts beheimatete erste Auslandstochter Renz America in Denver/Colorado zur Produktion von Plastikbinderücken gegründet. Zwangsläufig ergab sich daraus die Gründung der Renz Canada im Jahr 1989. Das jetzt doch breite Angebot brachte Auslandsbeziehungen zu heute über 150 Länden. So entstanden unsere Tochterunternehmen in Großbritannien, Frankreich und Argentinien. Renz do Brazil wurde als Verkaufsorganisation für die in Argentinien produzierende Tochter gegründet. Renz Tschechien ist Einkaufszentrale und Produktionsstandort einfacher Baugruppen noch ohne Verkauf. Heute beschäftigen wir weltweit mehr als 300, davon 160 Mitarbeiter in

Gerätemontage in Heubach

Heubach. Heubach ist das technische Zentrum und trägt nahezu sämtliche Versuchs- und Entwicklungslasten.

Herr Renz, wie lässt sich die Stellung Ihres Unternehmens auf dem deutschen, europäischen und auf dem Weltmarkt beschreiben? Ist Ihr Unternehmen ein Global Player?

Für weite Teile sind nur Schätzungen möglich, es gibt keine statistischen Erhebungen für unseren Geschäftszweig. Zwangsweise wurde durch die zentralisierte Ausweitung mit Mittelpunkt Heubach hauptsächlich der deutsche Markt bedient, d.h. es werden immer noch 30% des konsolidierten Gesamtumsatzes von ca. 35 Mio. € historisch begründet in Deutschland erwirtschaftet. Bezogen auf Bindesysteme haben wir einen Weltmarktanteil von 7 % erreicht. Gesamtamerika erbringt ca. 28 % der Unternehmensleistung. In Europa verkaufen wir um die 23 %, in der sonstigen Welt weitere ca. 19 %, die ausgebaut werden können. Die wahre und weltweite Stärke liegt zukünftig bei den BOD = **B**inding-**o**n-**D**emand-Systemen. Dort spielen wir eine weltweit führende Rolle, die noch ausbaubar ist. Wir spielen also eine wichtige Rolle im Bereich der Ring-Wire-Bindessyteme. Die (Mini-) Konzern-Struktur wird jetzt zusätzlich im Bereich Marketing und Einkauf verbreitert und wir entwickeln uns innerhalb der nächsten Jahre sicher zum Global Player.

Interview des Autors mit Peter Renz, Geschäftsführer der Firma Chr. Renz GmbH & Co., 73 533 Heubach

Weltweite Niederlassungen der Firma Renz

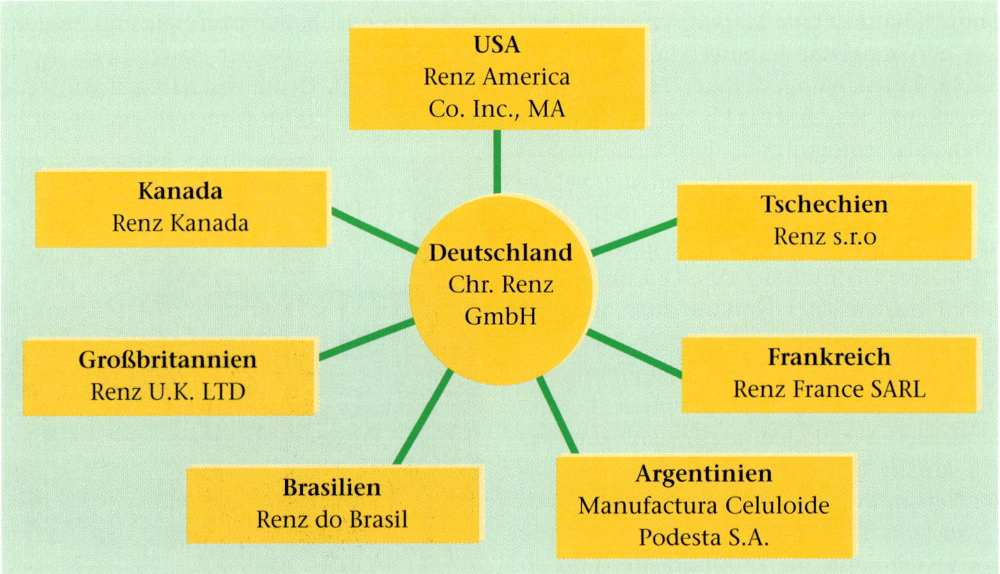

Ca. 50 % der Produkte der Firma Renz werden in über 80 Länder exportiert.

Die Sucht nach Größe

M 2

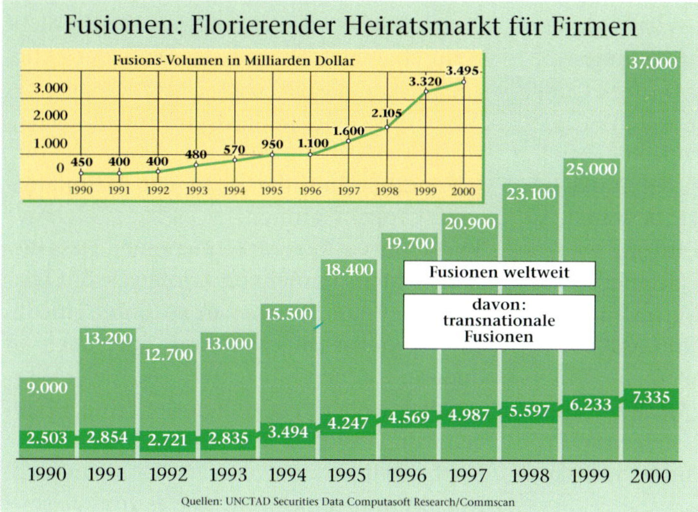

iwd-Informationsdienst des Instituts der deutschen Wirtschaft Köln Nr. 35, 30.8.2001

Die größten Firmenübernahmen der letzten Jahre

	Käufer	Kaufobjekt	Branche	Jahr	Wert in Mrd. Euro
1	Vodafone Group (GB)	Mannesmann (D)	Telekommunikation	2000	189,7
2	AOL (USA)	Time Warner (USA)	Internet/ Medien	2000	131,8
3	Pfizer (USA)	Warner-Lambert (USA)	Pharma	2000	87,9
4	Exxon (USA)	Mobil (USA)	Öl	1998	77,1
5	Glaxo Wellcome (GB)	Smithkline (GB)	Pharma	2000	72,3
6	Travelers (Citigroup) (USA)	Citicorp (USA)	Banken	1998	70,3
7	NationsBank (USA)	Bank America (USA)	Banken	1998	61,5
8	SBC Communications (USA)	Ameritech (USA)	Telekommunikation	1998	60,5
9	Vodafone Group (GB)	Air Touch Comm. (USA)	Telekommunikation	1999	60,5
10	Pfizer (USA)	Pharmacia (USA)	Pharma	2002	58,6
11	AT&T (USA)	MediaOne (USA)	Telekomm./ Kabel-TV	1999	56,6
12	AT&T (USA)	Tele-Communications (USA)	Telekommunikation	1998	53,7
13	Total Fina (F)	Elf Aquitaine (F)	Mineralöl	1999	51,8
14	Bell Atlantic (USA)	GTE (USA)	Telekommunikation	1998	51,8
15	Deutsche Telekom (D)	Voicestream Wireless (USA)	Telekommunikation	2000	49,5

Frankfurter Allgemeine Zeitung, 24.12.2002, S. 12

Das Ziel heißt Global Player

M 3

Für die Suche nach immer neuen Allianzen gibt es im Wesentlichen drei Gründe:

1. **Die Globalisierung:** In dem Maße, wie die Grenzen für Güter und Kapital fallen, wächst der für die Unternehmen relevante Markt. Also müssen sie auch ihre Größe diesen strukturellen Änderungen anpassen, denn ein weltweiter Markt verlangt

auch weltweit operierende Unternehmen – wie der Name schon sagt: Global Player. Die logische Folge davon ist, dass das Volumen grenzüberschreitender Unternehmenszusammenschlüsse zunimmt. Betrug es 1990 noch 160 Milliarden Dollar, waren es 1999 bereits knapp 800 Milliarden Dollar.
Wie groß ein Unternehmen sein muss, um auf dem globalen Markt zu bestehen, ist aufgrund fehlender Erfahrungen weitgehend unbekannt. Deshalb gleichen Fusionen oft dem Prinzip von „Versuch und Irrtum" – und das geht eben hin und wieder auch schief. Dennoch haben die Unternehmen einen Hang zur Größe – allein schon, weil Fusionen oft steigende Produktion und sinkende Durchschnittkosten versprechen.

2. **Die Deregulierung:** Vor allem die Öffnung der Dienstleistungsmärkte – Telekommunikation, Energie, Verkehr und Banken – hat den Fusionen den Weg bereitet. Waren die Spielräume der Unternehmen zuvor meist auf den engen nationalen Markt beschränkt, können sie sich heute auch auf fremdem Terrain versuchen.
3. **Shareholder-Value:** Auch in Deutschland und anderen europäischen Ländern hat sich mittlerweile die angelsächsische Sicht durchgesetzt, wonach das Wohl der Aktionäre ein wesentliches Unternehmensziel ist. Ergo halten die Konzerne Ausschau nach Beteiligungen, mit denen sie ihre Rendite – und damit die der Aktionäre – aufpäppeln können.

Soweit die Gründe für Firmenehen. Dass diese aber nicht immer von Erfolg gekrönt werden, liegt zum Beispiel an zu unterschiedlichen Unternehmenskulturen oder auch an unausgegorenen Konzepten. Die Kieler Wirtschaftsforscher vergleichen die Erfolgschancen von Fusionen mit einem Münzwurf – Kopf gewinnt, Zahl verliert. Denn internationale Studien belegen, dass es zum Beispiel nur rund der Hälfte der Unternehmen gelingt, nach dem Zusammenschluss die erhofften Gewinnsteigerungen zu realisieren.

iwd-Informationsdienst des Instituts der deutschen Wirtschaft Köln Nr. 16, 20.4.2000

M 4 Transnationale Unternehmen als Schrittmacher der Globalisierung

Schrittmacher der Globalisierung sind Unternehmen mit ausländischen Niederlassungen oder Tochterunternehmen, so genannte transnationale Unternehmen. Ihre Organisationsform ist ein Netzwerk mit einer Reihe wechselseitig abhängiger und geographisch verteilter Zentren, die von gemeinsamen Strategien, Normen und einem intensiven Austausch von Informationen, Erfahrungen und Ressourcen zusammengehalten werden. Mit ihren Direktinvestitionen vernetzen transnationale Unternehmen nationale Volkswirtschaften und werden damit zum Herzstück der globalen Weltwirtschaft. Transnationale Unternehmen treiben den grenzüberschreitenden Transfer von Finanzkapital, Technologie und Managementfähigkeiten voran.
Auch mittelständische Industrieunternehmen produzieren bereits zu einem großen Teil im Ausland. Kennzeichnend für die Globalisierung ist auch, dass Unternehmen – unabhängig von ihrer Konkurrenzbeziehung – zunehmend international kooperieren. Dabei beginnen die Konturen der einzelnen Firmen sich zu verwischen. Automobilfirmen beliefern sich gegenseitig mit Motoren und Getrieben oder produzieren gemeinsam identische Automobile, die sich nur im Markenemblem unterscheiden. Fluggesellschaften gehen weltweite Kooperationen ein und befördern gegenseitig die Fluggäste der jeweils anderen Gesellschaft. Klare Abgrenzungen der Verhältnisse zu Konkurrenten, Lieferanten und Kunden werden ersetzt

durch eine Verflechtung von Wertschöpfungsaktivitäten. Die Fähigkeit, solche Systeme komplexer grenzüberschreitender Leistungserstellung zu organisieren, wird zum wichtigsten Wettbewerbsvorteil transnationaler Unternehmen.

Transnationale Unternehmen sind zwar die Schrittmacher der Globalisierung, doch die Auswirkungen der weltwirtschaftlichen Verflechtungen sind in allen Bereichen der Wirtschaft zu spüren. Das hat zwei Gründe: Zum einen liegt ein wesentliches Charakteristikum der Globalisierung in der stärkeren Vernetzung aller Unternehmen, und zum anderen ist die Informations- und Kommunikationstechnik eine Querschnittstechnologie, die die gesamte Wirtschaft erfasst. Damit ändern sich die Produkte, die Arbeitsabläufe und die Beschäftigungsformen in der New Economy. Dienstleistungsfunktionen nehmen zu, relativ dazu verlieren reine Fertigungstätigkeiten an Gewicht, Teamwork und die Koordination komplexer und zunehmend arbeitsteiliger Abläufe gewinnen an Bedeutung, die Grenzen zwischen selbstständiger und abhängiger Beschäftigung verschwimmen, Telearbeit und Teilzeitbeschäftigung gewinnen an Bedeutung, Arbeitszeiten werden flexibler. Kurz: die Arbeitswelt folgt dem gesamtgesellschaftlichen Trend der Ausdifferenzierung und Individualisierung.

Wilhelm Bürklin, Globalisierung als Chance für Wohlstand und Arbeitsplätze, in: Aus Politik und Zeitgeschichte, B 48/24.11.2000, S. 31 – 33

Die größten Konzerne der Welt

M 5

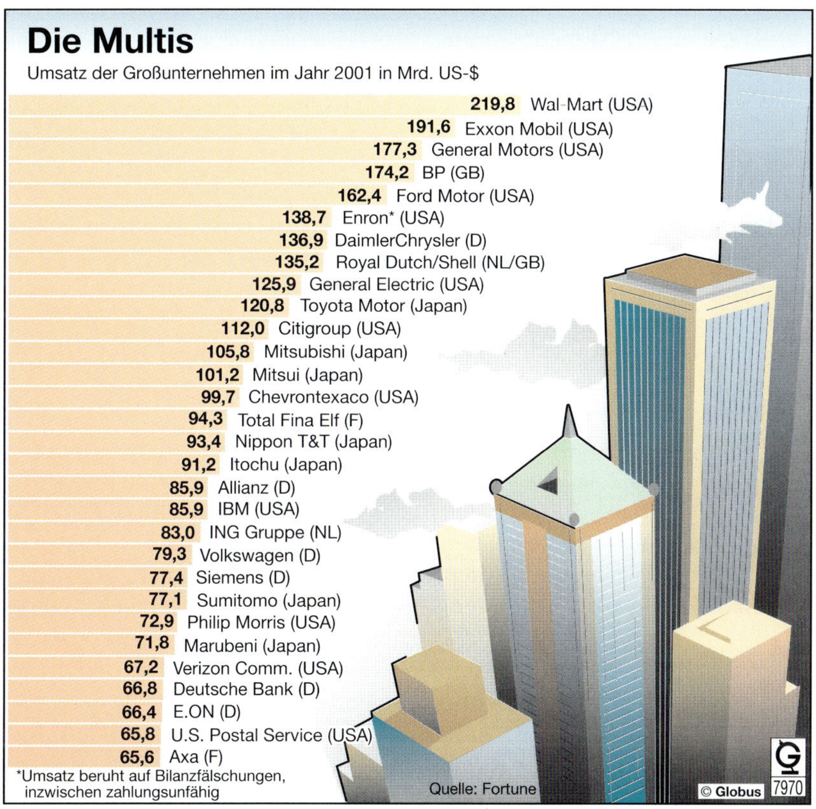

M 6 Zum Vergleich ...

Baden-Württemberg
Einwohner: 10,5 Mio, BIP 286 Mrd. USD

Kenia
Einwohner: 30 Mio, BIP 10,3 Mrd. USD

Türkei
Einwohner: 65 Mio, BIP 202 Mrd. USD

Bangladesch
Einwohner: 129 Mio, BIP 47 Mrd. USD

M 7 Das Ende der Fusionitis?

DER SPIEGEL 20/1998

Der Ruf nach einer Weltkartellbehörde dürfte vor allem dann lauter werden, wenn es sich bei der laufenden Fusionswelle um einen längerfristigen Trend handeln sollte. Dagegen sprechen vor allem zwei Überlegungen. Erstens hat sich schon in der Vergangenheit gezeigt, dass mit nachlassender konjunktureller Dynamik und der Zunahme konzerninterner Probleme die Bereitschaft sinkt, mittels weiterer Fusionen zu expandieren. Perioden verstärkter Fusionstätigkeit wurden von Phasen abgelöst, in denen die bisherigen Steigerungsraten nicht mehr erreicht wurden und die Konsolidierung im Vordergrund stand. Zweitens ist zu Beginn des neuen Jahrzehnts auch deshalb die Euphorie verflogen, weil immer mehr Studien zu dem Schluss kommen, dass eine erfolgreiche Fusion die Ausnahme von der Regel ist. So scheitern 70 % aller großen, grenzüberschreitenden Fusionen in den ersten drei Jahren. In den zurückliegenden hundert Jahren haben zwei Drittel der Zusammenschlüsse kein Kapital geschaffen, sondern es vernichtet. Bei vielen grenzüberschreitenden Fusionen kommt es zu starken kulturellen Konflikten, die vom übernehmenden Management in der Regel unterschätzt werden.

Das Beispiel der Fusion von Daimler-Benz mit dem US-Konzern Chrysler zum drittgrößten Autohersteller der Welt verdeutlicht diesen Aspekt. Schon bald nach der Fusion von 1998, die in Wahrheit eher eine feindliche Übernahme war, kam es zu einem Exodus des unzufriedenen Top-Managements bei Chrysler. Es folgten überraschende Milliarden-Verluste von Chrysler auf dem US-Markt, und niemand kann zur Zeit vorhersehen, wie stark der weiter profitable Daimler-Konzernteil von DaimlerChrysler noch in Mitleidenschaft gezogen werden wird.

Ingomar Hauchler/Dirk Messner/Franz Nuscheler (Hg.), Globale Trends 2002, 3. Aufl., Frankfurt/M. 2001, S. 262

AUFGABEN

1. Entwerfen Sie am Beispiel der Firma Renz ein typisches Profil mittelständischer, international operierender Unternehmen (M 1).
2. Überlegen Sie, warum transnationale Unternehmen als Schrittmacher der Globalisierung gelten (M 2, M 3).
3. Erörtern Sie Chancen und Risiken des weltweiten Trends zu immer größeren Unternehmen (M 5, M 6).

LINKS

www.markenhersteller.de (Globalisierung im Supermarkt – welche internationalen Konzerne stehen hinter den Markennamen?)

Informationen und Zusammenhänge

Global Player

Schrittmacher der Globalisierung sind Unternehmen mit ausländischen Niederlassungen oder Tochterunternehmen, so genannte transnationale Unternehmen. Ihre Organisationsform ist ein Netzwerk mit einer Reihe wechselseitig abhängiger und geographisch verteilter Zentren, die von gemeinsamen Strategien, Normen und einem intensiven Austausch von Informationen, Erfahrungen und Ressourcen zusammengehalten werden.
Unter den hundert bedeutendsten Wirtschaftseinheiten sind weltweit nur noch 49 Volkswirtschaften, jedoch 51 Konzerne.

Motive für die Fusionen
M 3, M 4

Eine Ursache für die stark wachsende Zahl von Fusionen in den letzten Jahren liegt in der Deregulierung der nationalen Märkte (z.B. in den Bereichen Telekommunikation, Energiewirtschaft, Bau). Dazu kommen weitere Motive der Unternehmen, die von Branche zu Branche variieren können. Sie reichen von besserer Marktpräsenz in neuen geographischen Räumen, dem Schließen von Angebotslücken, der Erzwingung von Strukturanpassungen durch die Fusion bis hin zu Synergieeffekten in Forschung und Entwicklung, Produktion und Vertrieb.

Mit ihren Direktinvestitionen vernetzen transnationale Unternehmen nationale Volkswirtschaften und werden damit zum Herzstück der globalen Weltwirtschaft. Transnationale Unternehmen treiben den grenzüberschreitenden Transfer von Finanzkapital, Technologie und Managementfähigkeiten voran.
Dabei verwischen sich häufig die Konturen der einzelnen Firmen. Automobilfirmen beliefern sich gegenseitig mit Motoren und Getrieben oder produzieren gemeinsam identische Automobile, die sich nur im Markenemblem unterscheiden.

Beurteilung transnationaler Konzerne

Einerseits können transnationale Unternehmen für die Entwicklung des jeweiligen Gastlandes positive Beiträge leisten durch attraktive und im Landesvergleich gut bezahlte Arbeitsplätze, durch Forschung und Entwicklung, durch die Qualität der Produkte und Dienstleistungen, durch devisenbringende Exporte, durch den Technologietransfer, durch die Ausbildung der Mitarbeiter und auch durch die Ertüchtigung von heimischen Zulieferbetrieben. Andererseits üben große Konzerne unkontrollierte wirtschaftliche und politische Macht aus und können nationalstaatliche Politik dominieren.

1.4 Deutschland im globalen Wettbewerb

Kapitalflucht

M 1

Hans Eichel, Bundesfinanzminister

„Globalisierung und zunehmender Wettbewerb haben in den vergangenen Jahren Auswirkungen auf die nationalen Steuersysteme gezeigt. Klar ist: Steuerwettbewerb darf nicht zu ruinösem Steuerdumping führen. So kann nicht hingenommen werden, dass dem Staat durch Verlagerung von Unternehmen in Steueroasen – ohne jegliche wirtschaftliche Aktivität vor Ort – Abgaben vorenthalten werden.“

Talmai Morgan, Kommission für Finanzdienstleistungen, Guernsey

„Guernsey ist kein Paradies, aber doch ein recht netter Platz. Sein Vorteil: ein einfaches und niedriges Steuersystem. 8000 ausländische Firmen sind steuerbefreit. Hier leben 59 000 Leute. 289 Treuhänder verwalten ein Vermögen von mehr als 10 000 Firmen und Privatpersonen aus der ganzen Welt – ein Vermögen von mehr als 200 Milliarden Euro.“

nach: Stern Nr. 11, 7.3.2002, S.35

Direktinvestitionen in der Statistik

M 2

Die internationale Unternehmensverflechtung wird auf nationaler und sektoraler Ebene durch die Statistiken der Direktinvestitionen dargestellt. Denn Direktinvestitionen sind definiert als Einsatz von Eigenkapital (einschließlich reinvestierte Gewinne) und Gesellschafterdarlehen zum Zwecke der dauerhaften Kontrolle eines ausländischen Unternehmens oder zur Kapitalaufstockung eines bereits kontrollierten Unternehmens. „Kontrolle“ wird ab einer bestimmten Beteiligungshöhe unterstellt; international setzt sich zunehmend eine Schwelle von 10% durch, sie wird seit 1999 auch in Deutschland zugrunde gelegt (vorher 20%). Amtliche Statistiken erfassen die Direktinvestitionen entweder unter Zahlungsbilanzgesichtspunkten als Kapitaltransfer in einem Zeit-

Direktinvestitionen
Kapitalanlagen von Inländern (Ausländern) im Ausland (Inland) zur Gewinnung od. Stärkung der Einflussnahme auf die Geschäftstätigkeit des kapitalempfangenden Unternehmens (Betrieb.). Es sind Kapitalexporte (Kapitalimporte), die als Teil der langfristigen Kapitalverkehrsbilanz erfasst werden. Dazu zählen die Errichtung bzw. der Kauf von Unternehmen, Niederlassungen (Einkaufsniederlassungen, Verkaufsniederlassungen), Betriebsstätten. Ferner zählt dazu der Erwerb von Unternehmensbeteiligungen und die Kreditgewährung. Hohe Direktinvestitionen fließen in den Aufbau von Tochterunternehmen multinationaler Konzerne.

raum ... oder als Bestand des bis zu einem Zeitpunkt investierten Kapitals (Bestandsstatistik)... Neben diesen amtlichen Statistiken wird zunehmend Gebrauch gemacht von nicht-amtlichen Zusammenstellungen der Anzahl und der Transaktionswerte von internationalen Unternehmenszusammenschlüssen (Mergers&Acquisitions, M&A). Diese Statistiken werden primär von Unternehmensberatungsgesellschaften und Fachzeitschriften erstellt. Sie sind nur begrenzt mit der amtlichen Transferstatistik vergleichbar, da sie unsicher sein können in Bezug auf Vollständigkeit, praktische Realisierung, Wert und zeitliche Zuordnung der einbezogenen Transaktionen.

Rolf Jungnickel, Direktinvestitionen – ein problematischer Standortindikator, in: Wirtschaftsdienst 6/2000

M 3 Direktinvestitionen: Der Strom fließt langsamer

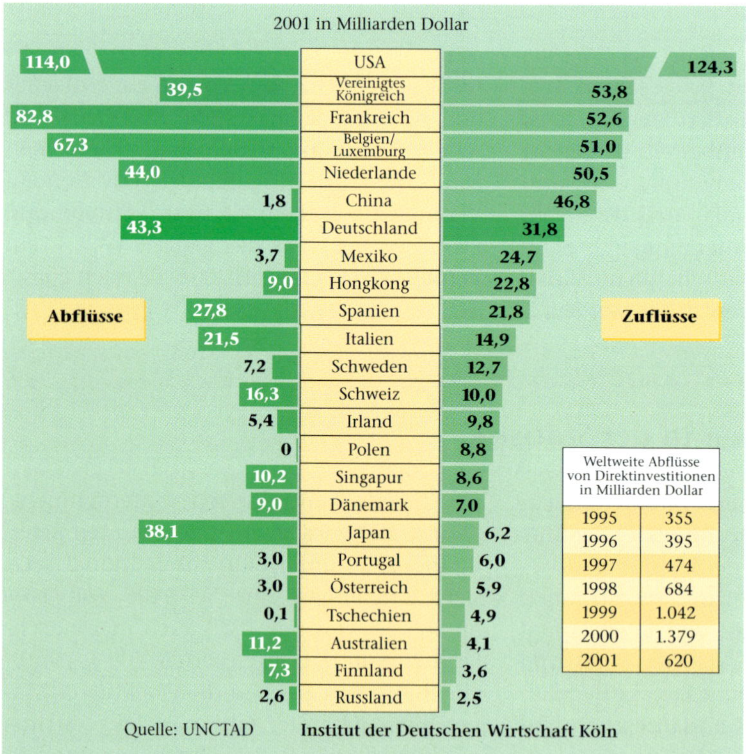

iwd-Informationsdienst des Instituts der deutschen Wirtschaft Köln Nr. 48, 28.11.2002

M 4

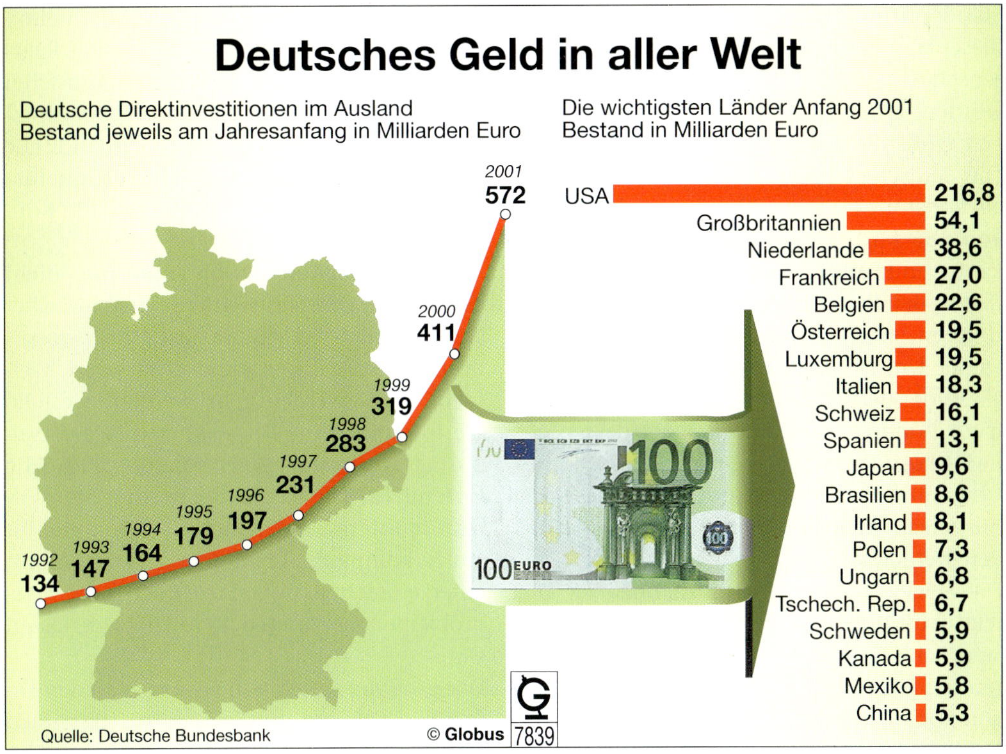

Direktinvestitionen – ein problematischer Standortindikator

M 5

Wenn Welthandel und weltweite Investitionsströme schneller zunehmen als die Weltproduktion, dann vertieft sich die internationale Arbeitsteilung, und die ökonomische Integration der nationalen Volkswirtschaften steigt. Ein solcher Prozess der Globalisierung ist für die vergangenen Jahrzehnte unzweifelhaft festzustellen, wobei insbesondere die Direktinvestitionen waren, von denen die Globalisierung vorangetrieben wurde. Während sich Weltproduktion und Welthandel seit 1982 etwa verdreifachten, stiegen die Direktinvestitionen auf mehr als das Dreißigfache an. Welches Gewicht international verflochtene Unternehmen heute in der Weltwirtschaft haben, zeigt sich noch plastischer am Export ihrer ausländischen Tochtergesellschaften: Sein Wert hat sich seit 1982 mehr als verfünffacht, und sein Anteil am gesamten Welthandel stieg von knapp einem Drittel im Jahre 1982 auf etwa die Hälfte im Jahre 2000. Und der Trend ist eindeutig steigend. Insbesondere in Deutschland, aber auch in anderen Ländern nehmen die Direktinvestitionen eine zentrale Rolle in der so genannten Standortdebatte ein. Wie attraktiv ein Standort für international mobile Investoren sei, so wird vielfach argumentiert, zeige sich nicht zuletzt an der Bilanz der Direktinvestitionen. Ein Negativsaldo, wie ihn Deutschland über viele Jahre hinweg aufwies, gilt dabei als Anzeichen dafür, dass die internationalen Investoren dem betreffenden Land den Rücken kehren und dass deshalb durchgreifende Reformen zur Verbesserung der

Standortattraktivität nötig seien. Obwohl diese Argumentation in der Wirtschaftswissenschaft immer wieder in Zweifel gezogen wurden, erfreute sie sich in der Öffentlichkeit großer Beliebtheit.

Die deutsche Diskussion wendete sich erst, als Vodafone im Jahre 2000 zum Rekordpreis von 186 Mrd. $ die Mannesmann AG aufkaufte und damit aus dem traditionellen Defizit in der deutschen Bilanz der Direktinvestitionen ein kräftiger Überschuss wurde. Dieser Umschwung wurde nun keineswegs als Erfolg der deutschen Standortpolitik gefeiert, sondern es entbrannte stattdessen eine Diskussion darüber, wie durch verschärfte Übernahmerichtlinien und ähnliches ein Ausverkauf der deutschen Wirtschaft verhindert werden könne.

Die Frage, ob ein Zufluss ausländischer Direktinvestitionen als Zeichen der Stärke oder Schwäche für den eigenen Standort zu werten ist, wird in der Öffentlichkeit stark davon abhängig gemacht, ob das ausländische Kapital zum Aufbau neuer Produktionskapazitäten (greenfield investment) oder zum Aufkauf heimischer Unternehmen verwendet wird. ...

Abgesehen davon, dass die Zusammenhänge zwischen internationaler Integration und heimischer Beschäftigung selbst bei reinem greenfield investment nicht so schlicht sind, läuft die Verwendung der Direktinvestitionsbilanz als Standortindikator völlig ins Leere, wenn die Direktinvestitionsströme von Fusionsaktivitäten dominiert werden: Wenn ein heimisches Unternehmen ein ausländisches aufkauft, dann dokumentiert sich darin eher eine Stärke des heimischen Unternehmens (und damit auch des heimischen Standorts), die mit der Fusion auch auf ausländische Standorte ausgedehnt wird. Auch der heimische Arbeitsmarkt wird davon in aller Regel profitieren, denn der Zukauf ausländischer Produktionsstätten erschließt möglicherweise neue Absatzmärkte für die inländische Produktion und schafft und sichert qualitativ hochwertige Arbeitsplätze in der Konzernzentrale.

Aus dieser Argumentation sollte nun nicht der Schluss gezogen werden, dass ein hoher Negativsaldo in der Bilanz der Direktinvestitionen Ausdruck der Standortstärke sei. Vielmehr sollte verdeutlicht werden, weshalb die Interpretation eines solchen Negativsaldos als Indikator einer Standortschwäche verfehlt ist. Die Attraktivität eines Standortes für international mobile Investoren ist ein zu komplexes Phänomen, als dass es mit einer einfachen und dazu noch mit Messproblemen behafteten Kennziffer zu fassen wäre.

Wie groß der Anteil von Fusionen an den Direktinvestitionen tatsächlich ist, lässt sich statistisch nicht leicht beantworten. Dies liegt vor allem daran, dass die Direktinvestitionen im Rahmen der Zahlungsbilanzstatistiken erfasst werden, während Fusionsstatistiken in aller Regel auf den Meldungen der beteiligten Unternehmen basieren. Sie unterscheiden sich vor allem dann, wenn Unternehmenskäufe zumindest teilweise auf ausländischen Kapitalmärkten finanziert werden. Falls beispielsweise Vodafone den Kaufpreis für Mannesmann vollständig mit Krediten bei deutschen Geschäftsbanken finanziert hätte (was nicht der Fall war), wäre diese Fusion in der deutschen Direktinvestitionsbilanz gar nicht erschienen.

Henning Klodt, Direktinvestitionen, Fusionen und Strukturwandel, in: Kieler Arbeitspapier Nr. 1083, Nov. 2001

M 6

Was bedeutet Standortqualität?

Hanel/CCC, www.c5.net

Unter Standortqualität versteht man nicht nur die quantitative und qualitative Ausstattung einer Region mit standortgebundenen Ressourcen. Hierzu gehören auch die institutionellen Regelungen, die die Kosten (z. B. Sozialabgaben und Steuern), die Produktivität (z.B. Bildungs- und Infrastruktureinrichtungen) und die Flexibilität der Ressourcen beeinflussen (z. B. die berufliche, sektorale und regionale Mobilität der Arbeitnehmer, aber auch die Flexibilität der Reallöhne im Hinblick auf deren Niveau, insbesondere auf deren sektorale und regionale Struktur, und im Hinblick auf die Qualifikation der Arbeitnehmer). ...

Die Standortqualität ist für die Entwicklung wettbewerbsfähiger Strukturen von großer Bedeutung, allerdings nicht unmittelbar, sondern erst im Zusammenwirken mit den Standortbedingungen anderer Regionen. ...

Ein wesentliches Element der Standortqualität ist dabei – wie schon erwähnt – die Flexibilität der Produktionsfaktoren. In einer Region mit hoher Flexibilität werden die Unternehmen, wenn sie aufgrund von Nachfrage- oder Preisänderungen oder aufgrund neuer Wettbewerber an Wettbewerbsfähigkeit eingebüßt haben, mit einem raschen Strukturwandel reagieren. In einer Region mit geringer Flexibilität werden die Unternehmen dagegen bei einem Verlust an Wettbewerbsfähigkeit eher mit Freisetzungen und mit dem Umbau des Bestehenden reagieren. Vor dem Hintergrund des empirischen Befundes und der obigen Überlegungen kann der Schluss gezogen werden, dass Deutschland schon seit längerem unter Inflexibilität leidet.

Das abverlangte Ausmaß an Flexibilität der standortgebundenen Produktionsfaktoren hängt davon ab, welche „Anpassungslasten“ eine Volkswirtschaft bewältigen muss. Alle offenen Volkswirtschaften werden mit einer Vielzahl von Datenänderungen konfrontiert, die verarbeitet werden müssen. Neue Strukturen müssen gefunden werden, die eine andere Allokation[1] der Ressourcen notwendig machen. Die entsprechenden Anpassungen verursachen Kosten. Je träger die Anpassungen verlaufen, desto höher sind die Kosten in Form entgangener Einkommen und Arbeitsplätze. Datenänderungen werden aber nicht nur durch außenwirtschaftliche Entwicklungen, sondern auch durch unangemessene Aktivitäten der Politik ausgelöst, weshalb einer stetigen Politik, der Konstanz der Wirtschaftspolitik, eine zentrale Rolle zukommt. Ansonsten fallen die Anpassungskosten hoch aus, haben im günstigsten Fall eine abwartende Haltung, im schlimmsten Fall eine Abwanderung der mobilen Faktoren zur Folge.

Otto G. Mayer, Standort Deutschland – neue Herausforderungen angesichts veränderter Wettbewerbsbedingungen, in: Aus Politik und Zeitgeschichte, B 26/1996, S.7 f.

[1] *Allokation: bestmögliche Verwendung*

M 7 Die Stellung Deutschlands im globalen Wettbewerb

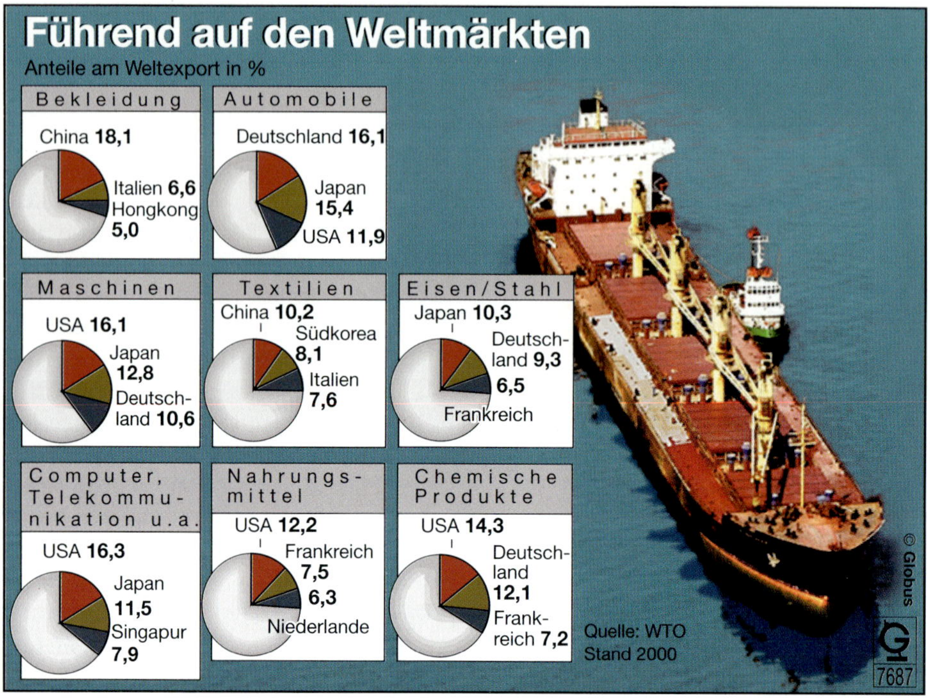

Standortfaktoren im Überblick

M 8

1. Politische Rahmenbedingungen
- Stabilität des politischen Systems
- Sozialer Frieden
- Rechtssicherheit
- Institutionelle Markteintrittsbarrieren
- Einstellung zu Auslandsinvestitionen
- Staatliche Wirtschaftsförderung
- Umweltschutzgesetze
- Steuergesetzgebung
- Staatliche Auflagen u. bürokratische Regelungen

2. Kulturelle Affinität zwischen Unternehmen und Gastland
- Sprachunterschiede
- Mentalitätsunterschiede
- Soziale Akzeptanz ausländischer Unternehmen

3. Wirtschaftliche Rahmenbedingungen
- Wirtschaftliche Entwicklung
- Währungsrisiko
- Transferierbarkeit von Gewinn und Kapital
- Grad der Marktliberalisierung (Regulierung / Deregulierung)
- Verfügbarkeit natürlicher Ressourcen

4. Absatzmarkt
- Marktgröße/Marktwachstum
- Absatzpotenzial
- Geostrategische Bedeutung des Standorts („Sprungbrett“ für weitere Absatzmärkte)
- Anzahl und Verfügbarkeit von Lieferanten (Vorhandensein von „Industriekomplexen“)
- Image des Investitionslandes

5. Arbeitsmarkt
- Verfügbarkeit qualifizierter Arbeitskräfte
- Arbeitskosten (Lohn – und Lohnnebenkosten)
- Arbeitsproduktivität
- Arbeitsrechtliche Vorschriften

6. Infrastruktur und technologische Rahmenbedingungen
- Forschungseinrichtungen, technologischer und wissenschaftlicher Standard
- Akzeptanz von Technik und Technologie in der Bevölkerung
- Verkehrssystem
- Kommunikationssystem
- Verfügbarkeit von Energie
- Kosten für Energie
- Bildungs- und Kultureinrichtungen

Autorentext

Probleme des Wirtschaftsstandortes Deutschland

M 9

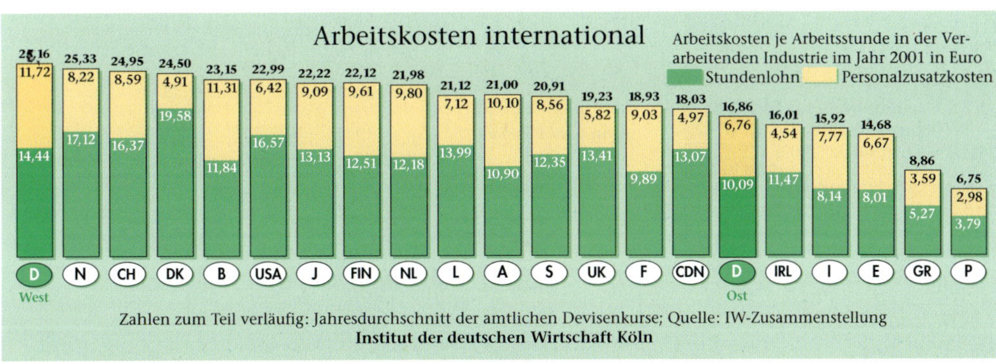

iwd-Informationsdienst des Instituts der deutschen Wirtschaft Köln Nr. 28, 11.7.2002

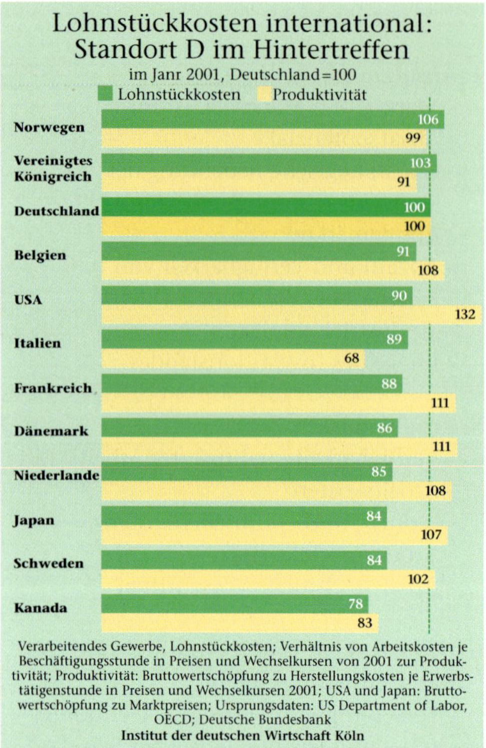

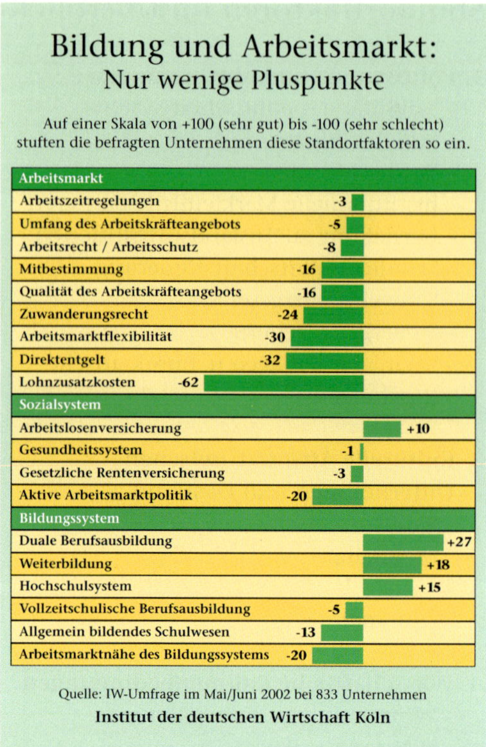

iwd-Informationsdienst des Instituts der deutschen Wirtschaft Köln Nr. 41, 10.10.2002 (links) und Nr. 39, 26.9.2002 (rechts)

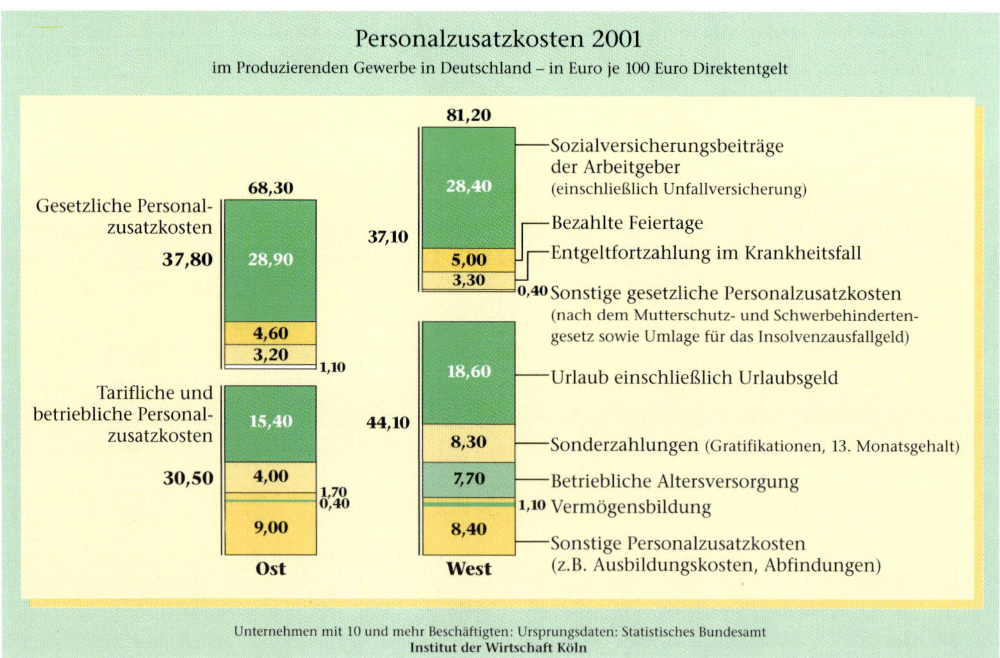

iwd-Informationsdienst des Instituts der deutschen Wirtschaft Köln Nr. 14, 14.4.2002

Bürokratie-Wahn – die deutsche Krankheit

M 10

Ganz klar als Standortnachteil qualifiziert der Münchner Unternehmensberater Roland Berger den Bürokraten-Wahn. Im „Dschungel aus über 100 000 Gesetzen und Vorschriften" verirrten sich die 500 000 Existenzgründer, die Deutschland mindestens bräuchte, um bis zum Jahr 2000 zwei Millionen neue Arbeitsplätze zu schaffen. „Hätten wir weniger Gesetze und Vorschriften, entstünden diese Arbeitsplätze sehr viel schneller."

Unnütze Regeln stoppen Existenzgründer:

- Wer eine Bäckerei oder Metzgerei eröffnet, dem schreibt die Berufsgenossenschaft geriffelte Fußbodenkacheln vor – aus Sicherheitsgründen. Die Gewerbeaufsicht verlangt dagegen glatte – für die Hygiene. Egal, welche Fliesen, immer verstößt er gegen Vorschriften.
- Auch teure Büromieten können Existenzgründer nicht umgehen. Wer – wie Microsoft-Chef Bill Gates – seinen ersten Schreibtisch in der Garage aufstellen will, wird in Deutschland verfolgt. Die Berufsgenossenschaft schreibt vor, dass nur in Räumen mit Fenstern gearbeitet werden darf. Die Bauordnung aber verbietet Fenster in Garagen. Der amerikanische Traum zerplatzt in den Amtsstuben.
- Jede noch so kleine Firma benötigt einen Sicherheitsbeauftragten, das schreibt Brüssel per Richtlinie vor. Kosten für die Unternehmen: 2,8 Milliarden Euro jährlich.
- Dieselbe EU-Richtlinie verdonnert jeden Existenzgründer zu einem eigenen Betriebsarzt. Jährliche Kosten: 600 Millionen Euro.

Eva Grosskinsky / Michael Hilbig (unter Mitarbeit von Sylvia Leuker), in: Focus Nr. 27, 1997, S. 55 und 57

Produktionsverlagerungen ins Ausland – zwei Beispiele ...

M 11

a) Daimler baut Smart in Brasilien

Daimler-Chrysler will eine Variante des viersitzigen Smart auch im brasilianischen Werk in Juiz de Fora bauen. Mit dem Modell will der Stuttgarter Konzern die Kleinwagenmarke auch in den USA etablieren. Erstmals plane Daimler-Chrysler für Smart einen Produktionsstandort außerhalb Europas, teilte der Konzern am Montag in Stuttgart mit. Das neue Modell soll den Angaben zufolge im Werk Juiz de Fora im brasilianischen Bundesstaat Minas Gerais gebaut werden. Dort wird bereits die A-Klasse und die C-Klasse hergestellt.

Das neue Modell soll auf der Basis des so genannten New Compact Car entstehen, den die Daimler-Töchter Smart und Mitsubishi derzeit gemeinsam entwickeln. Das Fahrzeug ist für vier Sitzplätze konzipiert. Der japanische Hersteller Mitsubishi will seine Variante früheren Angaben zufolge im kommenden Jahr auf den Markt bringen. Der Smart soll hingegen 2004 mit dem Viersitzer folgen, der im niederländischen Nedcar-Werk gefertigt wird. Der Zweisitzer läuft im lothringischen Hambach vom Band. Smart baut mit dem für 2003 geplanten Roadster die Modellpalette bereits deutlich aus und positioniert sich immer stärker als Auto-Familie mit einem globalen Potenzial.

Die Motoren für die neue Fahrzeuggeneration kommen aus dem neuen Werk im thüringischen Kölleda, das Ende 2003 fertig gestellt sein soll. Von dort sollen jedes Jahr bis zu 300 000 Benzinmotoren ausgeliefert werden. Ein Drittel ist für Mitsubishi vorgesehen. Die übrigen Motoren sollen nach früheren Angaben überwiegend in den Niederlanden in Smart-Modelle eingebaut werden.

Die in Brasilien gefertigte Variante ist offenbar nur bedingt mit dem europäischen Wagen vergleichbar. „Das Modell wird insbesondere den Kundenwünschen in den USA entsprechen", sagte Smart-Chef Andreas Renschler. Das sei ein wichtiger Schritt zum Markteintritt in den USA, fügte der für Mercedes-Benz und Smart zuständige Daimler-Chrysler-Vorstand Jürgen Hubbert hinzu ... Das brasilianische Werk in Juiz de Fora bietet sich als Produktionsstätte nicht nur wegen der niedrigen Lohnkosten an. Die Kapazität von 60 000 Fahrzeugen pro Jahr ist bei weitem nicht ausgelastet. Derzeit laufen dort nur 10 000 Fahrzeuge der A-Klasse vom Band, die im krisengeschüttelten Brasilien wegen des Preises von mehr als 20 000 Euro schwer abzusetzen sind. Zudem lässt Daimler dort bis zu 10 000 Modelle der C-Klasse montieren, die für den nordamerikanischen Markt bestimmt sind.

Mercedes-Produktion in Brasilien

Andreas Kempf, Stuttgarter Zeitung, 5.11.2002

b) Volkswagen startet Golf-Produktion in Brasilien

Schanghai – Der Volkswagen-Konzern will den Golf nach China bringen. Aus unternehmensnahen Kreisen war zu erfahren, dass der Golf vier von September 2003 an im nordchinesischen Changchun produziert werden solle. Bereits einen Monat später werde der Golf auf den chinesischen Markt gebracht. ... Derzeit produziert VW in einem Joint Venture mit dem chinesischen Staatsbetrieb First Automobil Works (FAW) den Audi A6, den Bora und den Jetta.

Der Marktanteil des VW-Konzerns in China schrumpft. Neue Modelle sollen das Geschäft wieder beleben.

Aus dem Konzern hieß es, neue Marktstudien hätten ergeben, dass der Bedarf nach Kompaktwagen in China immer größer und von VW nicht befriedigt werde. Zunächst solle der Golf fast fertig importiert und in China lediglich „zusammengeschraubt" werden. Ein Jahr später werde mit der lokalen Fertigung begonnen. Die Ausstattung sei komplett die des Golf vier mit 1,6-Liter-Motor und 100 PS. Noch seien die Gespräche jedoch nicht abgeschlossen. Eventuell werde das Auto mit einem lokal hergestellten Jetta-Motor ausgeliefert. ...

„China ist für VW nach Deutschland, den USA und Brasilien der viertstärkste Markt", sagte ein VW-Sprecher. Zudem sei China der Markt mit dem „weltweit stärksten Wachstum". Seit Mitte der achtziger Jahre hatte VW nach eigenen Angaben rund drei Milliarden Euro in China investiert. In den kommenden Jahren sollen es „vor allem für neue Produkte" noch einmal 2,5 Milliarden Euro werden.

Janis Vougiouokas, Süddeutsche Zeitung, 28.8.2002, S. 23

... und das Gegenbeispiel: Leipzig gewinnt den Standort-Poker

M 12

Bei Porsche war Leipzig noch allein; bei BMW hatten die Sachsen Hunderte von Konkurrenten. Als der Stuttgarter Sportwagenhersteller 1998 seine Pläne bekannt gegeben hatte, für 100 Millionen DM eine neue Fertigungshalle mit 250 Arbeitsplätzen für den neuen Geländewagen schaffen zu wollen, hatte sich die sächsische Messestadt noch als einziger deutscher Standort um diese Ansiedlung beworben. Als BMW im Juli 2000 bekannt gab, ein neues milliardenteures Werk mit mehr als 5500 Mitarbeitern errichten zu wollen, reichten mehr als 250 europäische Städte in München ihre Bewerbungsunterlagen ein. Leipzig hat vieles unternommen und anders als andere dazu lange Zeit geschwiegen. Damit erwies es sich im Schönheitswettbewerb der Standorte für die beiden Automobilbauer als erste Wahl. Die Bedingungen stimmen, heißt es in Stuttgart und nun auch in München ...

Im nahe gelegenen Arbeitsamt, wo fast jeder fünfte Arbeitnehmer der Region als Suchender registriert ist, hofft man, die vollen Karteien in den kommenden Monaten zumindest ein wenig lichten zu können. Bei Porsche sind allein aus der Region mehr als 7000 Bewerbungen eingegangen. Bei BMW wird es wohl ein Vielfaches davon sein. Das Arbeitsamt verzeichnet mehr als 68 000 Menschen ohne Arbeit – seit der Wende ist das der höchste Stand in Stadt und Umland. Für die Bayern war die Personalfrage neben den Grundstückspreisen, den künftigen Lohnkosten und der Verkehrsinfrastruktur einer der entscheidenden Punkte für die Ansiedlung.

Wie aus mitteldeutschen Immobilienkreisen zu hören ist, zahlen die Bayern für das etwa 2 Millionen Quadratmeter große Grundstück im Norden der Stadt einschließlich der teilweise noch zu leistenden Kosten für die Erschließung etwa 12,50 € je Quadratmeter. Am potenziellen Standort Augsburg wäre es das Fünffache gewesen. Leipzig ist über eine städtische Gesellschaft bereits Besitzer der Flächen. Dem Vorbild anderer Großansiedlungen im Freistaat folgend, gibt es im Rathaus darüber hinaus Pläne, eine bedarfsgerechte Qualifizierung der neuen BMW-Mitarbeiter zu gewährleisten. Über ähnliche arbeitsamtliche Förderungsmaßnahmen konnten so etwa beim amerikanischen Chiphersteller AMD in Dresden jeder dritte der derzeit dort tätigen 1800 Mitarbeiter aus der Arbeitslosigkeit heraus eingestellt werden. Ähnliches ist nun auch in Leipzig geplant. Zum Dritten war für BMW die Anbindung des Werks an die Verkehrsinfrastruktur entscheidend, und die wurde dank der auf die großen städtischen Zentren konzentrierten Strukturpolitik in Sachsen mit milliardenschweren Investitionen in den vergangenen zehn Jahren ausgebaut worden. Wie das in Nachbarschaft liegende neue sächsische Porsche-Werk befindet sich die künftige BMW-Produktionsstätte an der sechsspurigen Autobahn gleich neben dem neuen Flughafen Leipzig-Halle. ...

Hier entsteht das neue BMW-Werk. 5500 neue Arbeitsplätze werden geschaffen

Ausschlaggebend für die Standortentscheidung seien insgesamt sieben Kriterien gewesen: Die Wirtschaftlichkeit und die Flexibilität, die Beschaffenheit des 200 Hektar großen Geländes, die Verfügbarkeit des Fachpersonals, vorhandene Strukturen für Zulieferer und Logistik, die sehr gute Verkehrsinfrastruktur und die Möglichkeit, die Produktion gut in den Werkeverbund von BMW einzubinden. Leipzig verheiße darüber hinaus „einen schnellen Prozess der Umsetzung". Das war wohl ein versteckter Hinweis auf das Werk im amerikanischen Spartanburg, wo es anfangs große Qualitätsprobleme gab. Damit das nicht mehr passiert, werden die ersten 1500 Mitarbeiter bereits lange vor Inbetriebnahme in Leipzig eingestellt und in München entsprechend eingearbeitet ...

Um das BMW-Werk haben sich insgesamt über 250 Städte und Regionen beworben, die Hälfte waren in Deutschland. Nach einer einjährigen Prüfung blieben fünf Orte übrig, die alle gut in der Lage gewesen wären, das Werk aufzunehmen, sagte Milberg. Die deutschen Regionen in der engeren Wahl waren Augsburg, Leipzig-Halle, Schwerin, darüber hinaus waren Arras in Frankreich und Kolin in der Tschechischen Republik in der Endrunde. Dass Leipzig auch unter den Kriterien der Europäischen Union Fördergebiet ist, sei wichtig, aber nicht entscheidend gewesen, sagte Milberg. Immerhin würde die Förderung nur gewährt, „um bestehende Standortnachteile auszugleichen". Er rechnet mit 280 Millionen Euro an Subventionen, gesetzlich möglich wären aber auch 350 Millionen. ...

Die 5500 künftigen BMW-Mitarbeiter in Leipzig ermöglichen eine gemäß der Nachfrage „atmende Fabrik", so dass die wöchentliche Betriebszeit zwischen 60 und 140 Stunden variieren kann. Damit ergeben sich für jeden Mitarbeiter drei bis sechs Arbeitstage in der Woche; es ist ein zwei- oder dreischichtiger Betrieb möglich, der Sonntag bleibt aber in jedem Fall arbeitsfrei. Durch die damit verlängerte Maschinenlaufzeit rechnet BMW mit etwa 20 Prozent niedrigeren Investitionen; die Produktivität des Unternehmens werde mit diesem Arbeitszeitmodell um etwa ein Viertel steigen. „... In Sachsen wird mit 38 Arbeitsstunden je Woche 8 Prozent länger als in Westdeutschland gearbeitet, im Tariflohn gebe es keinen Unterschied. ...[Entwickelt wurde ein] kompliziertes Modell, das auf die zyklische Nachfrage nach Automobilen reagieren kann. Die Hauptwettbewerber um den neuen BMW-Standort – Arras in Frankreich und Kolin in der Tschechischen Republik – konnten darauf nicht entsprechend reagieren. Denn in Frankreich lässt das Arbeitsrecht flexible Modelle nicht zu, und in Tschechien legen sich die Gewerkschaften quer. Trotzdem ist der Lohnkostenunterschied zwischen Deutschland und Tschechien gewaltig: Das Lohnniveau erreicht dort nur 22 Prozent der deutschen Summe.

Frankfurter Allgemeine Zeitung, 19.7.2001, S. 16

Globalisierung als vermeintliche Ursache des Standortproblems

M 13

Unter den Nationalstaaten sorgt die Globalisierung für einen verschärften Standortwettbewerb: „Global Player" wie General Motors, Unilever oder Siemens suchen für immer mehr Phasen der Wertschöpfungskette weltweit Standorte, die ihnen die besten Bedingungen bieten (z. B. Infrastruktur, effiziente Bürokratie, qualifizierte Mitarbeiter, Investitionsanreize). Nicht zuletzt deshalb hat sich in den vergangenen Jahren die Diskussion um die Wettbewerbsfähigkeit des Standorts Deutschland verstärkt. Diese Verknüpfung der Globalisierungs- mit der Standort-Diskussion ist allerdings aus zumindest zwei Gründen problematisch:
Aus gesellschafts- bzw. wirtschaftspolitischer Perspektive wird dabei zumeist ein Zusammenhang zwischen Globalisierung und dem Abbau von Arbeitsplätzen konstruiert und zu (verteilungs-) politischen Zwecken missbraucht. Hierzu wird oft der komplexe Sachverhalt simplifizierend auf folgenden „Argumentationsstrang" verkürzt:

- Der Standort Deutschland ist aufgrund der zunehmenden Globalisierung nicht mehr wettbewerbsfähig (zu teuer, zu rigide, zu saturiert).
- Um wieder wettbewerbsfähig zu werden, müssen primär die Arbeitskosten gesenkt werden.
- Falls dies den Unternehmen verwehrt wird, müssen sie Humankapital durch eine effizientere Technologie ersetzen, weshalb die Zahl der Arbeitslosen wächst. ...

Schnell ist ein Sündenbock gefunden: die Globalisierung. Wie eine Naturkatastrophe scheint sie hereingebrochen zu sein und zieht Deutschland unerbittlich in den Niedergang. Globalisierung schafft die Arbeit ab, dem Land der Sozialen Marktwirtschaft zwingt sie einen gnadenlosen Kapitalismus auf.
Aus wissenschaftlicher Sicht kommt es dabei zu einer naiven Vereinfachung des Ursache/Wirkungs-Zusammenhangs: Die meisten Diskutanten reduzieren das Standortproblem auf „die" Kosten, womit sie im Regelfall die Lohn(neben)kosten meinen. Strukturelle Schwachstellen, welche nicht minder bedeutsam sind, werden dagegen „übersehen".
...

1. Überschätzte Einflussfaktoren

Die Suche nach „den" zentralen Faktoren, welche die Wettbewerbsfähigkeit des „Standorts Deutschland" maßgeblich beeinflussen, konzentrierte sich bislang auf drei Größen. Seit 1979 die wissenschaftliche Diskussion darüber einsetzte, wird unter Hinweis auf entsprechende Weltranglisten regelmäßig davor gewarnt, die internationale Wettbewerbsfähigkeit der deutschen Wirtschaft sei in Gefahr, weil ihre Unternehmen, ähnlich wie die schweizerischen, durch die Kosten der Arbeit am stärksten belastet würden. Weitere Negativfaktoren, welche unsere Unternehmen geradezu lähmten, seien eine übermäßige Steuerbelastung und überzogene Umweltschutzauflagen.
So plausibel dies auf den ersten Blick auch erscheinen mag, so groß ist doch gerade hier

die Gefahr, der Subjektivität (vermeintlich) „objektiver" Daten zu erliegen. Beispielsweise ist der unmittelbare Vergleich der Lohnkosten nur wenig aussagefähig; denn neben den eigentlichen Marketing-Instrumenten (Innovation, Produktqualität, Lieferbereitschaft, Kundenservice, Image etc.) beeinflusst nicht zuletzt die Produktivität die Wettbewerbsfähigkeit. Wenn man deshalb die Lohnkosten an der Produktivität relativiert und so die Lohnstückkosten berechnet, dann verschieben sich die Proportionen bereits etwas zugunsten des Standorts Deutschland. ...

Bildhaft gesprochen besetzt die deutsche Wirtschaft zusammen mit einigen anderen, vergleichbar entwickelten Ländern die Spitze der so genannten Lohnhierarchie. Ginge man nun dazu über, die Löhne hierzulande (relativ) zu senken, so würde dies den Wettbewerbsdruck nicht vermindern; denn auch die unteren Ränge der Lohnhierarchie sind schon besetzt, weit dichter sogar als die Spitze der Pyramide.

Dass (relative) Lohnkostensenkung die Konkurrenzintensität erhöhen kann, klingt zwar zunächst paradox, ist aber durchaus logisch; denn die zahlreichen weniger entwickelten Volkswirtschaften können diese defensive Strategie leichter imitieren als die alternative offensive Strategie. Diese besteht in der Bereitschaft und Fähigkeit, Leistungen (quantitativ und qualitativ) zu erbringen, die erforderlich sind, um an einem gegebenen Standort international wettbewerbsfähig zu bleiben, also statt den Preis- den Qualitäts- und Innovationswettbewerb zu suchen.

Wenn man den internationalen Wettbewerb nicht ausschließlich als kompetitiv betrachtet, sondern auch eine kooperative Komponente darin erblicken mag, so haben die hoch entwickelten Volkswirtschaften geradezu die Aufgabe, sich im Innovationswettbewerb die Möglichkeiten der Wertschöpfung zu erschließen, die erforderlich sind, um das Wohlfahrtsniveau der eigenen Bevölkerung zumindest zu wahren, nach Möglichkeit zu steigern. Bedenklich – nicht zuletzt aus entwicklungs- und sicherheitspolitischen Gründen – wäre es hingegen, mit den weniger entwickelten Volkswirtschaften auf der Wettbewerbsebene „Lohnkosten" zu konkurrieren und diesen so deren häufig einzige Handlungs- und damit Entwicklungsmöglichkeit zu nehmen. Dass diese Form der internationalen Kooperation bzw. „konkurrierenden Arbeitsteilung", sei sie gewollt oder ungewollt, nicht zum Schaden der traditionellen Standorte in den Industrieländern sein muss, lässt sich an folgendem Beispiel zeigen:

Bis in die fünfziger Jahre hinein war das südfranzösische Städtchen Grasse die „Welthauptstadt der Düfte". Ein Meer von süß duftenden Rosen und Jasmin sowie der herbere Lavendel lieferten die kostbaren Parfüm-Essenzen. Heute trägt die im Hinterland von Nizza gelegene Kleinstadt diesen Titel noch immer, obwohl die Rosen längst schon aus der Türkei importiert werden – für 50 Ct das Kilo, wofür die provenzalischen Blumenpflanzer aus Kostengründen 5 € verlangen müssten. Dasselbe gilt für den Jasmin, der aus Indien eingeführt wird, und für Geranien, deren Plantagen mittlerweile in Madagaskar stehen. Zum Nachteil geriet diese Entwicklung aber nur für jene, die sich der Dynamik des Wettbewerbs widersetzten und wie ihre Großväter mit dem Anbau der Rohstoffe dieses Industriezweiges ihren Lebensunterhalt verdienen wollten; denn das weit wertvollere Know-how, wie aus natürlichen Essenzen edles Parfüm wird, verblieb in Grasse. Damit – und mit dem „Duft-Tourismus" – lässt sich sehr viel mehr Geld verdienen als mit dem Blumenanbau. Denn Scharen von Urlaubern verlassen die Côte d'Azur für einen Tagesausflug und lassen sich von Fremdenführern die Hallen der alten Parfümfabriken zeigen. Ganz im Sinne des Erlebnis-Marketing kaufen sie dort dann, aufgrund geringen Preiswissens und erhöhter Preisbereitschaft, Parfüm zu mehr als „auskömmlichen" Preisen.

Nicht zuletzt aber lehrt die Realität, dass das Wettbewerbsgeschehen weitaus komplexer ist als alle theoretischen Modelle und Diskussionen und nicht mit Hilfe simpler Indikatoren zu erfassen ist. Wie anders wäre sonst zu erklären, dass ganz offensichtlich nicht die Länder mit den geringsten Arbeitskosten (z. B. Portugal, Italien und Spanien) die Rangliste der Wettbewerbsfähigkeit anführen. Und ebenso ganz offensichtlich investieren Unternehmen, die aus den führenden Volkswirtschaften stammen, nicht vorzugsweise in Niedriglohn-Ländern.

Zu den „Irrungen und Wirrungen" der deutschen Standort-Diskussion zählt vor allem die zwanghafte Fixierung auf die Kosten als Dreh- und Angelpunkt der Wettbewerbsfähigkeit. Während gleichzeitig, bedingt z. B. durch veraltete Produktions- und Distributionsprozesse oder ungenügendes Qualitäts- und Personalmanagement, Produktivitätsreserven von 30–50 Prozent brachlagen, kreiste die Debatte hierzulande jahrelang um vergleichsweise wenige Prozentpunkte an vermeintlichen oder tatsächlichen Lohnkosten- bzw. Steuerquotennachteilen. Deshalb vermutlich wurde die Standort-Diskussion allgemein und zunehmend als lähmend empfunden.

Wie unsere Analyse von Daten der 46 führenden Industrienationen zeigt, üben die Arbeitskosten keinen direkten Einfluss auf die internationale Wettbewerbsfähigkeit aus. Auch ist der indirekte Einfluss der Arbeitskosten nicht negativ, sondern positiv; denn: je höher der Lohn,
- desto motivierter die Arbeitnehmer,
- desto besser die Preis/ Qualitäts-Relation der erbrachten Leistung,
- desto weniger soziale Konflikte am Arbeitsplatz.

Der insgesamt positive Effekt, den die Arbeitskosten entgegen der klassischen Lehrmeinung auf die internationale Wettbewerbsfähigkeit ausüben, erwächst daraus, dass diese drei Faktoren die Wettbewerbsfähigkeit verbessern. ...
- Ob deutsche Unternehmen in globalen Märkten Erfolg haben können, hängt aus gesamtwirtschaftlicher Sicht von Quantität und Qualität des heimischen Humankapitals ab.
- Erstklassiges Humankapital, mit der daraus resultierenden Produktiv- und Innovationsfähigkeit der Menschen, ist aus gesamtwirtschaftlicher Sicht Standortfaktor Nr. 1.
- Der Standortfaktor Humankapital spielt in der öffentlichen Diskussion wie in der Politikgestaltung praktisch keine Rolle. Verglichen mit den Defiziten bei Humankapital- und Forschungsinvestitionen werden die Auswirkungen von Prozentpunkte-Veränderungen von Sozialabgaben oder Grenzsteuersätzen für die langfristige Wettbewerbsposition Deutschlands bei weitem überschätzt.
- Zusätzlich zu diesen Versäumnissen belasten überholte bürokratische Strukturen im Verwaltungs- und Sozialsystem die inter-

Indische Programmierer in Neu Delhi. Längst verfügen auch sog. Schwellenländer über hervorragend ausgebildete Arbeitskräfte.

nationale Wettbewerbsfähigkeit Deutschlands. Der Staat nimmt seine wesentlichen allokativen und investiven Aufgaben nicht mehr ausreichend wahr.

2. Unterschätzte Standortfaktoren

Im Regelfall sind es eben nicht die defensiven Beweggründe (Kosten), welche Unternehmen primär veranlassen, im Ausland zu investieren, oder, umgekehrt, sie von einem Engagement abhalten. Weit bedeutsamer sind vielfach die so genannten weichen Faktoren, z. B. kulturelle Offenheit von Politik, Wirtschaft und Bevölkerung („Leitkultur!"); Funktion und Leistungsfähigkeit des Mittelstands; Qualifikation und Motivation der Mitarbeiter; Verlässlichkeit und Leistungsfähigkeit des Rechtssystems; Zugang zu den bedeutenden Märkten (z. B. Beschaffenheit der Infrastruktur); Akzeptanz des Unternehmertums; Zukunftsorientierung und Leistungsbereitschaft.

Während es sich hierbei um grundlegende, nur langfristig zu beeinflussende Standortfaktoren handelt, wären andere teilweise kostengünstig und schnell zu verbessern:

- Art und Intensität von Vorschriften und Auflagen (z. B. Handwerksordnung; Bauvorschriften),
- Flexibilität bzw. Rigidität von Arbeitszeitregelungen,
- Bürokratiekosten.

Stefan Müller/Martin Kornmeier, Globalisierung als Herausforderung für den Standort Deutschland, in: Aus Politik und Zeitgeschichte, B 9/23.2.2001, S. 7–12

M 14 Der Januskopf der Globalisierung

Ein Gespenst geht um in Deutschland, das Gespenst der Globalisierung. Beim näheren Hinsehen entpuppt sich das Gespenst als Januskopf. Denn je nach Standpunkt des Betrachters zeigt es mal das eine, mal das andere Gesicht. Die Optimisten erkennen in ihm den endlich befreiten Flaschengeist der Marktwirtschaft, der nach dem Niederringen des Sozialismus zu einem Triumphzug um die Erde antritt. „Zum ersten Mal in der Geschichte der Menschheit", stellt beispielsweise der amerikanische Wirtschaftswissenschaftler Lester Thurow fest, „steht uns eine globale Wirtschaft zur Verfügung, in der alles jederzeit produziert und verkauft werden kann". Das längst von den Medien installierte „globale" Dorf erhalte jetzt endlich einen weltweiten Marktplatz, der keine Ladenschlusszeiten kenne und über CNN und Telefax, Internet und ISDN vernetzt sei.

Die Enthusiasten gehen davon aus, dass dieses Paradies der Marktwirtschaft keine Kriege, Klassen und Katastrophen mehr kennen werde. Wo der gute Geist des Wettbewerbs herrsche, sei kein Platz für Rassenhass und Diktatur. Der Internationalismus, einst eine Erfindung kommunistischer Arbeiterführer gegen kapitalistische Ausbeuter, habe friedlich die Fronten gewechselt. Der überholte Nationalstaat werde entmachtet, seine Funktion des fürsorglichen großen Bruders übernehme das multinationale Unternehmen, in dem Weiß und Schwarz, Rot und Gelb friedlich Seit' an Seit' arbeiten. Wohlstand für alle – dieser einst von Ludwig Erhard ausgestoßene Lockruf des Liberalismus treffe weltweit auf offene Ohren und verbinde die Völker. Der Turbo-Kapitalismus beschleunige diesen Prozess und führe zur „one world", der blaue Planet werde endlich in Frieden und Freiheit vereint.

Für die Pessimisten hingegen verbirgt sich hinter der Globalisierung nur die hässliche Fratze des Kapitalismus. Der britische Milliardär und Europa-Abgeordnete James Goldsmith glaubt beispielsweise, dass die westlichen Industrieländer in die „Globalisierungsfalle“ taumeln. Wie bei Goethes Zauberlehrling habe der freie Westen die Monster des Marktes entfesselt. Die Kräfte, die er rief, werde er jetzt nicht mehr los. In eine ähnliche Richtung zielen Kritiker in unserer Republik, die eine globale „Abwärtsspirale“ aus niedrigeren Löhnen, schrumpfenden Steuereinnahmen, gekürzten Sozialleistungen und sinkenden Umweltstandards vorhersagen. Mit dieser Anpassung nach unten müssten sich alle Staaten für den gnadenlosen Wettstreit um Investoren und Kapitalanleger rüsten. Wie vaterlandslose Gesellen zögen die „global players“ der multinationalen Konzerne von Land zu Land, um Subventionen und Steuervorteile aus ihren Gastgebern herauszupressen. Dieses Spiel ende aber wie ein Poker auf der Titanic – am Ende werden selbst die vorübergehenden Gewinner in die Tiefe gerissen.

Thomas R. Fischer, Turbo-Kapitalismus oder ein neues Zeitalter, in: Stuttgarter Zeitung, 24.12.1996, S.9

AUFGABEN

1. Bewerten Sie, welche Bedeutung Direktinvestitionen für die Beurteilung der Qualität eines Standorts haben (M 2-M 5).
2. Charakterisieren Sie die Stellung der Bundesrepublik im internationalen Wettbewerb (M 7).
3. Verschaffen Sie sich einen Überblick über ausgewählte Standortfaktoren. Beurteilen Sie diese für die Bundesrepublik Deutschland (M 8-M 10).
4. Fassen Sie die Gründe für Standortverlagerungen zusammen (M 11, M 12).
5. „Die Globalisierung führt zur Erosion des Sozialstaats in der Bundesrepublik Deutschland“- Nehmen Sie zu dieser Aussage Stellung (M 13, M 14).
6. **Referatvorschlag.** Welche Bedeutung hat der Export für das Land Baden Württemberg?

LINKS

www. iwkoeln.de (Institut der deutschen Wirtschaft in Köln, viele fundierte Wirtschaftsinformationen, besonders empfehlenswert die Publikationen „iwd“ und „Wirtschaft und Unterricht“)

www.bdb.de (Bundesverband der deutschen Banken, Wirtschaftsinfos und die Publikation „Schul/Bank“)

Informationen und Zusammenhänge

Beurteilung des Wirtschaftsstandorts
M 6 - M 12

Die Frage, wie attraktiv der Wirtschaftsstandort Deutschland heute und in der Zukunft ist, lässt sich nicht beantworten. Der Standortentscheidung von Unternehmen liegen unterschiedliche Motive zugrunde. Zum einen spielen die Produktionskosten (Kostenargument) eine Rolle, zum anderen ist die Marktnähe (Absatzargument) von großer Bedeutung: Deutlich ist aber, das sich selbst traditionelle deutsche Firmen seit etwa 15 Jahren nicht mehr unbedingt auf den Produktionsstandort Deutschland festlegen.
Die Qualität eines Standorts ist nur in der Relation zu anderen Standorten zu definieren. Je flexibler die Produktionsfaktoren sind, desto geringer sind die Anpassungslasten einer Volkswirtschaft in Form von geringeren Einkommen oder Arbeitslosigkeit.

Direktinvestitionen
M 2 - M 5

Die Entwicklung der grenzüberschreitenden Direktinvestitionen spielt in der Standortdebatte eine wesentliche Rolle. Sie lässt aber nur bedingt Aussagen über die Standortqualität zu, da sowohl absatzorientierte Motive, wie die Erschließung eines neuen Marktes (z. B. Investitionen im europäischen Binnenmarkt), als auch Kostenfaktoren (vor allem hohe Arbeitskosten und bürokratische Hemmnisse) in die Investitionsentscheidung eingehen.

Stellung Deutschlands im Welthandel
M 7

Deutschland gehört heute noch zu den drei führenden Industrienationen der Welt. Bedenklich ist aber, dass das Land hauptsächlich in den traditionellen Wachstumsindustrien (der Vergangenheit) ihre Stärken hat.
Deutschland weist einen hohen Verflechtungsgrad mit der Weltwirtschaft auf; es ist stark exportorientiert und exportabhängig. Die starke Position auf dem Weltmarkt kommt in dem relativ hohen Weltmarktanteil von ca. 10 % zum Ausdruck; in den Schlüsselbranchen Fahrzeugbau, Maschinenbau und chemische Industrie ist der Weltmarktanteil noch höher. Die wichtigsten Handelspartner für Deutschland sind europäische Nachbarn – an erster Stelle steht Frankreich.

1.5 Globalisierung und Wohlstand

M 1

Globalisierung – eine exklusive Veranstaltung?

Modenschau für Schmuck beim Filmfestival in Cannes 2001, unterernährtes Kind in Gode (Äthiopien) 2000.

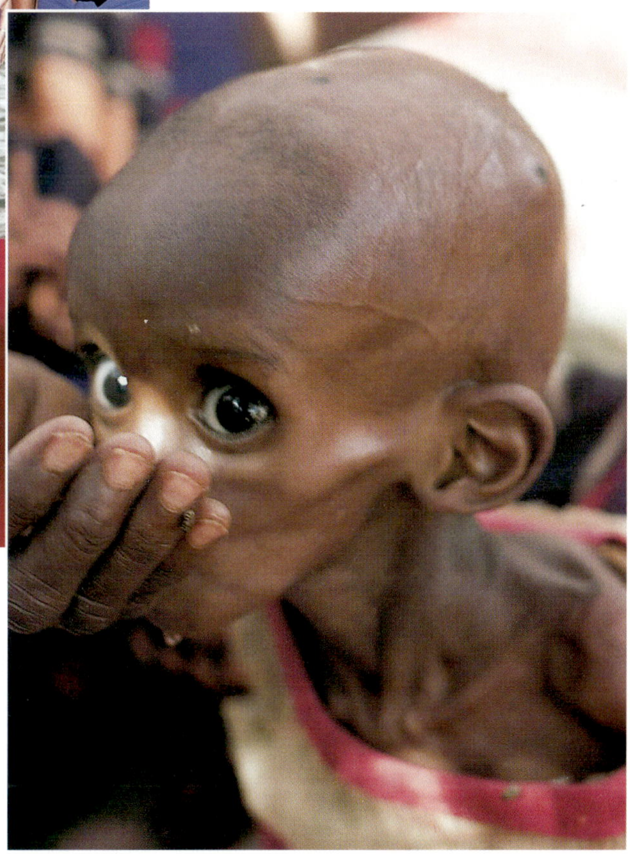

Das Vermögen der drei reichsten Männer der Welt übertrifft das Bruttoinlandsprodukt der ärmsten Länder mit insgesamt 600 Millionen Einwohnern.

M 2

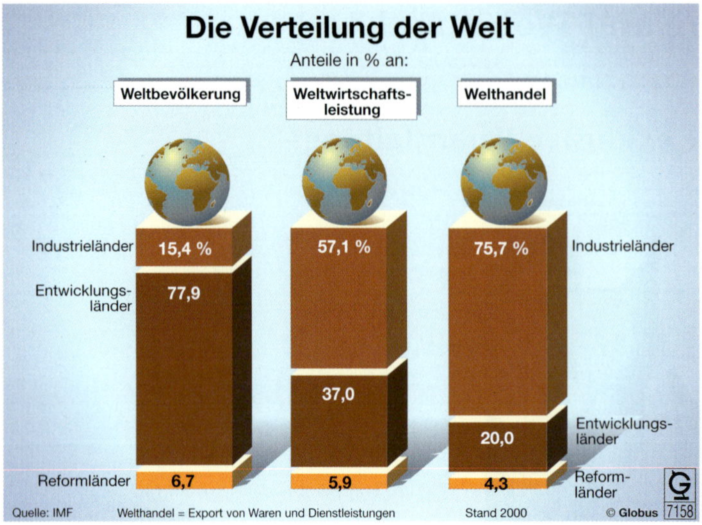

M 3 Freihandel als Leitbild

Das marktwirtschaftliche Bekenntnis zum Freihandel beruht auf der Überzeugung, dass die Verbindung von dezentraler Planung mit einem freien Leistungswettbewerb und einem System von Marktpreisen als Organisationsprinzip für die Weltwirtschaft ebenso vorteilhaft ist wie als Ordnungsgrundsatz für den nationalen Wirtschaftsraum:

– Freihandel eröffnet Chancen zu produktivitätssteigernder Spezialisierung. Die am Welthandel beteiligten Länder können sich auf die Erzeugung jener Produkte konzentrieren, die sie mit vergleichsweise geringeren Kosten herstellen als ihre Tauschpartner. Von diesen Gütern gilt es mehr zu produzieren als für den heimischen Bedarf erforderlich, um den damit verfügbaren Überschuss gegen Produkte zu tauschen, die im eigenen Staatsraum gar nicht oder nur mit erheblich höheren Kosten hergestellt werden können. Freihandel gestattet es einer Volkswirtschaft somit, ihre Ressourcen mit größerer Ergiebigkeit einzusetzen, als es bei Autarkie oder Protektionismus möglich wäre ...

„Um einen patriotischen Beitrag zu leisten, hört Floogle's Departmentstore auf, importierte Ware zu verkaufen."

- Durch Freihandel können Konflikte gelöst werden, die auftreten, wenn auf zu engen nationalen Märkten zugleich ein intensiver Wettbewerb, eine hinreichende Nutzung von Massenproduktionsvorteilen und ein genügend vielfältiges Angebot angestrebt wird. Denn durch Export und den Rückgriff auf ausländische Erzeugung lässt sich die Zahl der Konkurrenten und die der offerierten Alternativen erhöhen, ohne dass die durchschnittliche Unternehmensgröße abnehmen und auf kostengünstige Produktion verzichtet werden muss ...
- Freihandel ist gleichbedeutend mit offenen Märkten. Dadurch droht leistungsschwachen inländischen Produzenten, von überlegener ausländischer Konkurrenz vom Markt verdrängt zu werden. Das zwingt zu kostengünstiger Produktion marktgerechter Produkte, nötigt zu innovatorischer Aktivität und fördert die Anpassungsflexibilität. Auch steigt die Wahrscheinlichkeit dafür, dass Monopolrenten zum Markteintritt neuer Anbieter führen und damit verloren gehen. Freihandel reduziert somit die Möglichkeit zu friedlichem Oligopolverhalten und dauerhafter Monopolisierung. Er steigert die Wettbewerbsintensität und schafft ein stetes Reservoir potentieller Konkurrenz. Alles das verbessert die Faktorallokation und fördert die Wachstumsdynamik.

Hartmut Berg, Außenwirtschaftspolitik, in: Dieter Bender u. a. (Hg.), Vahlens Kompendium der Wirtschaftstheorie und Wirtschaftspolitik, 6. Aufl., München 1995, Bd. 2, S. 463 f.

Wachsende Kluft zwischen Arm und Reich

M 4

Das Vermögen der drei reichsten Menschen übertrifft das Bruttoinlandsprodukt der am wenigsten entwickelten Länder, die zusammen 600 Millionen Einwohner zählen. Etwa 97 Prozent aller Patente auf dem Globus halten Tüftler aus den Industrienationen. Mehr als 80 Staaten haben heute ein geringeres Pro-Kopf-Einkommen als vor zehn Jahren.

Dies sind Aussagen aus dem ... Bericht des Entwicklungsprogramms der Vereinten Nationen (UNDP) über die menschliche Entwicklung (1999). Seit 1990 gibt die UN-Organisation alljährlich bei einem unabhängigen Expertenteam eine Studie in Auftrag, um wichtige Themen von weltweitem Interesse untersuchen zu lassen. Diesmal haben sich die Autoren mit den Gewinnern und Verlierern der Globalisierung beschäftigt. Dabei betrachten sie das Pro-Kopf-Einkommen nicht als alleiniges Maß für menschlichen Fortschritt, sondern

Erste und Dritte Welt konzentriert auf engstem Raum, hier ein Slum in Manila.

wägen es ab gegen Umstände wie durchschnittliche Lebenserwartung, Bildung und generelles Wohlergehen. ...

„Die Kräfte der Globalisierung haben beispiellosen Reichtum für diejenigen geschaffen, denen es gelang, die Vorteile des wachsenden Stroms von Waren und Dienstleistungen über nationale Grenzen hinweg zu nutzen", stellt UNDP fest. Die Mehrheit werde aber an den Rand gedrängt. In etwa 85 Ländern gehe es den Menschen in mehrfacher Hinsicht schlechter als noch vor zehn Jahren.

Der Bericht bringt Beispiele für die wachsende Kluft zwischen Arm und Reich. Auf die Einwohner der Staaten mit den höchsten Einkommen – etwa 1,2 Milliarden oder ein Fünftel der Erdbevölkerung – entfallen 86 Prozent des globalen BIP mehr als vier Fünftel der Exportmärkte, gut zwei Drittel der ausländischen Direktinvestitionen und 74 Prozent der Telefonanschlüsse. Das untere Fünftel, die ärmsten Länder, verfügt in jeder Kategorie lediglich über ein Prozent.

Die Kräfte des Marktes allein werden das Ungleichgewicht nicht wieder zurechtrücken, warnt UNDP. Bei der Festlegung von Forschungsprogrammen zum Beispiel entscheide nicht der Bedarf über die Prioritäten, sondern der Profit. Kosmetika und langsam nachreifende Tomaten stünden deshalb auf der Prioritätenliste höher als ein Impfstoff gegen Malaria oder dürreresistente Nutzpflanzen. Die besten neuen Technologien seien für diejenigen bestimmt, die sie bezahlen können. Dabei spiele die Fusion von Konzernen eine große Rolle. Derzeit würden die zehn bedeutendsten Fernmeldeunternehmen 86 Prozent des Weltmarkts kontrollieren. Bei Pestiziden betrage der Anteil der zehn größten 85 Prozent.

Pierre Simonitsch, In 85 Ländern geht es den Menschen schlechter als vor zehn Jahren, in: Frankfurter Rundschau, 13.7.1999, S. 11

M 5 Freihandel: mehr Wohlstand für viele, aber nicht für alle

Aufschlussreich sind die Auswirkungen der Globalisierung auf Wohlstand und Beschäftigung. In der Außenhandelstheorie wird dieser Sachverhalt anhand David Ricardos (1772 bis 1823) berühmtem Theorem[1] der komparativen Kosten verdeutlicht. Ricardo zeigt in einem gedanklichen Modell, dass der Übergang von der Autarkie zum Freihandel sowohl das Weltsozialprodukt steigert als auch für jedes Land lohnend ist.

In seinem Modell produzieren zwei Länder (Portugal und England) jeweils zwei Güter (Tuch und Wein), wobei – gemessen in Einheiten des Arbeitsaufwandes – die Weinproduktion in Portugal günstiger ist und die Tuchproduktion in England: Portugal muss bei der zusätzlichen Produktion eines Quantums Wein auf relativ wenig Tuch verzichten, England dagegen bei einem zusätzlichen Quantum Wein auf relativ viel Tuch. Insofern ist Wein, gemessen in Tuch, in Portugal relativ billig, während er in England relativ teuer ist. Wegen der unterschiedlichen relativen Preise für Wein und Tuch kaufen die Portugiesen bei Freihandel englisches Tuch und die Engländer portugiesischen Wein. Es lässt sich zeigen, dass sich jedes Land bei Spezialisierung besser stellt und dass das Weltsozialprodukt zunimmt.

In Ricardos Spuren wandelt der bekannte Cecchini-Bericht. Eine Forschergruppe unter Führung von Paolo Cecchini hat für die Europäische Union (EU) eine beträchtliche Steigerung von Wohlstand und Beschäftigung – ausgelöst durch die Dynamik der Marktintegration – prognostiziert. Das sei keine utopische Zukunftsvision, sondern eine realistische Vorgabe, so Cecchini.

Wir können – auf derselben Methode fußend – annehmen, dass sich die Wohlstands- und Beschäftigungsgewinne nach der Aufnahme von Österreich, Schweden und Finnland in die Europäische Union noch haben steigern lassen. Dies muss prinzipiell für jedes neue Mitglied der Union gelten. Die Wohlstands- und Beschäftigungsgewinne wären für die EU erst dann erschöpft, wenn alle Staaten dieser Erde Mitglieder der EU wären, also bei vollendeter Globalisierung.

Insofern müssten Kommission und alle Mitgliedstaaten den Freiverkehr befürworten. Warum geht aber, wie Eingeweihte zu berichten wissen, ein Riss durch die Kommission? Warum tendieren einzelne Länder zu außenwirtschaftlicher Abschottung? Wie erklärt sich dieser Widerspruch? Die Untersuchungsergebnisse des Cecchini-Berichts sind makroökonomischer Natur: Sie präsentieren die Summe des Wohlstands- und Beschäftigungsgewinns für die Gemeinschaft; sie stellen nicht auf die Wohlfahrtsgewinne oder Wohlfahrtsverluste einzelner Mitgliedstaaten ab. Diese können dadurch entstehen, dass wegen gestiegener Wettbewerbsintensität Industrien in bestimmten Ländern nicht mehr konkurrenzfähig sind.

Wir können diesen Vorgang anhand Ricardos Theorem erklären: Wir prüfen, wie sich im Zuge des Spezialisierungsprozesses die regionale Struktur verändert: In Portugal schließen Tuchfabriken an den traditionellen Standorten, Arbeit und Kapital wandern in die Weinbauregionen (passive Sanierung); in England wandern Arbeit und Kapital in Richtung Standorte mit Tuchproduktion. Die nationalen Wohlfahrtsgewinne in Portugal und England werden auf Kosten einer Region und eines Sektors erzielt.

Die Dramatik, die dahintersteckt, wird offenkundig, wenn wir Ricardos Zwei-Länder-Modell in ein Vier-Länder-Modell abwandeln. Unterstellen wir, dass es sich bei den Regionen, in denen jeweils Tuch beziehungsweise Wein hergestellt wird, um selbstständige Staaten handelt, die in zwei voneinander getrennten Gemeinschaften Freihandel vereinbart haben. Dann ergeben sich dieselben relativen Preise wie zuvor. Wenn nun Freihandel auch zwischen den Gemeinschaften vereinbart wird, dann wird in jeder Gemeinschaft ein Land Gewinner und ein Land Verlierer sein, obwohl per saldo der Wohlstand für jede Gemeinschaft zugenommen hat. Es ist offensichtlich, dass sich in jeder Gemeinschaft dasjenige Land der Globalisierung widersetzt, das sich für einen potenziellen Verlierer hält.

Joachim Starbatty, Ohne Angst vor einer offenen Welt, in: Frankfurter Allgemeine Zeitung, 25.1.1997, S.17

[1] Theorem: wissenschaftlicher Lehrsatz

AUFGABEN

1. Schafft Globalisierung Wohlstand? - Entwickeln Sie eine differenzierte Antwort auf diese Frage (M 1 bis M 5).
2. **Projekt.** Entwickeln Sie ein Szenario zur zukünftigen Verteilung des Wohlstandes in der Welt (vgl. Methodentraining Szenariotechnik).

LINKS

www.epo.de (Entwicklungspolitik Online ist ein Portal für Recherchen zu Entwicklungspolitik und internationaler Zusammenarbeit, aktuellen Nachrichten aus der Entwicklungszusammenarbeit usw.)

www.bmz.de (Bundesministerium für Zusammenarbeit und Entwicklung)

Szenario-Technik

Was sind Szenarien?

Szenario-Technik ist eine Methode, mit deren Hilfe isolierte Vorstellungen über positive und negative Veränderungen einzelner Entwicklungsfaktoren in der Zukunft zu umfassenden Bildern und Modellen, d.h. möglichen und wahrscheinlichen *„Zukünften"*, zusammengefasst werden und die sowohl sinnlich als auch intellektuell nachvollziehbar, d.h. „kommunikabel" sind.

Szenarien sind also weder *Prognosen,* bei denen auf quantitative Informationen aus Gegenwart und Vergangenheit zurückgegriffen wird und unter Fortschreibung der geltenden Strukturen und Verhaltensannahmen Extrapolationen in die Zukunft erfolgen, noch realitätsferne Utopien und Phantasien, wie sie beispielsweise im Rahmen von *„Zukunftswerkstätten"* entwickelt werden. Mit der Szenario-Technik werden vielmehr quantitative Daten und Informationen mit qualitativen Informationen, Einschätzungen und Meinungen verknüpft, so dass als Ergebnis detaillierte Beschreibungen einer bzw. mehrerer möglichen Zukunftssituationen unter ganzheitlichem Aspekt entstehen. Es werden in der Regel drei Grundtypen von Szenarien entwickelt:

- ein **positives Extremszenario:** es bezeichnet die bestmögliche Zukunftsentwicklung (best-case-scenario),
- ein **negatives Extremszenario:** es bezeichnet den schlechtestmöglichen Entwicklungsverlauf (worst-case-scenario),
- ein **Trend-Szenario:** es beinhaltet die Fortschreibung der heutigen Situation in die Zukunft (Trend-Extrapolation).

Der Szenario-Trichter und die drei Grundtypen des Szenarios

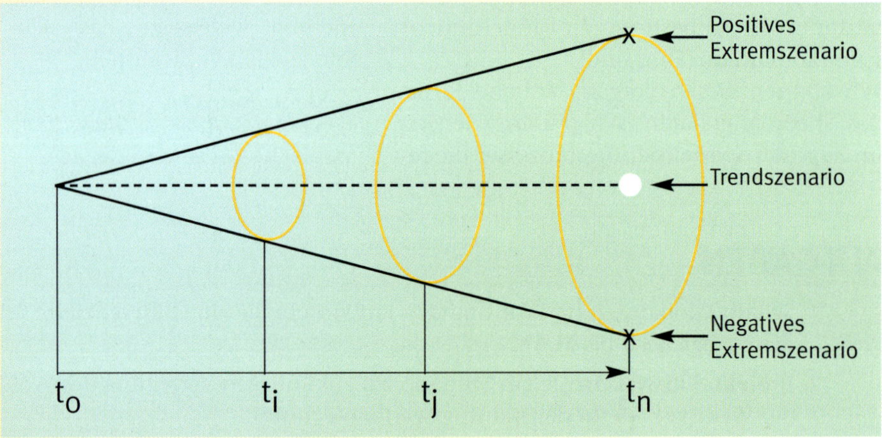

Wie werden Szenarien organisiert ?

Szenarien werden nach einem strengen Phasenschema entwickelt:

Phase I – Aufgaben- und Problemanalyse

Ausgangspunkt jedes Szenarios ist ein *gesellschaftliches Problem,* d.h. ein von einer größeren Anzahl von Gesellschaftsmitgliedern als unbefriedigend angesehener Sachverhalt, der als dringend lösungsbedürftig angesehen wird und zu dem unterschiedliche wissenschaftliche und/oder politische Lösungsansätze angeboten werden (Kontroversität).

Das Problemfeld muss unbedingt *sachlich, zeitlich* und *räumlich* trennscharf eingegrenzt werden.

Phase II – Einflussanalyse und Deskriptorenbestimmung

Nunmehr sind alle *Einflussbereiche* zu identifizieren, die auf das Untersuchungsfeld unmittelbar einwirken. Diese Einflussbereiche werden durch die Bestimmung von *Einflussfaktoren* (Variablen) für jeden Bereich weiter ausdifferenziert. Um die Entwicklungsdynamik der Einflussfaktoren beschreiben zu können (Operationalisierung), sind sogen. *Deskriptoren* bzw. „Kenngrößen" zu bestimmen. Es sind quantitative und qualitative Deskriptoren möglich:

- *quantitativer Deskriptor,* z.B. Entwicklung des internationalen Handels gemessen an der Weltexportquote,
- *qualitativer Deskriptor,* z.B. Einstellung der Bevölkerung zur Globalisierung (positiv, negativ, neutral).

Phase III – Trendprojektionen und Faktorenbündelung

Für jeden Einflussfaktor müssen jetzt anhand der Deskriptoren Trendprojektionen für die einzelnen Einflussfaktoren nach den Zeithorizonten kurz-, mittel- und langfristig vorgenommen werden. Die Faktoren müssen dann je nach den Entwicklungstrends zu zwei Bündeln zusammengefasst werden, und zwar je ein Bündel für alle Faktoren, die sich gegenseitig stützen und verstärken, d.h. einen positiven bzw. negativen Entwicklungstrend bedingen.

Phase IV – Szenarioentwicklung und Szenariointerpretation

Diese Phase kann als Höhepunkt der Szenario-Technik bezeichnet werden, da nunmehr aus den gewonnenen Umweltanalysen ausführliche Szenarien, d.h. ganzheitliche *„Zukunftsbilder"* erstellt werden, die in anschaulicher und sinnfälliger Weise mögliche Zukunftsentwicklungen und ihre Konsequenzen sichtbar machen. In die Szenarien sollen alle in den vorangegangenen Phasen entwickelten Einflussfaktoren, Deskriptoren sowie Trendprojektionen eingehen. Aus diesen Elementen werden durch phantasievolle Anreicherungen stimmige Situationsbeschreibungen zweier möglicher Zukünfte, nämlich einer bestmöglichen sowie einer schlechtestmöglichen Zukunft (Extremszenarien) entwickelt und als lebendige Schilderung allen TeilnehmerInnen vorgestellt. Evtl. kann auch noch ein Trendszenario (wahrscheinlichste Zukunft) erstellt werden.

Phase V – Maßnahmen und Handlungsmöglichkeiten

In dieser abschließenden Phase wird an die Problemanalyse der Ausgangssituation angeknüpft rnit der Aufgabenstellung, nunmehr die Konsequenzen aus den entwickelten Szenarien zu ziehen und *Handlungs- bzw. Gestaltungsstrategien* zu entwickeln, die dazu dienen, gewünschte Entwicklungslinien zu unterstützen und zu verstärken sowie unerwünschten Entwicklungen entgegenzuwirken bzw. sie abzuschwächen.

Ziel ist die Erstellung eines *Maßnahmenkatalogs.* Dabei sollten alle gesellschaftlichen Akteure auf ihren potenziellen Beitrag zur Zielerreichung befragt werden:

- Was kann der Einzelne, was können wir zusammen in Gruppen tun (Verbände, Parteien, Aktionsgruppen, Bürgerinitiativen, Vereine usw.)?
- Welchen Beitrag kann die Schule leisten?
- Was können die Betriebe, was können die großen Verbände tun (z.B. Gewerkschaften, Wirtschaftsverbände, Berufsverbände usw.)?
- Was kann der Staat auf den verschiedenen Ebenen (Kommunalpolitik, Landespolitik, Bundespolitik), was können internationale Instanzen (z.B. Europäische Union, UNO) tun?

www.learn-line.nrw.de/angebote/uekontaktschulen/medio/Methoden/dat_wein/met_szen.htm (20.01.2003)

METHODENTRAINING

Informationen und Zusammenhänge

Ungleiche Verteilung der Welt
M 2

Wohlstand und Entwicklungschancen auf der Welt sind sehr ungleich verteilt. So erwirtschaften 15,4 % der Weltbevölkerung in den Industrieländern 57, 1 % der Weltwirtschaftsleistung. Ob die Globalisierung diese Ungleichheit verstärkt oder es auch den ärmeren Ländern ermöglicht, am Wohlstand teilzuhaben, wird unterschiedlich beurteilt.

Integration in den Weltmarkt als Entwicklungsstrategie
M 3 - M 5

So wird die Entwicklungsstrategie der 80er und 90er Jahre, auf der auch die Strukturanpassungsprogramme von Weltbank und Internationalem Währungsfonds basierten („Washingtoner Konsens"), mittlerweile kritisch gesehen. Sie beinhaltete die Integration der Entwicklungsländer in den Weltmarkt, Inflationsbekämpfung, Deregulierung und Liberalisierung, Abbau von Staatsbürokratie, Stärkung der Privatwirtschaft und der Kräfte des freien Marktes.
Entwicklungserfolge aufgrund dieser Liberalisierungs-Strategie stellten sich aber längst nicht für alle Länder ein, sodass es „die" Entwicklungsstrategie wohl gar nicht gibt. Im Gegenteil, wenn Märkte sich öffnen, ist das oft ein sehr schmerzhafter Vorgang. Branchen, die auf dem abgeschotteten heimischen Markt gut platziert waren, brechen zusammen, Menschen werden z.T. dauerhaft arbeitslos. Eine staatliche Strukturpolitik könnte theoretisch solche Anpassungsprozesse überwinden helfen, eine staatliche Sozialpolitik könnte Härten vermeiden, doch gibt es in den meisten Entwicklungsländern keine flankierenden sozial- oder strukturpolitischen Maßnahmen.
Armut und Verelendung wirken sich aber dann auch als Modernisierungshemmnis und ökonomisches Problem aus. Sie untergraben die politische Stabilität, unterminieren Rechtssysteme und Demokratie und fördern gewaltsame Konflikte.

Neue entwicklungspolitische Ansätze

Neue entwicklungspolitische Strategien berücksichtigen deshalb mehrere Dimensionen von Entwicklung und verabschieden sich vom Konzept des „Minimalstaates". Dabei werden unterschiedliche Formen des Zusammenspiels von Staat, Markt und Gesellschaft zugelassen.
Eckpunkte sind:

- Regierungen sollten Reformen auf einige Politikfelder beschränken, um sich nicht zu überfordern, Anpassungen müssen in einem längeren Zeithorizont gedacht werden.
- Staatliche Aktivitäten werden nicht als per se entwicklungshemmend angesehen, wichtig sind vielmehr funktionierende, effiziente Institutionen.
- Gegenüber standardisierten ökonomischen „Schocktherapien" sollten allmähliche und auf die spezifischen Bedürfnisse des Landes ausgerichtete Entwicklungspfade bevorzugt werden, wobei die Armutsbekämpfung nicht vernachlässigt werden darf.
- Konzepte ökologischer Nachhaltigkeit sollen einbezogen werden.

Ob diese neueren entwicklungspolitischen Ansätze auch von den nationalen Regierungen und internationalen Wirtschaftsorganisationen wie IWF und Weltbank aufgegriffen werden, bleibt abzuwarten.

2 Die politische Gestaltung der globalisierten Welt

G-8-Gipfel in Genua, 2002

Vor allem wirtschaftliche Kräfte tendieren zur Überwindung nationalstaatlicher Grenzen und beschleunigen die Globalisierung. Die Entgrenzung der Staatenwelt hat aber auch die Entgrenzung ihrer Probleme und Risiken zur Folge. Nationalstaatliche Steuerung bleibt nämlich zunehmend wirkungslos, wenn sie die Internationalisierung der Handlungszusammenhänge missachtet.
Brauchen wir heute und in Zukunft nicht eine transnationale Politik im Sinne einer Weltordnungspolitik, um die politische Steuerungs- und Gestaltungsfähigkeit wiederzugewinnen?
Internationale Organisationen ermöglichen eine gemeinsame Ordnungspolitik der Staaten. Kapitel 2.1 zeigt, wie die Welthandelsorganisation WTO versucht, Handelsschranken zwischen den Staaten abzubauen und den Welthandel zu regulieren. Dabei zeigt sich, wie schwierig es ist, die handelspolitischen Interessen so vieler unterschiedlicher Staaten in Einklang zu bringen.
Wichtige Elemente einer globalen Finanzmarktarchitektur sind der Internationale Währungsfonds und die Weltbank. Doch ist dieser Politikbereich mit ganz eigenen Problemen behaftet. Kapitel 2.2 zeigt die Auswirkungen internationaler Finanzkrisen, die Defizite des IWF und Möglichkeiten der Regulierung der Finanzmärkte.
Die Europäische Wirtschafts- und Währungsunion ist das Beispiel für eine über die bloße Koordination weit hinausgehende Übertragung nationaler Geld- und Wirtschaftspolitik auf gemeinsame europäische Institutionen. Kapitel 2.3 stellt die wesentlichen Elemente der EWWU vor und fragt nach den möglichen Auswirkungen der gemeinsamen Wirtschaftspolitik auf die nationale Wirtschaftspolitik eines Staates.
Global-Governance steht für den Versuch der Nationalstaaten, ihre Politik in multilateralen Netzwerken und Organisationen global zu koordinieren und so eine Lösung für die grenzüberschreitenden Probleme zu finden. Doch wie soll diese Selbstkoordination der Staaten in einem System sich überlappender und geteilter Souveränitäten funktionieren, wenn jeder Staat versucht, seine spezifischen Interessen durchzusetzen? Und wie kann ein solches „Regieren“ umfassend legitimiert werden? Welche Rolle spielen dabei die NGOs als Vertreter der Zivilgesellschaft? Kapitel 2.4 versucht abschließend, auf diese Fragen eine Antwort zu geben.

2.1 Die Regulierung des Welthandels – die Welthandelsorganisation (WTO)

M 1 „Junk WTO"?

Links gerichtete Aktivisten verbrennen in Manila eine Fahne mit dem Kürzel der Welthandelsorganisation. Sie demonstrieren gegen das Welthandelstreffen in Dohar (Katar) im November 2001.

M 2 Wie Südkorea Fahrzeugimporte verhindert

Wenn der deutsche Wirtschaftsminister Werner Müller[1] am Sonntag vom Seouler Flughafen ins Hotel chauffiert wird, darf er gespannt sein, wann das erste ausländische Auto vor, neben oder hinter ihm auftaucht. Er könnte die ganze 40-minütige Wegstrecke vergeblich darauf warten. Es gibt zwar jede Menge einheimische Staus, aber nur sehr wenige Mercedes, BMW oder Volkswagen darin. Mehr als 900 000 Autos wurden im vergangenen Jahr in Südkorea neu zugelassen, ganze 2400 davon kamen aus dem Ausland. „Die passen zusammen auf einen einzigen Hotelparkplatz", höhnt in einer Art Galgenhumor Karsten Engel, Chef der EU-Vereinigung für Autoimporteure in Seoul.

Dabei hat der BMW-Niederlassungsleiter für Südkorea noch den geringsten Grund zur Klage. Die Münchner setzten 1999 zwar „nur" 1001 Fahrzeuge ab, markierten damit jedoch einen Importanteil von 42 Prozent. Das klingt besser als es ist: Gemessen am

Weltumsatz seiner Gruppe – Rover noch eingerechnet – verwaltet Engel nicht einmal ein Promille. Ausländer sind generell am südkoreanischen Automarkt mit 0,2 Prozent beteiligt. Nirgendwo in einem anderen OECD-Industriestaat laufen weniger Marken als in Südkorea.

Das gibt Bundesminister Müller, der zusammen mit BDI-Chef Hans-Olaf Henkel[2] zum gemischten Ausschuss für industrielle Kooperation nach Seoul kommt, genügend Gesprächsstoff. Schon im Vorfeld kündigte er einen deutlichen Dialog zum Thema „fairer Wettbewerb“ an. Seine Partner auf der anderen Seite des Konferenztischs sehen – trotz zuweilen gegenteiliger Lippenbekenntnisse – den Autoverkauf aber als eine koreanische Einbahnstraße an. Sie möchten gerne weiter pro Jahr rund 700 000 Fahrzeuge in den Vereinigten Staaten und 550 000 in Europa absetzen, tun aber im Gegenzug beinahe alles, um Autoimporte in ihrem Land praktisch unverkäuflich zu machen.

Natürlich ist es auch in Südkorea nicht ausdrücklich verboten, einen Mercedes oder Landrover zu fahren, offiziell ist es sogar erlaubt, aber leider nur mit erheblichen Risiken und Nebenwirkungen. Verkäufer Engel kann ein abendfüllendes Programm an „schwer beweisbaren und unsichtbaren Schikanen“ herunterspulen, „die diesen Markt wie eine Berliner Mauer abschotten“. Das reicht von harschen Zöllen, unverschämten KFZ-Steuern, horrenden Versicherungsprämien, Genehmigungsverweigerungen für die Ansiedlung von Service-Stationen bis hin zu teilweise „skurrilen Ausbremsmanövern“.

Erst jüngst, weiß der EU- und BMW-Vertreter zu erzählen, streute das Ministerium das Gerücht, man erwäge eine Steuerprüfung für Leute, die einen Wagen mit großem Hubraum fahren, womit in der Regel ein ausländisches Auto gemeint ist. Schon diese vage Drohung habe bei BMW am nächsten Tag zu 25 Abbestellungen geführt. „Es gibt unzählige Beispiele, dass die Steuerfahndung wirklich zu stolzen Limousinen-Besitzern kommt und um jeden Preis etwas finden will, was Strafe und Nachzahlung bewirkt“, sagt Engel.

Die Ächtung ausländischer Autos macht sogar vor Südkoreas Lieblingssport Golf nicht Halt. Selbst die Haupttrophäe des jährlichen BMW-Turniers führt zu Ärger. Der Gewinner kam ein Jahr später im südkoreanischen Auto wieder, benutzt seinen fahrbaren bayerischen Preis nur zu nächtlichen Minitouren rund ums Haus und erhielt trotzdem Drohbriefe aufgebrachter Nachbarn, die ihm unpatriotisches Verhalten vorwarfen.

Wenn südkoreanische Wirtschaftspolitiker diese Boykottpraxis überhaupt zur Kenntnis nehmen, argumentieren sie, man wolle die einheimische Autoentwicklung stimulieren. Dabei sind Hersteller wie Hyundai, Daewoo oder Kia im untersten Preissegment heute schon führend am Weltmarkt und oft profitabel. In Wirklichkeit geht es der Seouler Administration um die fortgesetzte Abschottung des Binnenmarktes, in dem Hyundai einen Marktanteil von 75 Prozent hat und konkurrenzlose Preise nehmen kann.

Bisher hielten ausländische Autoimporteure wie Engel ihr Geschäft für „kurzfristig aussichtslos“. Nun ist plötzlich, abseits gut gemeinter politischer Vorstöße der Regierungen Deutschlands, Frankreichs oder der USA wirklich Bewegung hinter die Festungsmauern gekommen. Die Samsung-Übernahme durch Renault und der wahrscheinlich für Herbst geplante Verkauf von Daewoo Motors entweder an Ford oder GM „rollen den Markt von innen auf“, vermutet BMW-Mann Engel. „Auch wenn es natürlich unsere Konkurrenten sind, die hier ihre Position verbessern, kann man das als Importeur nur begrüßen.“

Angela Köhler, Schwer beweisbare unsichtbare Schikanen, Stuttgarter Zeitung, 27.5.2000

[1] *1998-2002*

[2] *1995-Ende 2000*

M 3 Gefährdungen des Freihandels

a) Tarifäre Handelshemmnisse

Tarifäre Handelshemmnisse entstehen durch die Auferlegung von Zöllen. Durch die damit erreichte Verteuerung der Importgüterpreise wird die inländische Produktion protegiert.[1] Der Zoll ist eine indirekte Steuer wie die Mehrwertsteuer, die aber nur bestimmten Gütern, nämlich importierten Gütern gilt, und die entweder pro Stück (Mengenzoll) oder auf den Wert (Wertzoll) geleistet werden muss. Die Zollerhebung hat mehrere Effekte: Der Import der durch den Zoll verteuerten Güter sinkt, die inländische Produktion ähnlicher oder identischer Güter steigt. Die inländische Produktion erfolgt jedoch im Allgemeinen zu höheren Preisen, als die Importgüter bisher gekostet haben. Da die Güter nun teurer sind, sinkt der Gesamtkonsum an den entsprechenden Gütern. Der Staat erlangt zwar Einnahmen in Form der erhobenen Zölle, und die inländischen Produzenten verkaufen mehr inländische Güter; beides wird jedoch von den inländischen Konsumenten finanziert. Hierzu kommt ein Wohlfahrtverlust durch die ineffiziente Produktion. Die Konsumenten kaufen somit weniger Güter zu höheren Preisen.

Bundeszentrale für politische Bildung, Wirtschaft heute, 4. Aufl., Bonn 2000, S. 228

[1] geschützt

b) Nicht-tarifäre Handelshemmnisse

Protektionistische Maßnahmen bestehen darin, Ausfuhren zu erleichtern und Einfuhren zu erschweren. Die klassischen Instrumente zur Beeinflussung des Außenhandels sind Zölle sowie Kontingente (mengenmäßige Einfuhrbeschränkungen). Diese sog. tarifären Handelshemmnisse spielen heute eine eher untergeordnete Rolle. Zölle sanken weltweit von 1949 bis 2000 von durchschnittlich 40 % auf rund 3 %. Dagegen verlagert sich das protektionistische Instrumentarium zunehmend auf die sog. nichttarifären Handelshemmnisse.

Zu den nichttarifären Handelshemmnissen gehören folgende Maßnahmen:

- **Zolladministration:** Grenzformalitäten wie Importlizenzen, Importdokumente; Zollabwicklung an vorgeschriebenen Zollamtsstellen. (Frankreich hat beispielsweise vor einigen Jahren japanische Videorekorder nur an einem bestimmten Zollamt einführen lassen, das in der französischen Provinz fernab der großen Transportrouten gelegen und zudem personell völlig unterbesetzt war.)
- **Zwang zu Kompensationsgeschäften:** Das Importland fordert ausländische Liefe-

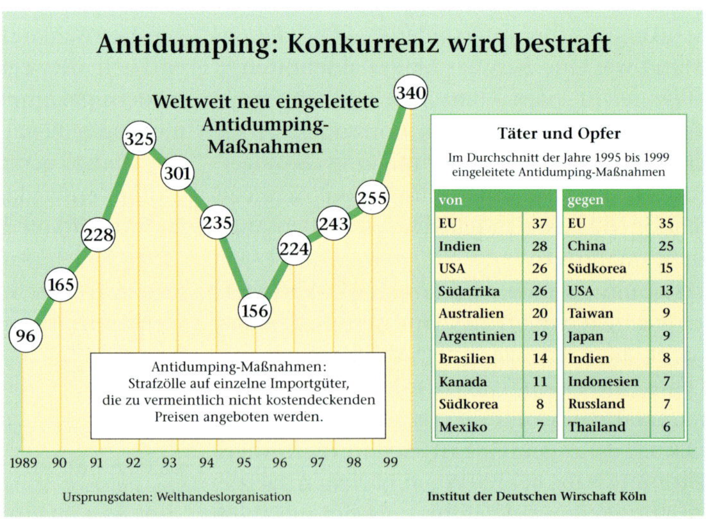

iwd-Informationsdienst des Instituts der deutschen Wirtschaft Köln Nr. 45, 8.11.2001

ranten auf, sich zu verpflichten, Waren oder Dienstleistungen bis zu einem bestimmten Prozentsatz des Kaufwerts abzunehmen.

- **„Freiwillige" Exportbeschränkungen:** In Selbstbeschränkungsabkommen verpflichten sich Exporteure, „freiwillig" bestimmte, von Regierungsseite ausgehandelte Kontingente einzuhalten. So unterhalten beispielsweise die USA 62 „freiwillige" Importbeschränkungsabkommen mit anderen Ländern, verglichen mit nur 13 Japans.
- **Anspruchsvolle Produktstandards** im Namen des Sicherheits-, Umwelt-, Gesundheits- oder Verbraucherschutzes.
- **Exportsubventionen zur Erleichterung des Absatzes im Ausland:** Ausgleichs- und Antidumpingabgaben für Produkte, deren Herstellung im Ausland z.B. durch staatliche Subventionen gefördert wurde.
- **Buy-national-Kampagnen:** Die Bevölkerung wird direkt oder indirekt aufgefordert, nationale Produkte zu kaufen.

Autorentext

Die Kosten protektionistischer Maßnahmen

M 4

Gewiss kann die Liberalisierung auch destabilisierende Wirkungen haben. Länder, Unternehmen und Arbeitskräfte können durch Effizienzverbesserungen ihrer Konkurrenten Nachteile erleiden. Obwohl die Liberalisierung von Handel und Investitionen alles in allem Vorteile bringt, werden sich einige Gesellschaftsgruppen bei einer Marktöffnung (oder auch der Inangriffnahme interner Reformmaßnahmen) Anpassungsschwierigkeiten gegenübersehen und Einkommenseinbußen hinzunehmen haben. Das erklärt, weshalb regelmäßig Forderungen erhoben werden, bestimmte Branchen und Arbeitnehmer vor Billigimporten durch die Beibehaltung oder gar die Erhöhung von Zöllen und Abgaben, durch Kontingentierungen oder verschiedene andere nichttarifäre Handelshemmnisse zu schützen. In der Regel zahlen die Länder, die solchen Forderungen nachgeben, einen hohen Preis dafür.

Die negativen Effekte protektionistischer Maßnahmen auf der Ebene einzelner Länder oder der Weltwirtschaft sind hinreichend dokumentiert. Handels- oder Investitionshemmnisse verteuern importierte wie auch im Inland hergestellte Produkte, lassen dem Verbraucher nur begrenzte Auswahl und haben – da der Wettbewerbsdruck geringer wird – gewöhnlich eine Qualitätsminderung zur Folge. Durch Schutzmaßnahmen werden die Märkte fragmentiert, was die Möglichkeiten (und die Anreize) für die Unternehmen des exportierenden Landes einschränkt, ihre Produktionskosten durch Spezialisierung und Zugang zu preiswerteren Betriebsmitteln zu senken. Die Aufrichtung von mehr Handels- oder Investitionshindernissen wirkt wegen der damit verbundenen Preissteigerungen wie eine Steuererhöhung. Demgegenüber ist die Handelsliberalisierung effektiv einer Steuersenkung gleichzusetzen ... So gesehen würde das Ergebnis der Uruguay-Runde einer globalen Steuerermäßigung von über 200 Mrd. $ pro Jahr entsprechen. Ein Beispiel aus jüngerer Zeit ist das als bahnbrechend anzusehende Informationstechnologieabkommen (ITA), das im Dezember 1996 im Rahmen der WTO getroffen wurde und das die vollständige Abschaffung der Zölle für den größten Teil (schätzungsweise 92,3%) des Welthandels mit IT-Produkten über einen Vierjahreszeitraum mit Beginn 1998 vorsieht. Dieses Abkommen veranschaulicht sehr gut, in welcher Weise sich von der Handelsliberalisierung ähnliche Vorteile wie von Steuersenkungen ableiten können. Die durch das IT-Abkommen jährlich entstehenden direkten und indirekten Vorteile werden auf rd. 50 Mrd. $ beziffert, was faktisch einer Steuerentlastung gleichkommt, die den Nutznießern die Möglichkeit gibt, die freiwerdenden Ressourcen produktiveren Verwendungszwecken zuzuführen.

Durch Zölle oder andere restriktive Maßnahmen können Arbeitsplätze geschützt werden, aber nur für kurze Zeit. Längerfristige Arbeitsplatzsicherheit können sie nicht garantieren.

Auf lange Sicht hat der Zollschutz kaum positive Effekte auf die Beschäftigungsentwicklung, denn die Erfahrung zeigt, dass die Beschäftigung in stark abgeschirmten Branchen der Tendenz nach zurückgeht, selbst in Perioden mit hohem und verstärktem Schutz. Alles in allem verursacht der Protektionismus gesamtwirtschaftliche Kosten, die wesentlich größer sind als die Vorteile, die denjenigen, denen damit geholfen werden soll, hieraus erwachsen.

Damit die politische Akzeptanz der Verpflichtung zur Freizügigkeit von Handel und Investitionen auch weiterhin gewährleistet ist, bedarf es einer Politik, die die Härten für die in erster Linie vom Anpassungsprozess Betroffenen mildert. Entsprechende Maßnahmen sind denn auch eine wesentliche Voraussetzung dafür, dass die Liberalisierung allen ein höheres Einkommen verschafft und der Protektionismus zurückgedrängt werden kann. Ganz ohne Zweifel sind staatliche Maßnahmen, die auf Höherqualifizierung durch Bildung und Ausbildung setzen und Mobilität in der Weise fördern, dass die Kosten eines Stellen- oder Wohnungswechsels reduziert werden, einer Politik vorzuziehen, die die Stunde der Wahrheit hinausschiebt.

Kein Wohlstand ohne offene Märkte, Vorteile der Liberalisierung von Handel und Investitionen, hrsg. v. OECD Paris 1998, S. 41 – 44

M 5 Vom GATT zur WTO

a) Das GATT

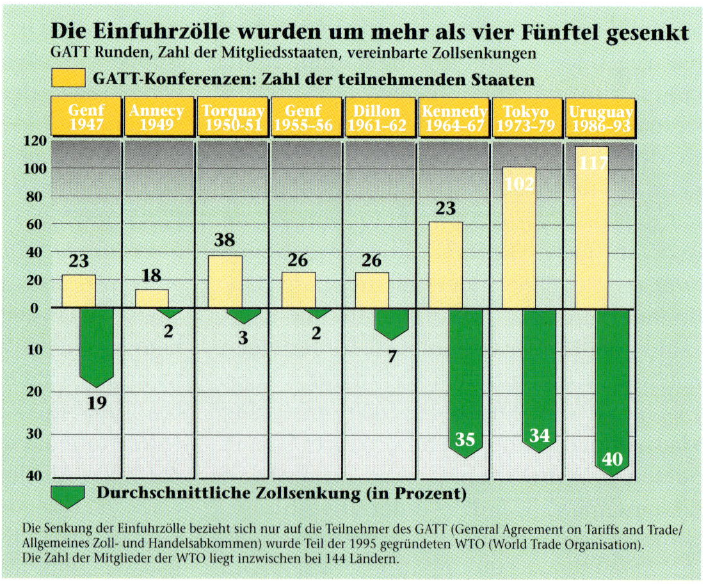

Die Senkung der Einfuhrzölle bezieht sich nur auf die Teilnehmer des GATT (General Agreement on Tariffs and Trade/ Allgemeines Zoll- und Handelsabkommen) wurde Teil der 1995 gegründeten WTO (World Trade Organisation). Die Zahl der Mitglieder der WTO liegt inzwischen bei 144 Ländern.

b) Die WTO

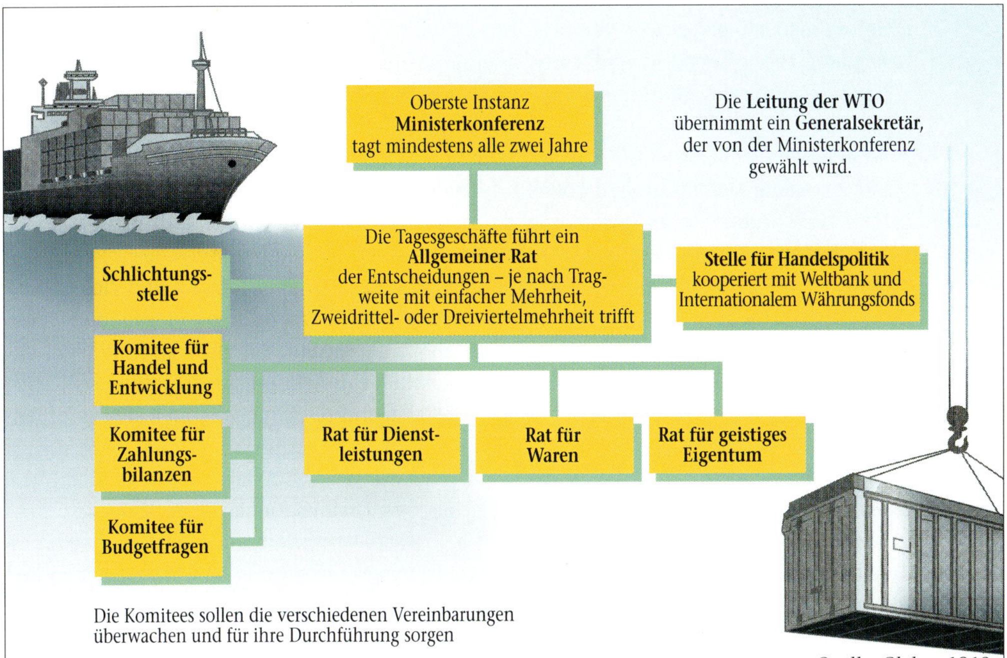

Quelle: Globus 1913

Internetprojekt: Vorstellung und Klassifikation internationaler Organisationen

Bei aufmerksamer Lektüre der Tageszeitung wird Ihnen auffallen, dass „internationales Regieren" vorwiegend in und durch internationale Organisationen stattfindet (vgl. dazu Kap. 2.4). Zahlreiche Entscheidungen in der internationalen Politik werden in Abstimmung mit oder auf Druck von internationalen Organisationen getroffen. Oft haben diese Entscheidungen weit reichende Konsequenzen für die Politik der einzelnen Nationalstaaten. Internationale Organisationen können definiert werden als Zusammenschlüsse von Staaten - bzw. Gruppen oder Personen -, die durch einen (völkerrechtlichen) Vertrag gegründet wurden und durch gemeinsame Organe tätig sind.
Dabei ist die Zahl der Organisationen, die in Aufbau, Zusammensetzung und Zielrichtung sehr unterschiedlich sind, kaum noch überschaubar. Das Yearbook of International Organizations zählte im Jahr 2000 nicht weniger als 52.230 internationale Organisationen, davon waren allein 45.674 registrierte internationale Nichtregierungsorganisationen (NGOs), ganz zu schweigen von der großen Zahl nicht registrierter Organisationen und informeller oder situativer Netzwerke.

Bilden Sie Gruppen und stellen Sie verschiedene Organisationen ihrer Wahl vor. Ausgangspunkt könnten die in Kapitel 2 und 4 vorgestellten internationalen Organisationen sein. Erste Informationen finden Sie im Internet (**www.uia.org;** Union of International Associations, darunter auch die Online-Ausgabe des „Yearbook of International Organizations"). Ziehen Sie aber auch andere Quellen heran.
Um nicht der Gefahr zu unterliegen, Informationen unverbunden aneinander zu reihen, braucht man ein Raster von Kriterien, nach denen die Organisationen beurteilt, eingeordnet und sinnvoll verglichen werden können.
Am besten präsentieren Sie Ihr Ergebnis in Form von „Steckbriefen" der Organisationen auf einer selbst entworfenen Internetseite (oder Wandtafel).

Ein Kriterienraster für eine Klassifikation könnte folgendermaßen aussehen:
- Welches **Hauptziel**/Hauptanliegen hat die Organisation?
- Auf welcher **Ebene** ist die Organisation angesiedelt (zwischenstaatlich oder nicht-staatlich?)
- Ist die **Mitgliedschaft** universal oder beschränkt auf einige Staaten?
- In welchem/n **Politikfeld/ern** ist die Organisation vorwiegend tätig?
- Welche **Kompetenzen** hat die internationale Organisation? (Interessenartikulation, Entscheidung, Durchsetzung von Entscheidungen)
- Wie und wo werden die **Entscheidungen** getroffen? Zentral durch Organe der internationalen Organisation oder dezentral durch Abstimmung der Mitglieder?
- Welcher **Entscheidungsmodus** ist vorherrschend? (Mehrheitsentscheid, Einstimmigkeit)
- Wie ist die **Stimmverteilung** organisiert? (one state, one vote oder gewichtet)
- Wie steht es um die (völkerrechtliche) **Verbindlichkeit** der Entscheidungen? Welcher Verwaltungsapparat, welche Sanktionsmittel stehen der Organisation zur Verfügung? (Schiedsgericht, Militär)
- Wie ist die Organisation, bzw. wie sind ihre Mitglieder **legitimiert**?
- Entwerfen Sie zur Veranschaulichung auch ein **Strukturmodell** der internationalen Organisation.
- Dokumentieren Sie an einem **Beispiel**, wie diese Institution arbeitet und welchen Einfluss sie auf die nationale und internationale Politik hat!

Die WTO als Garantin des Freihandels

M 6

Am 1.1.95 wurde die WTO (World Trade Organization) die Rechtsnachfolgerin des GATT. Das Gründungstreffen der rund 125 Mitgliedsstaaten der WTO (heute 144) fand 1996 in Singapur statt.

Das GATT war zunächst als provisorisches Handelsabkommen 1948 geplant, entwickelte sich aber schnell zu einer Dauereinrichtung bzw. Sonderorganisation der UN. Aufgrund seiner allmählichen organisatorischen Verfestigung wurde das GATT faktisch als internationale Organisation behandelt.

Die Hauptaufgabe der WTO ist die Liberalisierung des internationalen Handels. Dabei orientiert sich die WTO an der klassischen Freihandelsdoktrin, die auch dem GATT zugrunde lag, wonach der freie Güteraustausch mit dem Ausland für alle Beteiligten von Vorteil ist, weil nur so, im freien Wettbewerb, ein Land seine komparativen Vorteile bzw. Nachteile erkennen kann und seine Produktionsstrukturen danach ausrichten kann.

Zum Abbau der Handelsschranken werden drei Freihandelsprinzipien angewandt: Die Meistbegünstigungsklausel besagt, dass ein Land sämtliche Vorteile, die es dem am meisten begünstigten Land einräumt, auch allen anderen Vertragspartnern im Außenhandel einräumen muss; die Inländerbehandlung soll ausschließen, dass Anbieter aus dem Ausland schlechter gestellt sind als die inländischen Anbieter; das Prinzip der Wechselseitigkeit (Reziprozität) verlangt eine ausgewogene Verteilung der Vergünstigungen der Handelspartner untereinander. Die WTO überprüft die Handelspraktiken der Mitgliedsstaaten und kann bei Streitigkeiten als Schlichter angerufen werden.

Das GATT gestaltete seine Tätigkeit in periodisch stattfindenden sog. Zollrunden. Es gab im Rahmen des GATT acht Verhandlungsrunden ... Im Laufe der 1990er Jahre entstanden völlig neuartige Handelsgüter: Dienstleistungen wie die Telekommunikation oder die Strom- und Wasserversorgung. Durch Privatisierung dieser ehemals staatlichen Betriebe drängten nun die Anbieter dieser Dienstleistungen auf den weltweiten Markt. Dafür wurde das GATS verhandelt, das „General Agreement on Trade in Services". Auch geistiges Eigentum (Patentrechte) wurde von nun an zum internationalen Handelsgut: Die Gesetze von TRIPS (Trade-Related Aspects of Intellectual Property Rights) sollten diesen Handel regeln. In der Uruguayrunde sollten auch alle diese Probleme gelöst werden. Die Veranstaltung dauerte fast acht Jahre und endete 1994 im marokkanischen Marrakesch mit der Gründung der WTO. Die WTO sollte als Organisation mehr Macht haben, als GATT jemals hatte, und den Welthandel gerechter regeln.

Im Dezember 1996 kam es zur ersten Konferenz der WTO in Singapur. Ein Streitpunkt war dabei u.a. die Forderung der westlichen Industrieländer nach sozialen Mindeststandards für Arbeitnehmer. Damit sollte etwas gegen die unmenschliche Kinderarbeit in manchen Ländern Asiens und Afrikas unternommen werden. Die Entwicklungsländer wiesen diese Forderung allerdings zurück und sahen in ihr nur einen Versuch, die Wettbewerbsfähigkeit der Niedriglohnländer zu treffen.

Im Februar 1997 einigten sich 68 Mitgliedsstaaten der WTO darauf, die Telekommunikationsmärkte für den weltweiten Wettbewerb zu öffnen. Die Staaten vereinbarten, ihre Märkte ab 1998 für private Anbieter zu öffnen. – Neuer Generalsekretär der WTO wurde im September 1999 Mike Moore aus Neuseeland. Weitere WTO-Konferenzen fanden in Seattle USA vom 30. 11 – 3. 12. 99, im November 2001 in Doha (Katar) statt.

Autorentext

M 7 Grundlagen des freien Welthandels

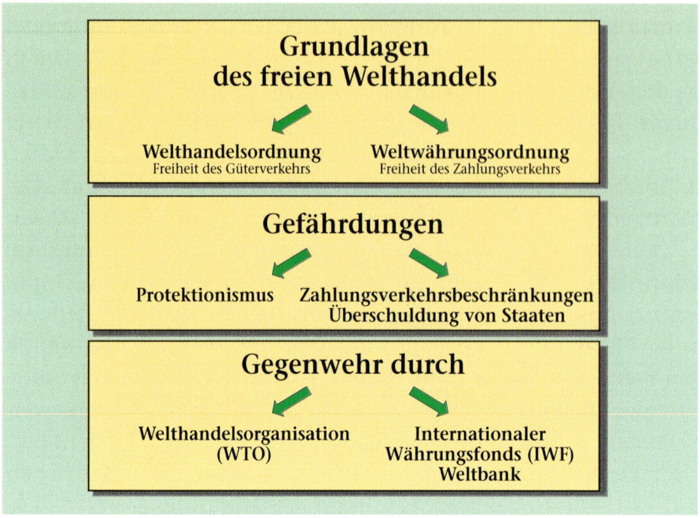

Autorengrafik

M 8 Die WTO aus der Sicht von Greenpeace

Wie das bereits 1948 gegründete GATT strebt die WTO die Liberalisierung der Weltwirtschaft und den Abbau des Protektionismus an. Anders jedoch als noch unter dem alten GATT sind die Regeln der WTO jetzt verbindlich. Handelskonflikte zwischen den Mitgliedstaaten werden durch Streitschlichtung in der WTO gelöst. Auf Antrag eines oder mehrerer Mitgliedstaaten entscheidet eine Schiedskommission, das sogenannte Panel, in nichtöffentlichen Sitzungen. Dessen Urteil kann notfalls auch gegen die unterlegene Partei durchgesetzt werden: WTO-Recht bricht nationales Recht. Dieser mit Sanktionsgewalt ausgestattete Streitschlichtungsmechanismus ist das Herzstück der WTO.

Grundstein für weltweite Harmonisierung der Wirtschaft

...

Die WTO kontrolliert die Einhaltung ihrer Regeln, wacht über die nationale Handelspolitik ihrer Mitglieder und schlichtet Handelsstreitigkeiten. Die WTO verfügt also gleichermaßen über Legislativ-, Judikativ- und Exekutivbefugnisse, und zwar ohne jegliche parlamentarische Kontrolle, ohne Rechenschaftspflicht gegenüber UN-Organisationen und ohne Informationsrechte für die Öffentlichkeit.

Aus dieser Machtfülle der WTO ergibt sich für Regierungen, dass sie alle nationalen Gesetze und bilateralen Abkommen in Einklang mit den WTO-Regeln bringen müssen. Schon sehr früh warnten Beobachter vor den Konsequenzen dieser Machtfülle. Die WTO werde den Nationen Schritt für Schritt nach eigenem Gutdünken das Recht beschneiden, ihren Umwelt-, Gesundheits- und Verbraucherschutz selbst zu regeln. Die Länder würden das Recht einbüßen, ihre Bürger beispielsweise vor Importen zu schützen, die eine Gefahr für ihre Gesundheit oder die Umwelt darstellten. Der Spielraum für nationale Gesetze werde in einem bisher nie gekannten Maß eingeschränkt. Die bisherigen Urteile der WTO zeigen, dass diese Warnungen berechtigt sind.

Ein weiteres, schwerwiegendes Problem ist das bislang ungeklärte Verhältnis der WTO zu internationalen Umweltabkommen. Selbst so wichtige internationale Abkommen wie die Basler Konvention zum Giftmüllexport, das Montrealer Protokoll zum Schutz der Ozonschicht und das Washingtoner Artenschutzabkommen sind bedroht. Sie enthalten nämlich Handelsbeschränkungen, um umweltpolitische Ziele durchzusetzen, wie z.B. das Exportverbot für Giftmüll. Die WTO könnte auch darin „unerlaubte Handelshemmnisse" erkennen und sie „WTO-kompatibel" machen.

Freihandel vor Umwelt- und Verbraucherschutz

Schrankenloser Freihandel und Schutz von Umwelt und Verbrauchern lassen sich bei der WTO nur schwer unter einen Hut bringen. In Artikel XX des GATT-Abkommens ist zwar eine allgemeine Ausnahmeregel vom Freihandelsgebot enthalten. Danach dürfen die Mitgliedstaaten Importverbote oder Einfuhrbeschränkungen erlassen, wenn die Einfuhren das Leben oder die Gesundheit von Menschen, Tieren oder Pflanzen gefährden. Die Anwendung dieser Regel ist aber stark eingeschränkt: sie darf nicht willkürlich und diskriminierend sein und muss wissenschaftlich begründet werden. In der gut fünfzigjährigen Geschichte des GATT bzw. der WTO hat es noch keinen einzigen Streitfall gegeben, bei dem sich ein Land erfolgreich auf Artikel XX des GATT berufen konnte. Bislang entschieden die Handelsrichter immer für den Freihandel und gegen die Umwelt ...

Theoretisch kann jeder WTO-Mitgliedstaat strengere Standards erlassen bzw. beibehalten, wenn er deren Notwendigkeit mit einer „wissenschaftlich fundierten" Risikoprüfung begründen kann. In diesem Sinne urteilte die WTO-Berufungsinstanz im aktuellen Fall, in dem die USA und die EU über die Zulässigkeit des EU-Importverbotes für Rindfleisch streiten, das mit Wachstumshormonen behandelt wurde. Doch dieser wissenschaftliche Nachweis ist in der Praxis nur selten möglich. Solche Untersuchungen sind langwierig und teuer. Dabei trägt das Land mit den höheren Standards im Konfliktfall die Beweislast. In dem „Hormonstreit" vor der WTO musste die EU in einer knappen, von der WTO festgesetzten fünfzehnmonatigen Frist beweisen, dass von Masthormonen eine Gefahr für die Verbraucher ausgeht. Dies ist der EU nicht gelungen, sie hat zu dem Termin nur einen Zwischenbericht, nicht aber die geforderte Risikoprüfung bei der WTO eingereicht. Daraufhin wurden den USA und Kanada von der WTO das Recht eingeräumt, Vergeltungsmaßnahmen gegen die EU durchzuführen. Seit dem Sommer 1999 werden deshalb auf ausgewählte europäische Produkte bei der Einfuhr in die USA oder in Kanada hundertprozentige Strafzölle erhoben ...

Streitschlichtung in der WTO

Nach den WTO-Verträgen kann jedes Land nationale Schutzbestimmungen eines anderen Mitgliedsstaates als „unerlaubtes Handelshemmnis" in Frage stellen und deren Rechtmäßigkeit von der WTO überprüfen lassen. Der Streitschlichtungsausschuss (Dispute Settlement Body) der WTO ist eine Art oberstes Weltgericht in Handelsfragen.

Als Schlichtungsinstanz wird pro Streitfall ein so genanntes „Panel" eingerichtet, das aus drei Handels- oder Rechtsexperten besteht, deren Länder nicht direkt an dem Streit beteiligt sind. Das jeweilige Panel hat maximal neun Monate Zeit, sein Urteil zu fällen. Dagegen kann Berufung bei einer zweiten Instanz, dem Appellate Body, eingelegt werden. Sie besteht wiederum ausschließlich aus Handels- und Rechtsexperten. Dieses Gremium prüft allerdings nur noch verfahrensrechtliche Fragen und tritt nicht erneut in die Beweisaufnahme ein. Danach sind alle in der WTO verfügbaren Rechtsmittel ausgeschöpft. Das Urteil der Berufungsinstanz kann nur noch durch ein

einstimmiges Votum aller 144 WTO-Mitglieder annulliert werden.
Das Schlichtungsverfahren der WTO ist von herausragender Bedeutung, denn die Entscheidungen sind, anders als früher unter GATT, für alle Mitgliedstaaten verbindlich. Sie haben Gesetzeskraft. Was ein „unerlaubtes Handelshemmnis" ist, ob und wie „wissenschaftliche Beweise" zu führen sind, obliegt ausschließlich dem Urteil der WTO-Experten. Der bisherige Verlauf des Hormonstreits zwischen den USA, Kanada und der EU zeigt, dass sich die WTO in erster Linie den Grundsätzen des Freihandels verpflichtet fühlt. Es bestätigt auch die Einschätzung, dass das Prinzip des vorsorgenden Verbraucherschutzes darin keinen Platz hat.

Keine Transparenz und mangelnde Demokratie

Der Kompetenzzuwachs der WTO geht bislang nicht mit einer Zunahme an Transparenz, Beteiligungsrechten und demokratischer Kontrolle einher. Vielmehr sind schwerwiegende Defizite festzustellen: Die WTO verfügt über keine Kontroll- und Ausgleichsmechanismen, wie sie in demokratischen Verhältnissen üblich sind. So hat etwa der EU-Agrarkommissar Franz Fischler wiederholt die „mangelnde demokratische Kontrolle" innerhalb der WTO beklagt. Die Sitzungen finden hinter verschlossenen Türen statt, ihre Ergebnisse sind keiner öffentlichen Überprüfung zugänglich. Fast alle Sitzungsdokumente wie Tagesordnungen, Diskussionsvorlagen und Protokolle werden ebenso wie viele nationale Positionspapiere entweder gar nicht oder erst verspätet veröffentlicht.
Diplomaten, v.a. aus Entwicklungsländern, berichten immer wieder über fehlenden Informationsfluss und die hohe Zahl informeller Treffen, bei denen wichtige Entscheidungen getroffen werden. Auch die WTO-Arbeitsgruppe „Handel und Umwelt" trifft sich häufig informell. Andere internationale Organisationen (z.B. die UN-Umweltorganisation UNEP) bleiben ausgeschlossen. Kontinuierliche Information über die WTO und dort anstehende Entscheidungen ist auch auf nationalstaatlicher Ebene selten gewährleistet. Parlamentarier sind oft nur schlecht über Tagesordnung und Reichweite von Verhandlungen der WTO informiert.
Verbraucher- und Umweltschutzverbände haben in der WTO keinerlei Mitwirkungsrechte. Weder bei den bisherigen WTO-Ministerkonferenzen noch im Rahmen der Streitschlichtungsverfahren genießen sie ein Anhörungsrecht, wie dies bei vielen UN-Organisationen seit Jahren üblich ist. Nach den Vorstellungen der WTO sollten sich Verbände und Organisationen nur im Vorfeld, auf nationaler Ebene, einmischen dürfen.

Kristina Steenbock, Greenpeace (htttp://archiv.greenpeace.de/GP_DOK_3P/BRENNPUN/F9902B.HTM, 10.12.2002)

M 9 WTO kippt US-Gesetz zum Schutz der Meeresschildkröten

Meeresschildkröten sind im Washingtoner Artenschutzabkommen als vom Aussterben bedrohte Art gelistet. Jährlich gehen bis zu 150.000 Schildkröten elend in engmaschigen Garnelennetzen zugrunde.
Schutzmaßnahmen wurden daher in vielen Teilen der Welt eingeleitet. So auch in den USA, wo seit 1987 der Endangered Species Act den heimischen Fischern die Nachrüstung ihrer Netze mit Ausstiegshilfen für Schildkröten, so genannten Turtle Excluder Devices (TED), vorschreibt. Eine Klausel des Gesetzes verpflichtet zudem die Regierung, entsprechende Vorschriften auch für importierte Garnelen zu erlassen. Die USA verhängten daraufhin unter Berufung auf den

Artenschutz ein Importverbot für Garnelen aus Ländern, die keinen wirksamen Schildkrötenschutz betreiben.

Alsbald klagten Indien, Malaysia, Pakistan und Thailand unter Berufung auf ihre Freihandelsrechte auf die Aufhebung des Importverbotes. Die WTO gab dieser Klage im Herbst 1998 in der zweiten Instanz endgültig statt und forderte die USA auf, das Einfuhrverbot aufzuheben. Das aber, so fürchten Naturschutzexperten, käme einem Todesstoß für die Schildkröten gleich, die seit Jahrmillionen weiträumig die Weltmeere durchstreifen und keine nationalen Hoheitsgewässer kennen.

Gefährden Auflagen zum Schutz von Meeresschildkröten den Freihandel?

Das erste Panel hob in einem aufsehenerregenden Urteil noch hervor, handelsbeschränkende Maßnahmen, die unter Artikel XX, GATT ergriffen würden, dürften keinesfalls zu einer „Gefährdung" des internationalen Handelssystems führen. Dessen vorrangiges Ziel sei schließlich die Förderung der wirtschaftlichen Entwicklung durch mehr Handel. Die USA hätten dieses Ziel jedoch durch ihr Embargo gefährdet.

Die Berufungsinstanz revidierte dieses Urteil teilweise. Sie erkennt grundsätzlich an, dass der Schutz der bedrohten Schildkröten ein wichtiges politisches Ziel ist. Folglich sei es auch grundsätzlich legitim, wenn Staaten ihren Marktzugang von der Einhaltung von Artenschutzmaßnahmen abhängig machen. Jedoch sollten diese im Rahmen multilateraler Abkommen vereinbart werden und könnten nicht im Alleingang bzw. gegen den Willen der betroffenen Exportländer erlassen werden.

Mit diesem Spruch wird im Gegensatz zur Erstinstanz zwar die Möglichkeit betont, Handelssanktionen zum Umweltschutz unter Berufung auf Artikel XX auch dann zu ergreifen, wenn dies negative Auswirkungen auf den Welthandel haben könnte. Jedoch wird der Gebrauch von dieser Möglichkeit an Bedingungen geknüpft, die kaum gegen den Widerstand der Länder, die von Sanktionen betroffen wären, durchsetzbar sein dürften

http://archiv.greenpeace.de/GP_DOK_3P/BRENNPUN/F9902D.HTM#3 (14.01.2003)

M 10 Kontrovers diskutiert: Sozialstandards für Billiglohnländer?

a) Die Kinderarbeiter haben nichts von der WTO

Kinderarbeit in einer Goldmine in Mindanao (Philippinen). Gesetzliche Regelungen gibt es nicht.

In ihren Liedern träumen sie davon, ein Reisfeld und ein Auto zu besitzen und eines Tages Präsident zu sein. Doch bald dämmert der Alltag, die Party am Rande der Müllberge von Kampong Sawah geht zu Ende und die elfjährige Sulistiana, von Beruf Straßensängerin, holt die kleinen Gäste wieder in die Wirklichkeit zurück. „Schaut, wie schmutzig mein Körper ist, wie faul der Geruch meines Schweißes.“ Einmal im Jahr dürfen sie ausgelassen sein, die Kinder von Tangerang, einem Industriegebiet in der Nähe der indonesischen Hauptstadt Jakarta. Dann lädt Kompak, das Komitee zum Schutz von Kinderarbeitern, zum Nationalen Kindertag ein. An den übrigen Tagen des Jahres stehen sie am Arbeitsplatz. 5000 Kinder im Alter von neun bis vierzehn Jahren, acht bis zehn Stunden am Tag, sechs bis sieben Tage in der Woche, für einen durchschnittlichen Monatslohn von 10 Euro. Die meisten von ihnen sind weniger als sechs Jahre zur Schule gegangen, haben also nicht einmal ihre gesetzliche Schulpflicht erfüllt. Die Kinderarbeiter von Tangerang haben bestimmt keine Ahnung davon, dass in diesen Tagen über sie geredet wurde.[1] Sie haben sicher noch nie von der WTO gehört, der Welthandelsorganisation. Und natürlich waren sie nicht eingeladen, um in der glitzernden High-Tech-Atmosphäre von Suntec City, Singapurs extravagantem Messezentrum, über die Rechte von Arbeitnehmern zu diskutieren. Das taten ihre Minister, und die tun es nicht gerne. Denn wo es ums Geschäft geht, wirkt die fordernde Stimme derer, die diesen Wohlstand mit ihrem Schweiß schaffen sollen, störend.

Es sind die bereits reich gewordenen Industrienationen, die USA und mit schüchterner Loyalität eine Hand voll Europäer, die sich über die Kinderarbeiter von Tangerang den Kopf zerbrechen, die verlangen, dass die Plantagenarbeiter von Malaysia an dem Wohlstand teilhaben sollen, den der Welthandel erwirtschaftet, und die Schutz suchen für jenes Heer von Gastarbeitern aus Bangladesch oder Thailand, die für Hungerlöhne am Wohlstand der Inselrepublik Singapur zimmern. Die Welthandelsorganisation, so forderten sie in Singapur, solle in ihr Regelwerk, das über einen fairen Wettbewerb im Welthandel wacht, elementare Normen des Arbeitsrechts aufnehmen, eine Sozialklausel, die sicherstellt, dass auch die Rechte der Arbeitskraft mit dem Wohlstand, den sie produziert, wachsen. Die Arbeitskraft sollte sich frei organisieren und kollektiv Löhne aushandeln können. Diskriminierung am Arbeitsplatz sollte ebenso untersagt sein wie Kinderarbeit. Diese Forderungen drohten den Konsens der Gründungsversammlung der Welthandelsorganisation in Frage zu stellen. Widerstand gegen die Sozialklausel formierte sich in den so genannten Billiglohnländern, in jenen Ländern also, die in niedrigeren Löhnen und einer Einschränkung der Arbeiterrechte ihren Wettbewerbsvorteil im Welthandelssystem sehen. Als Sprecherin des südostasiatischen Staatenbundes Asean und der G-15, einer Gruppe von Entwicklungsländern, der unter anderem Malaysia, Indonesien und Indien angehört, unterstellt die malaysische Ministerin für internationalen Handel und Industrie, Rafidah Aziz, den Sponsoren der Sozialklausel eigennützige Motive. Die Sozialklausel, so argumentiert sie, solle den einzigen echten Wettbewerbsvorteil der Entwicklungsländer ausradieren – die niedrigeren Arbeitskosten[2].

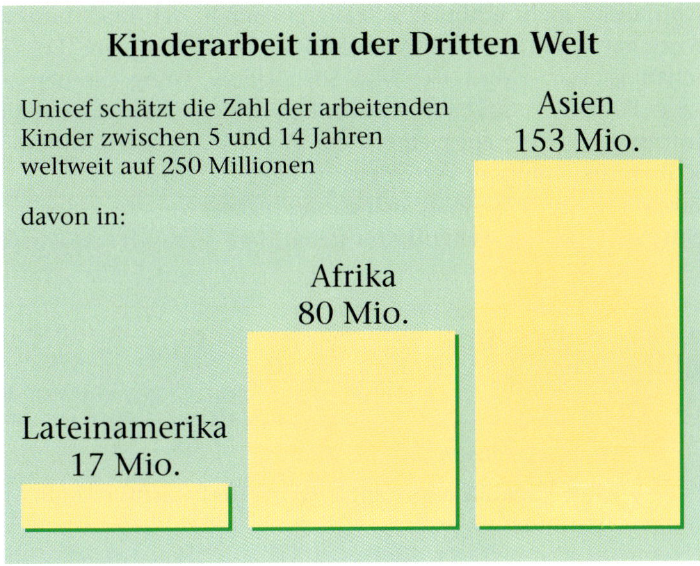

Jürgen Dauth, in: Stuttgarter Zeitung, 16.12.1996, S. 5

[1] *Dezember 1996, Welthandelskonferenz in Singapur*
[2] *Das Thema „Sozialklauseln" fand zwar Eingang in die Abschlusserklärung, es wurde aber betont, dass das zuständige Gremium die Internationale Arbeitsorganisation (ILO) bleiben wird.*

b) Sozialklauseln in der Welthandelsordnung – ein Trojanisches Pferd

Der Ruf der USA, Frankreichs und anderer hoch entwickelter Volkswirtschaften nach einem „fairen" Wettbewerb ist ... nur scheinbar gerechtfertigt: Die ärmeren Länder werden unfairerweise auf die moralische Anklagebank gesetzt. Der wahre Grund für das Verlangen nach mehr Sozialklauseln ist profaner: Die Geschwindigkeit des strukturellen Wandels soll zu Hause verringert werden. Arbeitsintensive Bereiche und damit die einfachen Arbeiter sollen vor dem Wettbewerb geschützt werden. Sozialklauseln entpuppen sich als Trojanisches Pferd der Protektion. Die sozialpolitisch verklärten, nur notdürftig verschleierten protektionistischen Maßnahmen würden aber alle Beteiligten schlechter stellen. Den weniger entwickelten Volkswirtschaften würde die Chance genommen, aus eigenen Kräften der Armut zu entfliehen. Ihre komparativen Vorteile im Handel würden wenn nicht aufgehoben, so doch stark verringert. Es würde ihnen auch die Möglichkeit verbaut, die sozialen Standards zu verwirklichen, die sie sich wünschen. Erst bei gestiegenem Wohlstand können sie sich auch höhere soziale Standards leisten. Aber auch die entwickelten Volkswirtschaften verlieren. Es ist ein Trugschluss zu glauben, die zu teure einfache Arbeit in den entwickelten Volkswirtschaften könne unter dem Schutzdach von Sozialklauseln wieder ruhig schlafen. Den Folgen des unumgänglichen strukturellen Wandels kann sie nicht wirklich entkommen. Über kurz oder lang müssen die Lasten der Anpassung getragen werden. Je mehr der Wandel künstlich verzögert wird, desto mehr erhöhen sich die gesamtwirtschaftlichen Anpassungslasten. Die Botschaft ist klar: Finger weg von Sozialklauseln! Bestenfalls sind sie ein untaugliches Instrument für ein ehrenwertes Ziel, schlimmstenfalls aber verschleierter Protektionismus. Die WTO sollte sich darauf nicht einlassen, sondern weiterhin für freien Handel und unbeschränkte Faktorwanderung kämpfen. Das ist noch immer der beste Werg, um den ärmeren Ländern die Chance einzuräumen, künftig aus eigener Kraft und eigenen Mitteln höhere soziale Standards zu finanzieren.

Norbert Berthold, in: Handelsblatt, 9.12.1996, S. 2

AUFGABEN

1. Erläutern Sie, warum die WTO als Wegbereiterin der Globalisierung betrachtet wird (M 5 bis M 8).
2. Halten Sie die Kritik an der WTO für berechtigt (M 8, M 9)? Begründen Sie Ihre Meinung!
3. Diskutieren Sie unterschiedliche Vorschläge zur Lösung des Problems der Kinderarbeit (M 10).

LINKS

www.wto.org (Welthandelsorganisation WTO)

www.oecd.org (Organisation für wirtschaftliche Zusammenarbeit und Entwicklung OECD)

Informationen und Zusammenhänge

Entwicklung des Welthandels

In den vergangenen beiden Jahrzehnten wuchs der weltweite Warenhandel im Durchschnitt doppelt so schnell wie die weltweite Warenproduktion. Der Handel erwies sich damit als der Motor der weltwirtschaftlichen Entwicklung und Verflechtung.

Die WTO

Die World Trade Organisation (WTO, bis 1995: GATT) legt seit 1995 als einzige international anerkannte Vertragsinstitution Regeln im Welthandel fest. Ihr Ziel ist ein weltweiter Handel ohne Hemmnisse. Sie gilt als ein Wegbereiter der wirtschaftlichen Globalisierung, weil es ihr, bzw. dem Vorläufer GATT, gelang, protektionistische Maßnahmen (tarifäre und nichttarifäre Maßnahmen) abzubauen. Die Arbeit der WTO gründet sich auf der Freihandelsdoktrin, nach der ein freier Handel Wohlstandsgewinne für alle Beteiligten ermöglicht.

Freihandels-doktrin
M 4

Im Zentrum der Organisation stehen dabei folgende Prinzipien, die von den Mitgliedsstaaten anerkannt werden müssen:

Prinzipien der WTO
M 6

- Meistbegünstigung (alle handelspolitischen Zugeständnisse, die sich zwei Staaten untereinander machen, gelten automatisch auch für alle anderen Staaten)
- Reziprozität (die Handelserleichterungen sollen gegenseitig sein)
- Inländerbehandlung/Nichtdiskriminierung (nach der Einfuhr sind die aus den WTO-Ländern stammenden Waren wie inländische zu behandeln)

Streitschlichtung
M 8

Zur Beilegung von Streitigkeiten steht der WTO ein Streitschlichtungsmechanismus zur Verfügung, der eine einvernehmliche Einigung zwischen den Streitparteien herbeiführen soll und Vergeltungsmaßnahmen durch eine Partei (z.B. Strafzölle) sanktionieren kann.

GATT/ GATS/TRIPs
M 6

Die innere Struktur der WTO umfasst drei Teilabkommen – GATT (General Agreement on Tarifs and Trade), GATS (General Agreement on Trade in Services) und TRIPs (Trade Related Intellectual Property Rights).

Kritik an der WTO
M 8 - M 10

Die Erfolge der WTO bei der Liberalisierung des Welthandels werden unterschiedlich beurteilt. Während Befürworter einer weitgehenden Liberalisierung auf die Wohlfahrtseffekte einer zunehmend arbeitsteiligen Weltwirtschaft verweisen, kritisieren Globalisierungsgegner die negativen Folgen der Liberalisierung. Sie werfen der WTO Versagen bei der Durchsetzung einer gerechten Weltwirtschaftsordnung vor, die auch den ärmeren Ländern durch eine moderate Umverteilung des Wohlstandes die Einhaltung von sozialen und ökologischen Mindeststandards (z.B. Verbot von Kinderarbeit) ermöglicht.

Protektionismus
M 2, M 3

Auch protektionistische Maßnahmen, die trotz der Erfolge der WTO bei der Liberalisierung immer noch gebräuchlich sind, lassen sich unterschiedlich beurteilen: Einerseits bieten sie Schutz für die eigene Volkswirtschaft vor wirtschaftlich überlegenen Konkurrenten oder Gütern, die Umweltstandards oder ethische Standards nicht erfüllen. Andererseits verzögert der Protektionismus notwendige Strukturanpassungen, so dass eine abgeschirmte Wirtschaft in der Regel langsamer wächst als eine offene Volkswirtschaft.

2.2 Die Regulierung der globalen Finanzmärkte – der Internationale Währungsfonds (IWF)

M 1 Die Entwicklung der internationalen Finanzmärkte

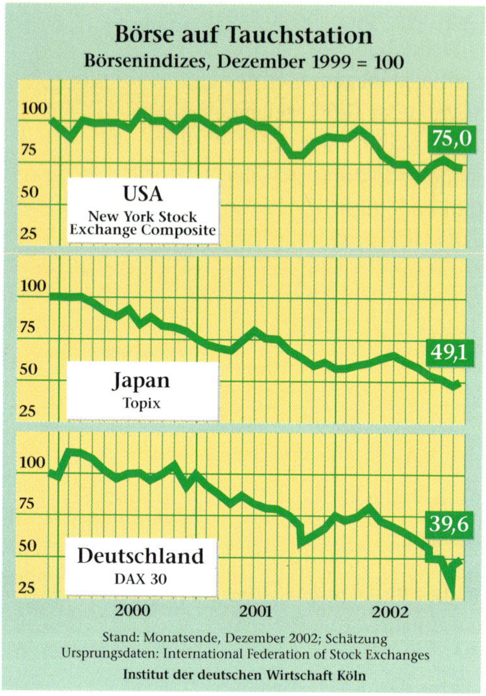

Die Finanzmärkte rund um den Globus haben ein turbulentes Jahr 2002 hinter sich. ... Noch zu Beginn des vergangenen Jahres herrschte auf den Aktien- und Kreditmärkten weltweit verhaltener Optimismus. Schließlich hatte das internationale Finanzsystem die verbreitete Wachstumsschwäche, den starken Rückgang der Börsenkurse, die Anschläge vom 11. September 2001 und den ersten Schock der Enron-Krise passabel überstanden. Dies gelang nicht zuletzt, weil die amerikanische Notenbank – wie auch die Europäische Zentralbank – die Zinsen senkte. Dennoch knirschte es 2002 im Gebälk des internationalen Finanzsystems gehörig:

US-Unternehmenskrisen. Nach dem Enron-Skandal gestanden noch andere große US-Firmen Bilanz-Unregelmäßigkeiten und meldeten Insolvenz an wie etwa der Telekommunikations-Riese Worldcom. An der Wall Street folgten massenhafte Aktienverkäufe – trotz verbesserter Konjunkturaussichten. Auch der Dollar geriet in den Abwärtsstrudel der US-Börse.

Argentinienkrise. Sie erwies sich entgegen den Hoffnungen der Anleger doch als ansteckend – allen voran für Uruguay. Schätzungen der Dresdner Bank zufolge flossen in den ersten zwei Monaten 2002 bis zu 1,5 Milliarden Dollar aus dem Land heraus – rund 10 Prozent der gesamten Einlagen. Die Banken des kleinen Mercosur-Staates gerieten dadurch in arge Zahlungsnöte, und der Internationale Währungsfonds (IWF) musste mit einer Kreditzusage an Uruguay von insgesamt 2,8 Milliarden Dollar einspringen. Daneben kam es auch in Brasilien zu starken Kapitalabflüssen, die die Finanzwelt weiter verunsicherten.

Bankenkrise. Zunehmende Unternehmenspleiten trübten vor allem in Europa die Geschäftsaussichten der Banken und Versicherungen. Allein in Deutschland meldeten im Jahr 2002 rund 38.000 Unternehmen Insolvenz an – fast 5.300 mehr als 2001. Zudem ließen fallende Börsenkurse die Portfolios[1] der Banken und Versicherungen schmelzen. ... Auch auf den Kreditmärkten herrschte Nervosität. So mussten Unternehmen und Schwellenländer deutlich höhere Zinsen für risikoreiche Anleihen zahlen.

iwd – Informationsdienst des Instituts der deutschen Wirtschaft Köln Nr. 2, 9.1.2003

[1] *Wertpapierbestand*

Was sind internationale Finanzmärkte?

M 2

Finanzmarkt ist der Obergriff für drei Teilmärkte:
- die Kreditmärkte,
- die Wertpapiermärkte und
- die Devisenmärkte,

wobei die einzelnen Sektoren selbstverständlich untereinander interagieren. ...

Der Kreditmarkt

Der Kredit ist das älteste Instrument der Fremdfinanzierung. Mit der europäischen Renaissance entwickelte sich in den oberitalienischen Stadtrepubliken das moderne Kredit- und Bankwesen. Kreditvergabe und -aufnahme ist ein grundlegender ökonomischer Mechanismus, der in jeder komplexen Gesellschaft unentbehrlich ist. Er dient dazu, finanzielle Ressourcen an dem Ort und zu dem Zeitpunkt zu mobilisieren, an dem sie für die Realisierung einer Investition nötig sind. Wenn die Investition erfolgreich ist, wird die Kreditsumme erwirtschaftet und der Kredit kann – zuzüglich der Kreditzinsen – über einen bestimmten Zeitraum hinweg zurückgezahlt werden. Dieser Mechanismus ist auch heute noch für Privathaushalte und die Mehrzahl der Unternehmen (insbesondere für die kleinen und mittleren Betriebe) die bedeutendste Fremdfinanzierungsquelle. Die klassische Institution, die diesen ökonomischen Prozess vermittelt, ist die Bank. ...
Um die Funktionsfähigkeit und das Vertrauen in das Kreditsystem zu garantieren, hat sich die Etablierung nationaler Bankensysteme mit einer staatlichen Zentralbank an der Spitze weltweit durchgesetzt. Letztere bestimmt die Geldmenge und den Leitzins und unterhält Reserven. Unterstützt von Aufsichtsbehörden, können durch Gesetze und Regelungen die Kreditmärkte so unter staatlicher Kontrolle gehalten werden.
Die Steuerungsmöglichkeiten von Zentralbanken lösen sich aber in dem Maße auf, in dem infolge der Liberalisierung der Kreditschöpfungsprozess außerhalb des von ihnen kontrollierbaren Bereichs, nämlich auf den globalisierten Finanzmärkten stattfindet. ...

Die internationalen Wertpapiermärkte

Die Bedeutung der Wertpapiermärkte für das internationale Finanzsystem ist im Vergleich zum Kredit- und Devisenmarkt unverhältnismäßig stark angestiegen. Ein Großteil der Kapitalflüsse ist auf den Handel mit und die Herausgabe von Wertpapieren zurückzuführen. Die wichtigsten Wertpapierformen sind:
- Anleihen (Staatsanleihen, Schuldverschreibungen u.ä.)
- Aktien
- die verschiedensten Formen von Derivaten

Wertpapiere in Form von Schuldverschreibungen gibt es seit Jahrhunderten. ...

Devisenmärkte

Auf Devisenmärkten, die per se international sind, wird mit Währungen gehandelt. Früher galten sie als „Spiegelbild der weltwirtschaftlichen Entwicklung" – auch heute noch werden Wechselkursveränderungen häufig als Barometer für die weltwirtschaftliche Leistungsfähigkeit einer Volkswirtschaft angesehen.
Der Währungskurs ist im Grunde genommen ein „Preis" wie jeder andere, zwar nicht der Preis einer Ware, sondern eben der Preis für ein ausländisches Zahlungsmittel. Ab- oder Aufwertungen – also sinkende oder steigende Preise der Währung – haben aber erhebliche Auswirkungen auf die Entwicklung der jeweiligen Volkswirtschaft. Eine Abwertung hat z. B. zur Folge, dass Importe teurer und Exporte billiger werden. Sie verteuert auch in Fremdwährung aufgenommene Kredite, so etwa den Schuldendienst eines Entwicklungslandes in US-Dollar an seine ausländischen Gläubiger.
Unser heutiges Weltwährungssystem zeichnet sich dadurch aus, dass die Wechselkurse zwischen den Leitwährungen (US-Dollar, Euro und Yen) frei schwanken. ...

In einem flexiblen Wechselkurssystem hingegen bilden sich Preise für die einzelnen Währungen allein nach dem Gesetz von Angebot und Nachfrage an den Devisenmärkten. Durch die nationale Geld- und Zinspolitik wird nur noch indirekt Einfluss auf den Wechselkurs genommen. Erhöht beispielsweise die FED (amerikanische Notenbank), wie 1999/2000 mehrfach geschehen, den Zinssatz, wird es für Anleger interessant, Geldvermögen aus dem Euroraum in den Dollarraum zu verschieben. Die Nachfrage nach US-Dollar erhöht sich, sein Außenwert steigt. Von entscheidender Bedeutung für die Entwicklung eines Wechselkurses ist das „Vertrauen“, das der Währung entgegengebracht wird. „Glauben“ die Anleger an einen steigenden Kurs, werden sie die Währung kaufen, gehen sie von einem Kursverfall aus, werden sie sie verkaufen. Mittlerweile sind Währungen zu Handelsobjekten wie Waren, Aktien oder Anleihen geworden. Begünstigt durch den Abbau von Kapitalverkehrs- und Devisenkontrollen und die Entwicklung elektronischer Datenübertragung werden Wechselkurse heute in erheblichem Maße von kurzfristigen Finanzströmen bestimmt – und immer weniger von der Entwicklung der wirtschaftlichen Fundamentaldaten.

Peter Waldow, Wie funktionieren die internationalen Finanzmärkte?; in: Kairos Europa/Weltwirtschaft, Ökologie & Entwicklung (Hg.), Kapital braucht Kontrolle. Die internationalen Finanzmärkte: Funktionsweisen – Hintergründe – Alternativen, Bonn 2000, S. 16–23.

M 3 Kasino-Kapitalismus? Die Zunahme des Handels mit Derivaten

Derivate sind abgeleitete Finanzprodukte, denen ein anderes Finanzprodukt zu Grunde liegt: zum Beispiel Währungen, Anleihen, Aktien, Zinssätze oder Zahlungsverpflichtungen. Grundsätzlich sind zu unterscheiden:

- **Terminkontrakte.** Das ist beispielsweise der Kauf oder Verkauf einer Währung zu einem festgelegten Zeitpunkt und zu einem vorab bestimmten Preis. Käufer und Verkäufer haben eine bindende Abnahme- beziehungsweise Lieferverpflichtung. Beide Seiten gehen bei diesen auch als Futures bezeichneten Geschäften also ein symmetrisches Risiko ein: Gewinn- und Verlustchancen sind jeweils gleich hoch – ein Nullsummenspiel.
- **Optionen.** Sie beinhalten das Recht, etwa eine Aktie zu einem vereinbarten Preis innerhalb einer bestimmten Zeitspanne oder zu einem festgelegten Zeitpunkt zu kaufen oder zu verkaufen. Da der Käufer die Option nicht ausüben muss, sind die Risiken asymmetrisch verteilt. Auf der einen Seite sichert sich der Käufer gegen Kursverluste ab. Dafür zahlt er eine Optionsprämie – diese ist gleichzeitig der Betrag, den der Käufer maximal verlieren kann. Auf der anderen Seite kassiert der Verkäufer, auch Stillhalter genannt, auf jeden Fall die Opti-

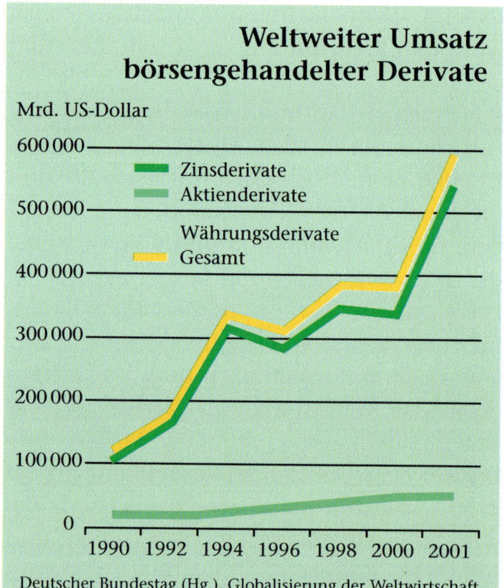

Deutscher Bundestag (Hg.), Globalisierung der Weltwirtschaft, Opladen 2002, S. 66

onsprämie. Dafür trägt er einseitig das Risiko: Entwickelt sich der Aktienkurs für ihn günstig – also für den Käufer ungünstig – wird die Option nicht ausgeübt.

- **Swaps.** Hier vereinbaren zwei Vertragsparteien die gegenseitige Übernahme von Zahlungsverpflichtungen. Beim Währungsswap werden Kapitalbeträge in unterschiedlichen Währungen getauscht – etwa eine Schuld in Euro gegen eine Schuld in US-Dollar. Beim Zinsswap tauschen die Vertragspartner Zinsverbindlichkeiten – z.B. variable gegen feste Zinszahlungen.

iwd – Informationsdienst des Instituts der deutschen Wirtschaft Köln Nr. 2, 8.1.1998

Der Internationale Währungsfonds (IWF)

M 4

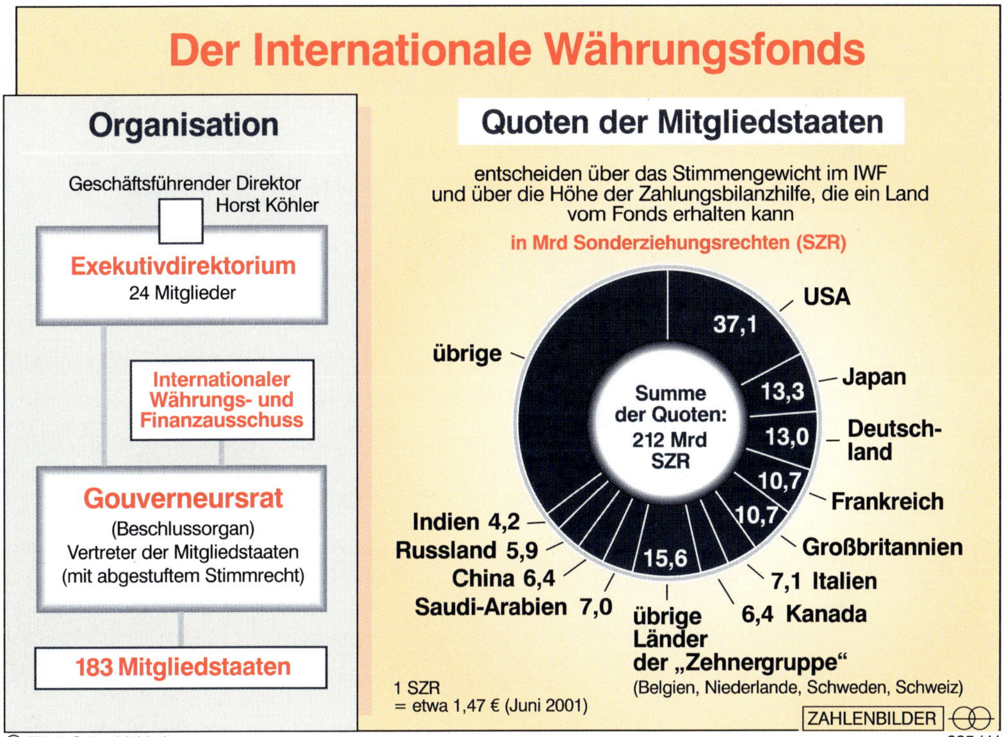

© Erich Schmidt Verlag 625 111

Diese internationale Organisation hat ihren Sitz in Washington D. C. Ihr Ziel ist es, den internationalen Handels- und Zahlungsverkehr zu schützen und zu fördern. Die Mitgliedsstaaten des IWF, u. a. auch die Bundesrepublik, verpflichten sich vertraglich,

- ihre Wechselkurs- und Devisenkontrollpolitik unter die internationale Aufsicht des IWF zu stellen.
- vereinbarte Regeln einzuhalten. Die Mitgliedsländer sind z. B. verpflichtet, ständig mit dem IWF und den anderen Mitgliedern zusammenzuarbeiten, um geordnete Wechselkursregelungen zu gewährleisten und ein stabiles Wechselkurssystem zu fördern.
- in Fragen der internationalen Währungspolitik und des zwischenstaatlichen Zahlungsverkehrs eng zusammenzuarbeiten, z. B. durch Freihaltung von Devisenkon-

trollen und (falls noch nicht geschehen) Übergang zur Konvertibilität (Zahlungen und Überweisungen für internationale Geschäfte werden dann also unbeschränkt zugelassen).
- sich gegenseitig bei der Finanzierung von Zahlungsbilanzdefiziten zu helfen. Der IWF gewährt Kredite an Länder, die Zahlungsbilanzdefizite aufweisen. Da jedes Mitgliedsland bestimmte Zahlungsverpflichtungen gegenüber dem IWF hat, kann der Fonds aus diesen und weiteren Mitteln seine finanziellen Hilfen leisten.

Frank W. Mühlbradt, Wirtschaftslexikon, Daten-Fakten-Zusammenhänge, 6. Aufl., Berlin 1999, S. 186 f.

M 5

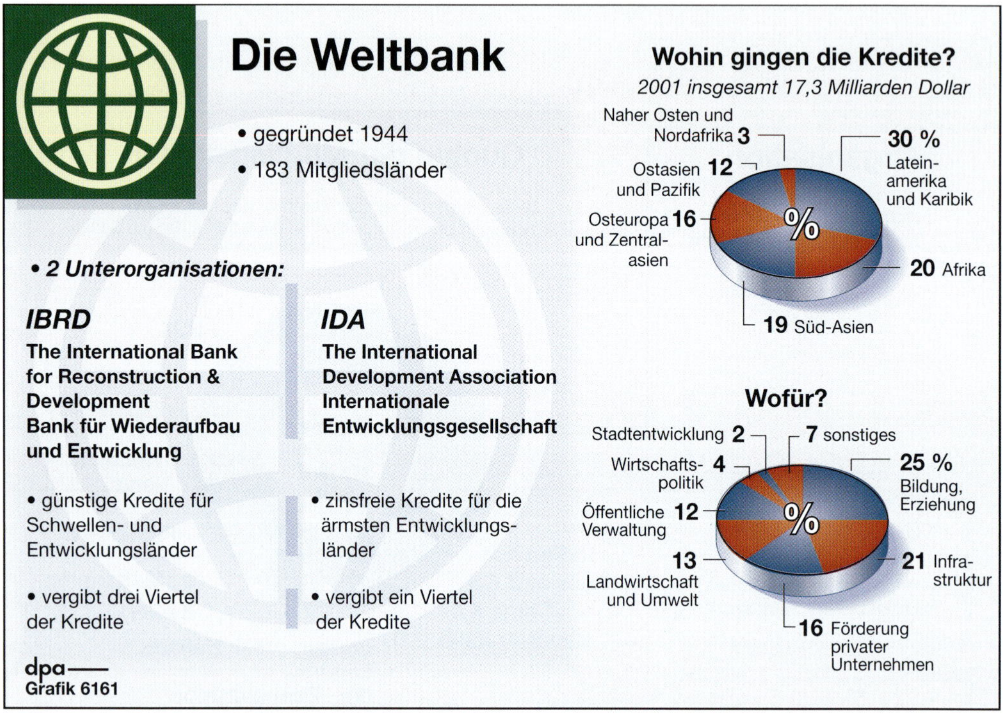

Zur Weltbankgruppe zählen die Weltbank – „Internationale Bank für Wiederaufbau und Entwicklung“ (IBRD) – sowie die später gegründeten, rechtlich selbstständigen Tochterorganisationen Internationale Entwicklungsorganisation (IDA), Internationale Finanz-Corporation (IFC), Multilaterale Investitions-Garantie-Agentur (MIGA) und das Internationale Zentrum für die Beilegung von Investitionsstreitigkeiten (ICSID). Die Weltbank wurde zusammen mit der Zwillingsinstitution Internationaler Währungsfonds (IWF) 1944 auf der Konferenz von Bretton Woods (USA) mit Sitz in Washington, D.C. ins Leben gerufen. ...
Die Weltbank vergibt ihre Kredite zu relativ harten Konditionen, die zwar etwas unter den Marktkonditionen liegen, aber sich dennoch am Markt orientieren. Sie staffelt ihre Zinssätze also nicht etwa nach Bedürftigkeit, sondern setzt diese anhand der eigenen Finanzierungskosten fest. Diese fallen dennoch niedriger aus, als wenn die Kreditnehmer der Weltbank versuchen würden, sich Mittel direkt an den Kapitalmärkten zu beschaffen. ...

Die Weltbank finanziert überwiegend einzelne Projekte (specific investment loans), die vor der Finanzierungszusage sehr gründlich untersucht und auch während der Abwicklung ständig beobachtet werden. Daneben vergibt sie in wachsendem Umfang auch umfassender angelegte Kredite, die teilweise auf einzelne Wirtschaftssektoren (sector operations), teilweise auf die Gesamtwirtschaft zielen.

Wichard Woyke, Handwörterbuch Internationale Politik, 8. Aufl., Opladen 2000, S. 153 ff.

Die Asienkrise 1997 als Beispiel einer internationalen Finanzkrise

M 6

Auf den ersten Blick ging es den vier asiatischen Staaten (Indonesien, Thailand, Südkorea und Malaysia – Anm. d. Red.) in den neunziger Jahren blendend: Die Inflationsraten lagen im einstelligen Bereich, die Staatshaushalte wiesen allenfalls geringfügige Defizite aus, und die Wirtschaft wuchs zwischen 1990 und 1997 um jährlich 8 bis 9 Prozent ...
In diese scheinbar heile Welt platzte der Crash an den Aktien- und Devisenmärkten wie eine Bombe – obwohl bei näherem Hinsehen die Asienkrise bereits seit Jahren programmiert war.
Die Ursachen der Krise sind vor allem in vier Bereichen zu suchen:

- Maroder Finanzsektor. Die asiatischen Finanzmärkte waren jahrzehntelang fest im Griff der jeweiligen Regierungen. Zahlreiche Geschäftsbanken lagen direkt in staatlicher Hand – und mischten bei der Kreditvergabe kräftig mit. ...

Aber auch die privaten Banken lagen an der Kandare der Staats- und Regierungschefs – und bekamen oft bis ins Detail vorgeschrieben, welche Kredite sie an wen und zu welchen Zinskonditionen zu vergeben hatten. Wenn überhaupt, stand das Thema Bankenaufsicht ... nur auf dem Papier. ...
Wie in einem Selbstbedienungsladen konnten Eigentümer, Vorstände und Manager von Banken sich selbst sowie Verwandte, Freunde und Geschäftspartner mit Krediten versorgen – ohne jede Prüfung der Kreditwürdigkeit. ...

- Hohe Leistungsbilanzdefizite. Sie machten besonders Thailand und Malaysia schwer zu schaffen – und waren im Wesentlichen dem Zusammentreffen zweier Umstände zu verdanken: Infolge des hohen Wirtschaftswachstums in den neunziger Jahren legten auch die Einkommen in den vier asiatischen Staaten kräftig zu – und immer mehr Güter und Dienste wurden aus anderen Ländern importiert. Gleichzeitig gingen die internationale Wettbewerbsfähigkeit und die Exporte der Krisen-Länder zurück. Denn Japan machte ihnen durch die Abwertung des Yen immer mehr Konkurrenz. ...

- Massive Auslandsverschuldung. Um bei sinkenden Exporteinnahmen den steigenden Importbedarf finanzieren zu können, verschuldeten sich die Tigerstaaten im Ausland. ...

Dabei nahmen sie im Ausland vorwiegend kurzfristige Kredite mit einer Laufzeit von höchstens einem Jahr auf, räumten den Unternehmen im eigenen Land aber langfristige Kredite ein – und saßen damit innerhalb kürzester Zeit in der Falle. Denn als die nervös gewordenen ausländischen Gläubiger ihr Geld zurückverlangten, konnten die Tiger diese Forderungen nicht einmal dadurch bedienen, dass sie auf ihre Währungsreserven zurückgriffen.

- Spekulationsblasen. Angelockt von hohen Zinsen und Renditen, steckten internationale Investoren jahrelang Riesensummen in Unternehmen und Bauprojekte in den vier Wachstumsländern – ohne Gespür für die wachsenden Risiken. ... Auch die Währungen der Krisenländer gerieten in schwere Turbulenzen, obwohl die Notenbanken versuchten, durch Zinserhöhungen und Interventionen am Devisenmarkt eine Abwertung zu verhindern. Das Wirtschaftswachstum ging drastisch zurück. ... Viele Firmen und Banken mussten daraufhin die Löhne kürzen und Mitarbeiter entlassen.

Schwellenländer: Die Anleger werden vorsichtiger

Ausländische Finanzanlagen in ausgewählten Krisenstaaten in Milliarden Dollar

	1993	1994	1995	1996	1997	1998	1999	2000
insgesamt	115,6	100,8	64,0	106,5	60,2	-1,8	3,4	-0,6
davon:								
Brasilien	10,7	46,3	17,2	27,5	9,5	10,4	-1,5	10,4
Südkorea	11,8	16,1	26,0	31,5	3,5	-5,5	9,3	8,2
Türkei	9,0	-5,9	2,7	5,0	4,6	-1,9	6,8	5,4
Argentinien	36,4	10,9	8,0	12,5	15,5	11,3	-3,6	-0,4
Indonesien	3,2	4,4	6,1	4,2	-2,9	-4,1	-1,7	-3,3
Mexiko	32,5	11,0	-15,0	10,5	2,0	-0,5	8,7	-3,4
Thailand	12,0	16,8	17,3	6,5	1,6	-11,4	-11,5	-5,3
Russische Förderation	0,0	1,2	1,7	8,8	26,4	-0,1	-3,1	-12,2

1994/1995 Mexiko-Krise
1997 Asien-Krise
1998 Russland-, Brasilien-Krise
2000 Argentinien-, Türkei-Krise

iwd-Informationsdienst des Instituts der deutschen Wirtschaft Köln Nr. 34, 20.8.1998

M 7 Tiger wieder auf dem Sprung

Wenn Harald Schaaf über Südkorea spricht, kommt der eher nüchtern wirkende Mann regelrecht ins Schwärmen. „Ein dynamischer Markt mit hoch motivierten Mitarbeitern“ ist das Land für den Trumpf-Manager. Bereits Anfang der achtziger Jahre hat der Ditzinger Werkzeugmaschinenhersteller eine Handelsvertretung im fernen Seoul eröffnet. 1997, auf dem Höhepunkt der Asienkrise, gründete der mit 5500 Mitarbeitern ziemlich große Mittelständler gar eine eigene Tochtergesellschaft in Südkorea.

Ziel war laut Schaaf „die höhere Marktdurchdringung“, doch für die koreanischen Partner war die Entscheidung des Schwaben auch eine Ermutigung in schwarzen Zeiten. Sie bescherte Trumpf etliche gute Kundenkontakte, die bis heute bestehen. Kein Wunder, dass Schaaf den Mittelständlern im Südwesten den Rat gibt, den boomenden Markt im Fernen Osten nicht links liegen zu lassen. Die Zahlen, die Tim Goydke vom Ostasiatischen Verein beim Forum des Deutsch-Koreanischen Wirtschaftskreises in Stuttgart präsentierte, dürften manchen Mittelständler aufhorchen lassen: Um 5,8 Prozent wird die südkoreanische Volkswirtschaft voraussichtlich in diesem Jahr wachsen, für 2003 werden 5,4 Prozent prognostiziert. Nur das ebenfalls boomende China erreicht etwas höhere Wachstumsraten. Allerdings ist die Ausgangslage recht unterschiedlich: 45 Millionen Südkoreaner werden 2002 ein Bruttosozialprodukt von über 10 000 Dollar pro Kopf erwirtschaften. In China mit seinen 1,3 Milliarden Einwohnern werden lediglich

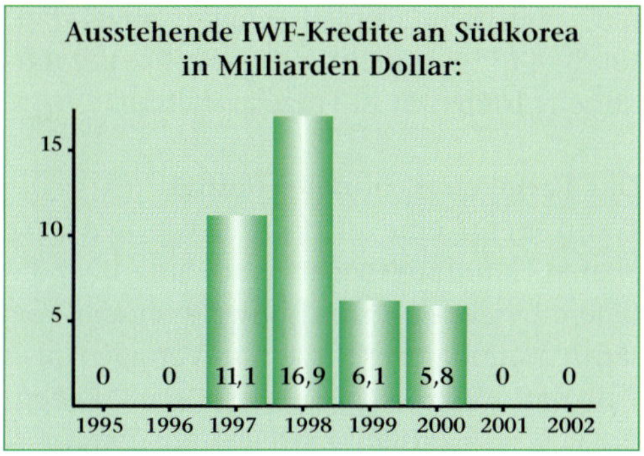

840 Dollar pro Kopf erreicht. Neben dem hohen Binnenmarktvolumen zählen ein entwickeltes Rechtssystem, die gute Infrastruktur und ein hohes Bildungsniveau – bei der Pisa-Studie belegte Südkorea einen Spitzenplatz – zu den Pluspunkten des Landes.

Die Folgen der verheerenden Asienkrise hat Südkorea längst überwunden. Trotz globalem Wirtschaftsabschwung konnte das Land seinen beim Internationalen Währungsfonds aufgenommenen Kredit bereits tilgen. Und die Regierung zog Konsequenzen aus der Beinahekatastrophe von 1997: Nach Angaben von Jürgen Wöhler, Leiter des Bereichs Außenhandelsfinanzierungen bei der Landesbank Baden-Württemberg, liberalisierte Seoul die Investitions- und Handelsgesetze „dramatisch" – und zog damit Scharen von Investoren ins Land. Seit 1999 flossen 52 Milliarden US-Dollar nach Korea, mehr als doppelt so viel wie in den 30 Jahren zuvor.

Volker Rekittke, Der Südkoreanische Tiger ist wieder auf dem Sprung, in: Stuttgarter Zeitung, 10.12.2002, S. 10

Der IWF – eine institutionelle Fehlkonstruktion

M 8

Wenn es Institutionen gibt, die auf permanente Kritik abonniert sind, dann gehört der Internationale Währungsfonds zweifellos dazu. Das Ausmaß der Kritik am IWF ist mindestens teilweise noch immer als Reflex auf die außerordentlich hohen Erwartungen zu erklären, die diese Institution durch den ihr gestellten Auftrag selbst mitbegründet hat. So ist dem IWF häufig der moralische Vorwurf gemacht worden, in Krisenfällen auf Regierungen unterstützungsbedürftiger Länder illegitimen Druck auszuüben und deren Bevölkerung vermeidbaren Zumutungen auszusetzen. Er sah sich häufig auch dem naheliegenden Vorwurf ausgesetzt, in seiner Hilfsbereitschaft parteiisch zu sein und damit letztlich Interessenpolitik zugunsten einflussreicher Mitgliedsländer zu betreiben. ... Wenn der IWF Kredit gibt, dann tut er dies zu günstigeren als den marktüblichen Konditionen, und insofern ist seine Hilfe zumindest teilweise immer ein Geschenk. Eine Institution aber, die das Schenken zur Aufgabe hat, verschenkt aus Sicht der einen selten genug, aus Sicht der anderen meistens zuviel, und sie tut es niemals wirklich gerecht. Insofern hat die andauernde Kritik an der Politik des IWF durchaus etwas Unabwendbares. Gerade in jüngerer Zeit ist der IWF aber auch einer Kritik ausgesetzt, die weit über dieses Unabwendbare hinausgeht. Wurde dem IWF früher vor allem vorgeworfen, in Krisenfällen zu wenig Not gelindert, sieht er sich nun auch mit dem Vorwurf konfrontiert, selbst erhebliche Not erzeugt oder zumindest fahrlässig verschuldet zu haben. ... Gewiss scheint vorerst nur, dass er zu einem der institutionellen Dinosaurier der Weltpolitik herangewachsen ist, einer Weltbehörde mit mehr als 12 000 Mitarbeitern, einer zum Teil diffusen Vielfalt von Zuständigkeiten, eingebettet in ein von außen schwer durchschaubares System politischer Entscheidungsfindung, zugleich Spielball und eigenständiger Akteur der Weltpolitik, Helfer, der wirklich hilft, aber in manchen Fällen auch Hilfe scheinbar grund- und rücksichtslos versagt. ...

Gegründet wurde er mit einer ursprünglich recht klaren Aufgabenstellung. Er wurde zu dem auf den ersten Blick sicher unverfänglichen Zweck ins Leben gerufen, den internationalen Geld- und Kapitalverkehr durch Kooperation und Konsultation zu ordnen und dabei ein „gleichgewichtiges Wachstum des internationalen Handels“ zufördern. ... Die bisherige Wirkungsgeschichte des IWF ... lässt sich durchaus plausibel als Erfolgsgeschichte beschreiben, wenn man die reale Entwicklung an dem düsteren Szenario permanent krisenerschütterter internationaler Geld- und Kapitalmärkte misst, das den Gründern des IWF als reale Bedrohung vor Augen gestanden haben mag. ... Gerade in der jüngeren Vergangenheit gab es aber spektakuläre Fälle von Kriseninterventionen des IWF, die sich im Nachhinein selbst bei bestem Willen nicht mehr als Erfolge deuten ließen. So hat der IWF im Umgang u.a. mit den Währungskrisen Russlands, Ostasiens und der Türkei nicht nur die ihm per Satzung aufgetragenen Ziele offensichtlich verfehlt, diesen Krisen also weder wirksam vorgebeugt noch sie erkennbar entschärft. Er hat sie vielmehr ... erheblich verschlimmert.
... Die Auflagen, an die der IWF seine Hilfe im Fall von Währungskrisen bindet, sind für die betroffenen Staaten kurzfristig oft schwer erfüllbar. Die geforderten Maßnahmen der Krisenbewältigung treffen breite Kreise der Bevölkerung, die sich von den eigentlichen Ursachen der Krise am wenigsten ein Bild machen können. Für sie sind das eigentliche Übel, nämlich ein Vertrauensverlust in die Politik und daher die Währung eines Landes, und die dagegen vom IWF verordnete bittere Medizin in ihren Auswirkungen zumindest zeitweise schwer unterscheidbar. Die Medizin erscheint oft als die übergangslose Fortsetzung, wenn nicht Verschlimmerung des ursprünglichen Übels, mit der Folge, dass der IWF – neben eigennützigen Spekulanten und Globalisierern – zumindest als Mitverursacher dieses Übels namhaft gemacht wird. Dabei werden dem IWF nicht nur politische Fehlleistungen angelastet, sondern es wird nicht selten auch seine moralische Integrität in Frage gestellt. ...

Das Versagen nationaler Politik

Wenn es für eine Institution wie den IWF akuten Handlungsbedarf gibt, dann liegt die tiefere Ursache hierfür immer in einem Versagen nationaler Politik, im Versagen also von nationalen Regierungen. Auch Krisen, die sich in Spekulationswellen auf den internationalen Finanzmärkten manifestieren, sind letztlich immer auf Vertrauenskrisen zurückzuführen, deren Ursprung in verschiedenartigen Versäumnissen nationaler Regierungen zu suchen ist. ... Spekulative Über- und Untertreibungen auf den internationalen Finanzmärkten sind insofern immer ein Reflex darauf, dass die Politik den Märkten falsche Signale gesetzt bzw. korrigierende Signale zu setzen versäumt hat. ... Wenn die Stabilität bzw. Krisenanfälligkeit der internationalen Finanzmärkte von der Kompetenz der nationalen Regierungen abhängt, dann gilt auch, dass von einem IWF nur insofern eine nachhaltig positive Wirkung auf diese Märkte ausgehen kann, als er in seinem Politikbereich nationalen Regierungen systematisch überlegen ist. Eine elementare Voraussetzung hierfür wiederum wäre, dass der Anreiz, verfügbares Wissen in kompetente Politik für die Bürger einzusetzen, im IWF besser institutionalisiert ist als in Regierungen. Nur wenn dies der Fall wäre, hätte der IWF die Chance, nicht nur gelegentliche Stabilisierungserfolge in einzelnen Krisenfällen zu erzielen, sondern die Funktionsfähigkeit des globalen Währungssystems insgesamt und dauerhaft zu verbessern. Wie aber schon eine oberflächliche Betrachtung der Institutionsform des IWF zeigt, ist die Wahrscheinlichkeit, dass der IWF in diesem Sinne erfolgreicher agiert als im Durchschnitt die einzelnen Regierungen, sehr gering einzuschätzen. Der wichtigste Grund hierfür ist die enge institutionelle Verflechtung zwischen dem IWF und den nationalen

Regierungen. Der IWF ist in seinen Entscheidungsverfahren nicht daraufhin angelegt, sich fachlich oder interessenpolitisch von der Willensbildung nationaler Regierungen - und insbesondere nationaler Finanzminister - abzuheben. Wer solches innerhalb des IWF versuchen wollte, würde damit allemal politische oder fachliche Isolation riskieren. Aufgrund seiner politischen Abhängigkeit ist der IWF einzelnen nationalen Regierungen institutionell insofern noch unterlegen, als er auch in der fachlichen Reorientierung, so etwa einer grundlegenden Anpassung seiner Entscheidungen an den Wandel währungspolitischer Problem- und Aufgabenstellungen, der Mehrheit der Regierungen nur folgen, aber nie vorauseilen kann. Dieses institutionalisierte Nachhinken unterliegt zudem beim IWF viel weniger noch als die Entscheidungsprozesse nationaler Regierungen einer demokratischen Überwachung, einen unmittelbaren Rechtfertigungszwang also gegenüber den Bürgern. Insofern ist dem IWF gegenüber nationalen Regierungen sowohl ein institutionalisierter Kompetenzabfall als auch ein institutionalisierter Legitimitätsabfall zu unterstellen. ...

Ein Reformmodell

Zumindest theoretisch wären natürlich auch institutionelle Reformen vorstellbar, die einen IWF oder dessen Nachfolgeorganisation auch in der Welt der bestehenden Staatsmodelle leistungsfähiger machen könnten. Vorrangiges Ziel einer solchen Reform müsste es sein, die betreffende Institution vor der institutionalisierten Inkompetenz herkömmlicher Einzelstaaten abzuschirmen. Dies könnte am einfachsten dadurch erreicht werden, dass einer solchen Institution ein weit höheres Maß an politischer Unabhängigkeit zugestanden wird, als es beim IWF bisher der Fall ist. Als Vorbild für eine solche Unabhängigkeit könnten nationale Zentralbanken dienen, die sich ihrerseits als gelungene Institutionalisierungen unabhängiger Fachkompetenz bewährt haben. Ein internationaler Währungsrat, der über eine ähnliche Entscheidungsautonomie verfügen würde wie die meisten bewährten nationalen Zentralbanken, hätte zumindest größeres Potenzial als der bestehende IWF, sich fest als verlässliche politische Weltwährungsautorität zu etablieren. Je konsequenter die politische Unabhängigkeit eines solchen Weltwährungsrates institutionalisiert wäre, desto weniger wäre noch zu befürchten, dass dieser sich in seiner Politik von sachfremden Interessen leiten ließe, d.h. neben der Währungsstabilität stillschweigend auch andere Ziele verfolgen würde. Diese politische Unabhängigkeit könnte nicht zuletzt dadurch untermauert werden, dass nicht mehr Regierungen als Mitglieder der internationalen Währungsinstitution fungieren, sondern ausschließlich unabhängige Notenbanken. Nur diese würden dann noch über ein Stimmrecht bei der personellen Besetzung eines Weltwährungsratesverfügen.

Burkhard Wehner, www.reformforum-neopolis.de/redaxo_content/mediafiles/4_0531092808IWF.pdf. (29.12.2002)

M 9 ATTAC fordert Steuer auf weltweite Finanzspekulationen

ATTAC-Kongress in Berlin 2001. ATTAC kritisiert eine ungesteuerte Integration der Weltwirtschaft.

„ATTAC", so lautet der Name einer Gruppe von Globalisierungskritikern, die sich 1998 in Frankreich gefunden hat. Der Name „ATTAC" leitet sich dabei von „Association pour une Taxation des Transactions financières pour l'Aide aux Citoyens" ab. Auf Deutsch bedeutet das soviel wie: „Vereinigung für die Besteuerung von Finanztransaktionen zum Wohle der Bürger". Die ATTAC – Aktivisten fordern die Erhebung einer globalen Steuer, um damit die Armut in der Welt zu bekämpfen und Umweltschäden auf unserem Planeten zu beheben: die so genannte Tobinsteuer (auf Englisch: Tobin Tax). Benannt ist diese Steuer nach dem amerikanischen Wirtschaftswissenschaftler James Tobin. Der Ökonom war in den 1960er Jahren im Beraterstab von John F. Kennedy aktiv und erhielt 1981 den Nobelpreis für Ökonomie.

Als „Kasinowirtschaft" wird der Handel mit Währungen von Kritikern gerne bezeichnet. Tobin hat sich die heute nach ihm benannte Steuer schon Anfang der 1970er Jahre ausgedacht. Damals schaffte man das System der festen Wechselkurse ab und die Währungen wurden zum weltweiten Spekulationsobjekt. Zunehmende Devisentransaktionen brachten schnell die Wechselkurse ins Schwanken. Die Stabilität der Volkswirtschaften geriet so in Gefahr. Tobin wollte solche Devisentransaktionen mit einer minimalen Steuer von nur einem Prozent belegen. Mit dem so entstehenden Steuervolumen sollten mögliche Finanzkrisen, die durch die Spekulationen mit Devisen entstehen, gemindert werden. Die Steuer wurde jedoch nie erhoben und inzwischen wird Tag für Tag an den Börsen dieser Welt ein Devisenvolumen von 1.500 Milliarden Dollar pro Tag „tobinsteuerfrei" gehandelt. Ein Beispiel verdeutlicht, wie sehr sich Devisengeschäfte lohnen können: Wenn der Wechselkurs zwischen Dollar und Yen in Hongkong nur für ein paar Stunden eine Differenz von 1 % zur Börse in Tokio ausmacht, kann man mit 100 Millionen mit einem Mausklick eine Million Gewinn machen.

Gefährlicher Nebeneffekt solcher Spekulationen sind Finanzkrisen, wie sie in den neunziger Jahren in Großbritannien, Mexiko und Südostasien und in jüngster Vergangenheit auch in Argentinien auftraten ...

Bei einem Steuersatz von 0,1 % und einem erwarteten Rückgang der Umsätze auf den Devisenmärkten um 50 % kämen jährlich Einnahmen von 250 Milliarden Dollar zustande. Zur Bekämpfung der schlimmsten Armut und der gravierendsten Umweltschäden wären laut UNO jährlich 225 Milliarden Dollar nötig.

Judith König (http://www.quarks.de/dyn/4220.phtml, 31.12.2002)

Kontrovers diskutiert: die Tobinsteuer

M 10

a) Tobin or not Tobin

Seit der Asienkrise besteht ein Konsens darüber, dass kurzfristige Kapitalströme eine der Hauptursachen für die Instabilität der Wechselkurse sind. Zur Stabilisierung des Weltfinanzsystems müssten daher kurzfristige Kapitalbewegungen, so genanntes „hot money", das keine realwirtschaftliche Funktion übernimmt, erschwert werden.

Die Tobin-Steuer würde wie ein Filter wirken: Sie hält das unerwünschte „hot money" zurück, ist aber durchlässig für Handelsgeschäfte und langfristige Investitionen. Spekulative Transaktionen (Überliquidität) werden abgebaut, Kapitalströme entschleunigt. Es geht darum, „Sand ins Getriebe" zu streuen (Tobin), nicht das Getriebe zum Stillstand zu bringen.

Die Tobin-Steuer würde nicht nur die Finanzmärkte stabilisieren helfen, sondern sie könnte auch zu einer zentralen Quelle für die globale Armutsbekämpfung werden.

Verteilungspolitisch ist die Tobin-Steuer ein Hit: Sie setzt treffsicher bei den Globalisierungsgewinnern an, die aus kurzfristigen Wechselkursschwankungen Profite machen – oft zu Lasten der Ärmsten, wie die Serie von Finanzkrisen gezeigt hat. Während die Kluft zwischen Arm und Reich immer weiter aufreißt, geht die Entwicklungshilfe der Industrieländer zurück (seit 1980 von 0,35 auf 0,22% ihres BIP). Vor diesem Hintergrund ist ein Instrument für die Bekämpfung der globalen Armut mehr als gerechtfertigt.

Die Gegenargumente sind schwach. Die Tobinsteuer sei technisch nicht machbar, heißt es. Nicht gerade logisch. Sobald man eine Devisentransaktion durchführen kann, kann man sie auch besteuern. Das würde ganz ähnlich funktionieren wie die automatische Spesenabbuchung bei einer Überweisung vom Gehaltskonto. Nächstes Kontra-Argument: Die Steuer nütze nichts, solange nicht die ganze Welt mitmache. Drei Viertel aller Devisentransaktionen finden in 6 Ländern statt. Bei 88% aller Devisengeschäfte ist der Dollar, Euro, Yen, Franken oder das Pfund beteiligt. Diese könnten den Anfang machen. Aber auch die EU wäre schon ausreichend ... Davon abgesehen: Im Finanzzentrum Londoner City wird – im Alleingang – eine Transaktionssteuer auf alle Wertpapiergeschäfte erhoben – ohne dass der Finanzplatz London dadurch gestorben wäre.

Das Lieblings-Gegenargument ist, dass eine Steuer im Promillebereich nichts gegen spekulative Attacken ausrichten könne, die eine 30- oder 40-prozentige Abwertung zum Ziel hätten. Das soll sie auch gar nicht. Gegen spekulative Attacken gibt es andere Instrumente. ATTAC fordert einen umfangreichen Instrumenten-Mix zur Stabilisierung der Finanzmärkte, nicht nur die Tobin-Steuer. Was diese sehr wohl kann: Die „Tastversuche" im Vorfeld einer spekulativen Attacke neutralisieren.

Das vielleicht schwerwiegendste Argument gegen die Tobin-Steuer: Sie beschneidet die Macht der Finanzmärkte. Eine grausame Vorstellung für jenen Wirtschaftssektor, der sich in letzter Zeit am erfolgreichsten einer demokratischen Steuerung entziehen konnte. Die Finanzmärkte bestimmen in zunehmendem Maße – aber ohne jede demokratische Legitimation – die globale Wirtschaftspolitik, zum Schaden der Allgemeinheit. Es lohnt sich, etwas zu tun.

Christian Felber ist freier Publizist und Vorstandsmitglied von ATTAC Österreich.

b) Keine Rückkehr zum Protektionismus

Regulierungsideen wie die in den Siebzigern erfundene Tobin-Steuer wären kontraproduktiv, da sie den optimalen Einsatz der knappen Kapitalressourcen behindern. Die Behauptung, die internationalen Finanz- und Kapitalmärkte würden ohne jeden sozialen Bezug und ohne güterwirtschaftliche Untermauerung agieren, ist unrichtig. Sie reagieren sehr wohl auf die Wirtschaftspolitik der Nationalstaaten und ihrer Wirtschaftsgemeinschaften. Der Staat kann durch beschränkte Geldemission und durch eine solide Budgetpolitik schädliche Finanzspekulationen von vornherein verhindern. Die Politik hat auch ohne Tobin-Steuer wirkungsvolle Einflussmöglichkeiten.

Wir können aber nicht die Vorteile offener Märkte in Anspruch nehmen und uns zugleich dem internationalen Wettbewerb entziehen. Ernster zu nehmen als der Griff in die ideologische Mottenkiste ist der von Interessen bestimmte Widerstand. Denn die Globalisierung schafft wie jede bedeutende Veränderung des wirtschaftlichen Umfelds neben Gewinnern (die von niedrigeren Energie- und Telefonkosten profitieren) auch Verlierer (Privilegierte im Geschützten Sektor, aber auch Rationalisierungsopfer, denen eine verantwortungsbewusste Solidargemeinschaft verpflichtet zu sein hat).

Einschnitte, wie wir sie um diese Jahrhundertwende erleben, führen zur Krise, die – wie uns die alten Griechen und das chinesische Schriftzeichen lehren – stets „Gefahr“ und „Chance zugleich“ bedeutet. Wie aber eine Veränderung empfunden wird, hängt von der Fähigkeit und Bereitschaft zur Anpassung an veränderte Bedingungen ab. Wer sich der Herausforderung des Neuen stellt, zählt zu den Gewinnern; wer seine Besitzstände mit Zähnen und Klauen verteidigt, zählt ohne Erfolgsaussichten letztlich zu den Verlierern.

Fridolin Koch ist freier Publizist.

(http://www.attac-austria.org/presse/furche_20010726.php 31.12.02)

AUFGABEN

1. Zeigen Sie am Beispiel der Asienkrise von 1997 typische Merkmale von internationalen Finanzkrisen auf (M 1, M 6, M 7).
2. Erläutern Sie die Rolle des IWF bezüglich der Stabilisierung des Weltwährungssystems (M 4, M 8).
3. Fassen Sie die Kritik am IWF zusammen (M 8).
4. Diskutieren Sie, ob die Einführung der Tobinsteuer zur Stabilisierung der Finanzmärkte sinnvoll ist (M 9, M 10).

LINKS

www.imf.org (Internationaler Währungsfonds IMF)

www.worldbank.org (Weltbankgruppe)

www.attac.de (Homepage der NGO mit vielen kritischen Beiträgen zu Globalisierung und Verteilungsgerechtigkeit)

Informationen und Zusammenhänge

Finanzmärkte
M 1 - M 3

Die internationalen Finanzmärkte (Kreditmärkte, Wertpapiermärkte und Devisenmärkte) entwickelten sich mit der Liberalisierung seit den 70er Jahren enorm. So stieg in den 90er Jahren das Weltsozialprodukt um 50 %, während die Direktrektinvestitionen sich mehr als verfünffachten. Täglich werden heute an den internationalen Devisenmärkten über 1,2 Bio. US-Dollar umgesetzt.

Der IWF
M 4 - M 8

Spekulative Finanztransfers können, wie die Asienkrise 1997 zeigte, das gesamte Weltwährungssystem erschüttern. Der IWF, der einer Kreditgenossenschaft ähnelt, hat die Aufgabe für eine stabile Weltwährungsordnung zu sorgen. Dies bewerkstelligt er heute vor allem durch die Bereitstellung von Krediten für in Finanznot geratene Länder. Die Arbeit des IWF ist umstritten. Er wird von den Kritikern als verlängerter Arm der großen Industrieländer gesehen, welche die schwachen Staaten dominieren und häufig durch strenge Auflagen die Not der betroffenen Staaten noch vergrößern. Andererseits vermochte der IWF in der Vergangenheit durch seine Kreditvergaben schlimmere Krisen zu verhindern (z. B. Kredite für Russland oder die Türkei). Die Stimmen im IWF sind gewichtet gemäß den Einlagen der Mitgliedsländer, die sich an der Wirtschaftsstärke der Länder orientieren.

Spekulationssteuer
M 9, M 10

Um die destabilisierenden Finanzspekulationen zu unterbinden, wird die Einführung einer Devisentransaktionssteuer gefordert. Die Einnahmen aus der Steuer (Tobinsteuer) sollen armen Ländern direkt zugute kommen. Damit könnte die Arbeit der Weltbank, die vor allem Entwicklungsprojekte finanziert, unterstützt werden. Wirkung und Realisierbarkeit der Tobin-Steuer werden allerdings unterschiedlich beurteilt.

2.3 Die Europäische Wirtschafts- und Währungsunion

M 1 Europa und die Deutschen

Glauben Sie, dass die Mitgliedschaft in der Europäischen Union – alles in allem gesehen – der deutschen Bevölkerung eher Vorteile bringt, eher Nachteile bringt, oder sich Vor- und Nachteile ausgleichen?

	Feb 1998	Mrz 2000	Okt 2001
Vorteil	17	25	29
Nachteil	30	24	18
Vor- u. Nachteil	49	47	49
weiß nicht	3	5	4

Geht Ihnen die europäische Einigung zu schnell, zu langsam, oder ist das gerade richtig?

	1996	2001
zu schnell	38	31
zu langsam	16	12
gerade richtig	41	53
weiß nicht	6	3

Sind Sie stolz darauf, Europäer zu sein?

	2001
bin stolz darauf	78
nicht stolz darauf	17
weiß nicht	5

Wenn sich die europäischen Länder immer enger zusammenschließen und ein vereintes Europa entsteht, glauben Sie, dass dann das, was Deutschland ausmacht, allmählich verloren geht, oder glauben Sie das nicht?

	2000	2001
geht verloren	36	34
geht nicht verloren	58	63
weiß nicht	6	3

Sollte Deutschland auch in Zukunft ein selbstständiger Staat sein, oder sollte sich Deutschland mit den anderen Ländern der Europäischen Union zu einem gemeinsamen europäischen Staat zusammenschließen?

	1996	1999	2001
selbstständiger Staat	57	54	53
europäischer Staat	40	40	42
weiß nicht	4	6	5

Wenn Sie an Deutschland in 50 Jahren denken. Wird Deutschland dann in einen europäischen Gesamtstaat eingegliedert sein?

	1999	2001
ja	76	69
nein	16	20
weiß nicht	8	11

Alle Angaben in Prozent; Fehlende zu 100 Prozent= „weiß nicht"/keine Angaben
Inter/esse 11/2001, hg. vom Bundesverband deutscher Banken, S. 6

M 2 Wie steht es um die wirtschaftliche Integration?

Der europäische Binnenmarkt feiert ... seinen zehnten Geburtstag. Als eine tragende Säule der Europäischen Union soll er den freien Verkehr von Waren, Personen, Dienstleistungen und Kapital innerhalb ihrer Grenzen sichern. Im Großen und Ganzen funktioniert das gut, im Detail gibt es aber noch Haken und Ösen.

Eingeleitet wurde das ehrgeizige Projekt, das zum 31. Dezember 1992 startete, bereits sieben Jahre zuvor. Die Europäische Kommission hatte 1985 ein Weißbuch vorgelegt, in dem knapp 300 Einzelmaßnahmen aufgelistet waren. Damit sollten die in der damaligen Europäischen Gemeinschaft noch bestehenden physischen, technischen und fiskalischen Schranken beseitigt werden – also die Schlagbäume, abweichende Vorschriften für

Die vier Freiheiten im Binnenmarkt

Freier Personenverkehr
- Wegfall von Grenzkontrollen
- Harmonisierung der Einreise-, Asyl-, Waffen-, Drogengesetze
- Niederlassungs- und Beschäftigungsfreiheit für EG-Bürger
- Versträrkte Außenkontrollen

Freier Dienstleistungsverkehr
- Liberalisierung der Finanzdienste
- Harmonisierung der Banken- und Versicherungsaufsicht
- Öffnung der Transport- und Telekommunikationsmärkte

Freie Warenverkehr
- Wegfall von Grenzkontrollen
- Harmonisierung der gegenseitige Anerkennung von Normen und Vorschriften
- Steuerharmonisierung

Freier Kapitalverkehr
- Größere Freizügigkeit für Geld- und Kapitalabewegungen
- Schritte zu einem gemeinsamen Markt für Finanzleistungen
- Liberalisierung des Wertpapierverkehrs

die Herstellung von Produkten und zu große Unterschiede bei den indirekten Steuern wie etwa Mehrwert- und Mineralölsteuer.
Seit 1987 das Ziel eines Binnenmarktes in den EG-Vertrag aufgenommen wurde, ist eine Menge geschehen. Der vergrößerte Handelsraum hat den Warenaustausch in der EU erleichtert und größere Freiheiten für den Dienstleistungs- und Kapitalverkehr gebracht.
Zudem werden Reisende an den Binnengrenzen nicht mehr kontrolliert. Das gilt allerdings nur für die Mitgliedsländer des Schengener Abkommens, das 1985 von Deutschland, Frankreich und den Benelux-Staaten im luxemburgischen Grenzort Schengen unterzeichnet wurde. Später schlossen sich weitere EU-Länder sowie Island und Norwegen an. Im Jahr 1999 wurde das Abkommen dann in den Amsterdamer EU-Vertrag einbezogen. Großbritannien und Irland kontrollieren jedoch noch immer bei der Einreise aus Staaten der Union.
Auch beim Warenverkehr und den anderen Freiheiten ist der Binnenmarkt noch nicht vollendet. Das zeigen die zahlreichen Verfahren, die die EU-Kommission gegen Mitgliedstaaten einleitet, wenn diese gegen die Binnenmarktvorschriften verstoßen. Drei Beispiele aus der jüngeren Vergangenheit:

In Österreich wird ein alkoholisches Getränk auf Kräuterbasis ohne besondere Auflagen hergestellt und verkauft. Für die deutschen Behörden ist das Gebräu ein Medikament, das nach dem Arzneimittelgesetz zugelassen werden muss.
Irland unterzieht Bauprodukte aus der EU einem Zulassungsverfahren, das wie eine Importbeschränkung wirkt.
Österreich, Griechenland, Finnland und Portugal erkennen bestimmte Berufsqualifikationen nicht an.
Diese Fälle machen deutlich, dass ein wichtiges Prinzip, auf das die Väter des Binnenmarktes gesetzt hatten, in der Praxis nicht recht funktioniert: Statt europaweit die Produktvorschriften und Qualifikationen anzugleichen, sollten die Mitgliedstaaten verstärkt ihre unterschiedlichen Standards anerkennen. Den Grundgedanken dieses Äquivalenzprinzips hatte der Europäische Gerichtshof bereits 1979 in seiner berühmt gewordenen „Cassis de Dijon-Entscheidung“ formuliert. Die Richter waren der Ansicht, dass die in einem Mitgliedstaat rechtmäßig hergestellten und in den Verkehr gebrachten Erzeugnisse auch in den anderen EU-Ländern vertrieben werden dürfen.
Dass die erwähnten Beispiele keine Einzelfälle sind, zeigt die Statistik der Verfahren, die die Europäische Kommission wegen Verstößen gegen den Binnenmarkt eingeleitet hat. ... Nach Ansicht der EU-Kommission wird der Binnenmarkt niemals vollendet sein. Vielmehr muss seine Funktionsfähigkeit ständig verbessert werden. Dabei geht es nicht nur darum, die bestehenden Vorschriften korrekt umzusetzen und anzuwenden. Dazu zählt auch die Weiterentwicklung der Binnenmarktregeln, etwa durch das Vorha-

ben der Kommission, bis 2005 einen gesamteuropäischen Finanzbinnenmarkt zu schaffen.

Eine solche Regelung könnte der europäischen Wirtschaft einen kräftigen Schub verleihen. So kommt eine jüngst von der Kommission veröffentlichte Studie zu dem Ergebnis, dass die europäischen Industrieunternehmen durch ein mit dem US-Finanzmarkt vergleichbares EU-Pendant billiger Kapital beschaffen könnten. Ihre Wertschöpfung stiege dadurch um bis zu 1 Prozent.

iwd – Informationsdienst des Instituts der deutschen Wirtschaft Köln Nr. 51/52, 19.12.2002

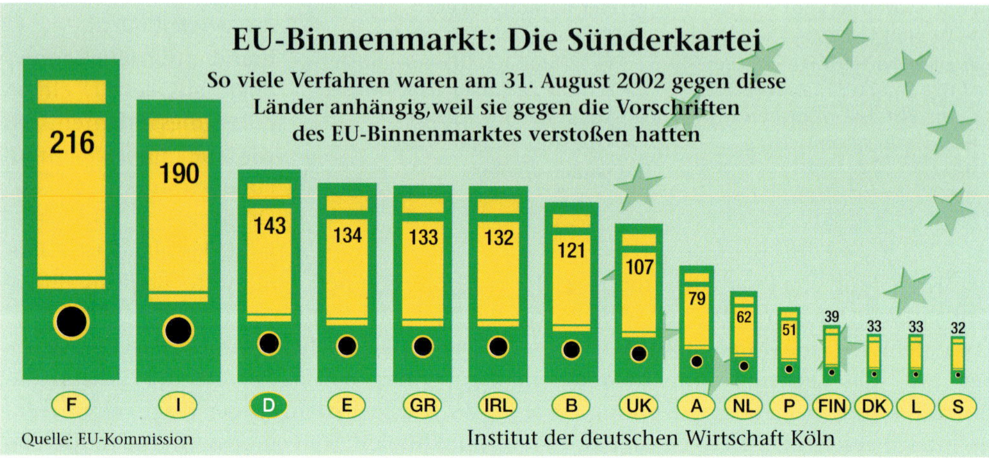

M 3 Was ist eine Währungsunion?

- **Feste Wechselkurse oder einheitliche Währung:** In einer Währungsunion sind die Wechselkurse der beteiligten Währungen unwiderruflich und unveränderlich festgeschrieben, oder es gibt für alle beteiligten Länder eine gemeinsame einheitliche Währung (Beispiel: Euro).
- **Freier Kapitalverkehr:** Der Kapitalverkehr zwischen den Mitgliedern der Währungsunion erfolgt über die Ländergrenzen hinweg ohne jegliche Behinderung und Kontrolle.
- **Supranationale (europäische) Währungspolitik:** Die Währungspolitik (Geldmenge, Leitzinsen, Wechselkurse gegenüber Drittstaaten) wird durch eine gemeinsame Notenbank zentral gestaltet.
- **Einschränkung der nationalen Souveränität:** Die Teilnahme an einer Währungsunion bedeutet, dass die Einzelstaaten in vielen Politikbereichen – nicht nur hinsichtlich der Währungspolitik – auf ihre Souveränität (Eigenständigkeit) verzichten: Die Mitgliedstaaten sind zur Sicherung der Währungsstabilität zu einer hohen Haushaltsdisziplin, zu einer Begrenzung der Staatsausgaben und der Staatsverschuldung angehalten (was allerdings auch national nötig wäre), Gewerkschaften und Unternehmer in den Mitgliedstaaten müssen bei der Festsetzung der Löhne darauf achten, dass die Inflation im gesamten Währungsraum nicht angekurbelt wird.

Thema im Unterricht 5/1998, Europa für Einsteiger, S. 28

M 4

Die Welt des Euro

Euro ist offizielle Währung

Zwölf Mitglieder der Europäischen Währungsunion

Belgien	1
Deutschland	2
Finnland	3
Frankreich[1]	4
Griechenland	5
Irland	6
Italien	7
Luxemburg	8
Niederlande	9
Österreich	10
Portugal	11
Spanien	12

zu Frankreich

Französisch-Guayana	13
Guadeloupe	14
Martinique	15
Réunion	16
Mayotte	17
St.-Pierre-et-Miquelon	18

Europäische Kleinstaaten

Monaco	19
San Marino	20
Vatikan-Staat	21

Euro ist gesetzliches Zahlungsmittel *(einseitig erklärt)*

Andorra	22
Kosovo[2]	23
Montenegro[3]	24

Länder im ESZB[3] (neben EWU-12-Ländern)

Teilnehmer am WKM-II[4]

Dänemark	25

Sonstige EU-Mitglieder

Großbritannien	26
Schweden	27

EU-Beitrittskandidaten

Neben den bereits aufgeführten Ländern (unter 28, 29, 31, 32, 33, 34, 35, 58, 59 und 60)

Tschechische Republik	62
Polen	63
Türkei	64

Nationale Währung ist an den Euro gebunden

Inoffizielle Teilnehmer am WKM-II[4]

Ungarn	28
Zypern	29

Euro-basierte Currency Boards

Bosnien-Hercegovina	30
Bulgarien	32
Estland	32
Litauen	33

Ankerwährung Euro (Peg)

Lettland	34
Malta	35
Äquatorial-Guinea	36
Benin	37
Burkina-Faso	38
Elfenbeinküste	39
Gabun	40
Guinea-Bissau	41
Kamerun	42
Kap Verde	43

(Fortsetzung Ankerwährung Euro)

Komoren	44
Mali	45
Niger	46
Kongo-Brazzaville	47
Senegal	48
Togo	49
Tschad	50
Zentralafr. Republik	51
Französisch-Polynesien	52
Neukaledonien	53
Wallis und Futuna	54

Kontrolliertes Floating

BR Jugoslawien (ohne Kosovo und Montenegro)	55
Kroatien	56
Mazedonien	57
Rumänien	58
Slowakei	59
Slowenien	60
Tunesien	61

[1]Einschließlich „TAAF" (französische Territorien in der Antarktis) [2]Teilgebiet der Bundesrepublik Jugoslawien [3]ESZB: Europäisches System der Zentralbanken [4]WKM: Wechselkursmechanismus [5]Noch ohne Beitrittsverhandlungen

Ähnlich wie früher die D-Mark hat auch der Euro Einfluss weit über die Grenzen des eigentlichen Währungsgebiets hinaus. So nutzen neben den zwölf Mitgliedern der Europäischen Währungsunion (EWU) zahlreiche weitere Staaten und Territorialgebiete den Euro als ihre Währung oder als gesetzliches Zahlungsmittel; andere haben ihre Währung über verschiedene Mechanismen an den Euro als „Ankerwährung" gebunden. Offizielle Währung ist der Euro beispielsweise in einigen französischen Territorialgebieten sowie einigen europäischen Kleinstaaten. Die drei EU-Länder Dänemark, Großbritannien und Schweden gehören zwar dem Europäischen System der Zentralbanken an, haben aber weiterhin ihre nationalen Währungen. Dänemark hält den Wechselkurs der Krone allerdings im Rahmen des Wechselkursmechanismus „Stufe 2" (WKM II) in bestimmten Bandbreiten zum Euro. In allen drei Ländern, gibt es politische Überlegungen, die Bevölkerung 2003 und 2004 über einen EWU-Beitritt abstimmen zu lassen.

Viele andere Staaten haben ihre Währung über so genannte Wechselkursregime an den Euro gebunden. Die engste Anbindung gibt es bei den „Currency Boards": Bei diesem Ar-

rangement verpflichtet sich die Notenbank, die eigene Währung zu einem festgelegten Wechselkurs in unbegrenzten Mengen gegen Hingabe von Euro anzukaufen. Dies soll die Stabilität des Euro auf die heimische Währung übertragen.
Etwas lockerer sind die so genannten Pegs: Hier bemüht sich die Notenbank durch Interventionen und andere geldpolitische Maßnahmen, den Wechselkurs der nationalen Währung gegenüber dem Euro in der Nähe eines festgelegten Austauschverhältnisses zu halten. Unter anderen mehrere französische Kolonien in Afrika sind über solch einen „Peg" an den Euro gebunden. Beim „kontrollierten Floating" geht es darum, kurzfristige starke Ausschläge des Wechselkurses zum Euro durch Eingriffe der Notenbanken zu glätten. Von den zehn EU-Beitrittskandidaten lassen Polen und die Tschechische Republik ihre Währungen frei schwanken. Alle zehn Länder dürften früher oder später den Euro übernehmen frühestens von Ende 2006 an. Ähnliches gilt für die drei weiteren EU-Aspiranten Bulgarien, Rumänien und Türkei, aber noch deutlich später.

Frankfurter Allgemeine Zeitung (bf), 31.12.2002, S. 14

M 5 Stabilität durch Konvergenzkriterien

Preisstabilität	Die Inflationsrate eines Landes soll dauerhaft nicht mehr als 1,5 Prozentpunkte über der Inflationsrate der drei preisstabilsten EU-Länder liegen.
Niedrige langfristige Zinsen	Die langfristigen Zinssätze für Staatsschuldverschreibungen sollen um nicht mehr als 2 Prozentpunkte über den Zinssätzen der drei preisstabilsten Länder liegen.
Stabile Wechselkurse	Die Währung eines Landes muss die vorgegebenen Bandbreiten im Europäischen Währungssystem seit mindestens zwei Jahren ohne Abwertung gegenüber der Währung eines anderen Mitgliedsstaates eingehalten haben.
Solide Staatsfinanzen	Der gesamte Schuldenstand des Staates soll 60% des Bruttoinlandsprodukts (BIP) nicht überschreiten, und die jährliche Neuverschuldung, also das Haushaltsdefizit, soll nicht mehr als 3% des BIP betragen.

Konvergenz bezeichnet ... die allmähliche Annäherung der Teilnehmerländer in wichtigen volkswirtschaftlichen Grunddaten. Dies ist notwendig, da Spannungen zwischen Ländern entstehen können, wenn sie sich wirtschaftlich unterschiedlich entwickeln.
Steigen beispielsweise in einem Land die Preise stärker als in anderen Ländern, so muss das betroffene Land Nachteile beim Export hinnehmen. Im Allgemeinen werden solche Differenzen durch Anpassung der Wechselkurse (Auf- oder Abwertung) aufgefangen. In der EWU sind jedoch die Wechselkurse unwiderruflich festgelegt. Demzufolge müssen die Teilnehmer versuchen, ihre Wirtschaftspolitik so aufeinander abzustimmen, dass Spannungen von vornherein vermieden werden. Hierfür wurden Stabilitätsziele vertraglich festgelegt, die die Mitglieder

der EWU einhalten müssen: eine niedrige Inflationsrate, niedrige Zinsen, stabile Wechselkurse und solide Staatsfinanzen. ...
Die Konvergenzkriterien sind nicht nur für den Beitritt in die Währungsunion einzuhalten – die Mitgliedsländer haben sich im Maastrichter Vertrag verpflichtet, dauerhaft auf Stabilität zu achten. Und solide Staatsfinanzen sind hierfür eine wichtige Voraussetzung. Die Mitgliedstaaten haben sogar über die Bestimmung hinaus den so genannten Stabilitäts- und Wachstumspakt geschlossen. Er sieht Strafen für den Fall vor, dass das Konvergenzkriterium für die jährliche Neuverschuldung nicht eingehalten wird. Die Mitgliedsstaaten müssen der Kommission hierüber jedes Jahr ein aktuelles Stabilitätsprogramm vorlegen. Hat ein Mitgliedsland der Währungsunion die Obergrenze für das jährliche Haushaltsdefizit von 3% des Bruttoinlandsproduktes überschritten, so muss es eine zinslose Einlage bei der Europäischen Zentralbank hinterlegen. Dauert die Überschreitung auch im Folgejahr an, wird die Einlage in eine Geldbuße in Höhe von 0,2 bis maximal 0,5% des BIP umgewandelt. Diese fällt den Staaten der EWU zu, die ihre Haushalte in Ordnung halten.

Schul/Bank, Newsletter 5/2001

Die EZB: der Unabhängigkeit und der Preisstabilität verpflichtet

M 6

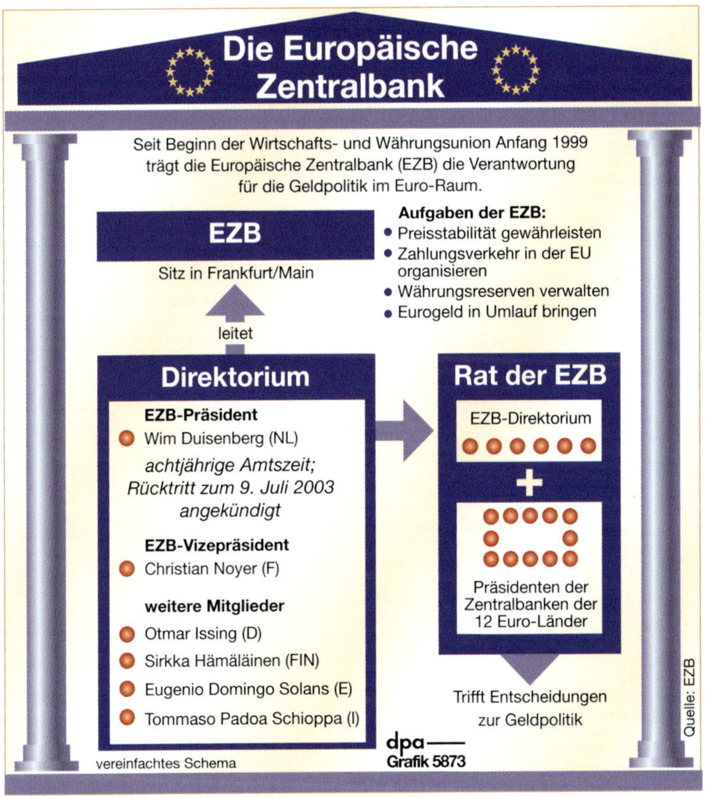

Die Unabhängigkeit der EZB:

- **Politisch:** Sie ist an keine Weisungen von EU-Organen oder Staaten gebunden.
- **Institutionell:** Alle im EZB-Rat vertretenen nationalen Notenbanken müssen mit Beginn der Währungsunion selbst unabhängig sein.
- **Personell:** Die Mitglieder des Direktoriums werden für eine lange Amtsdauer (8 Jahre) berufen, Wiederwahl ausgeschlossen. Die nationalen Notenbankpräsidenten für 5 Jahre, Wiederwahl möglich.
- **Operativ:** Die EZB ist bei Auswahl und Einsatz der geldpolitischen Instrumente frei.

M 7 Supranationale Geld- und nationale Wirtschaftspolitik

Ernst Welteke ist ein verträglicher Mensch. Am liebsten lebt der Präsident der Bundesbank mit sich und seinen Mitmenschen im Einklang. Zur Bundesregierung in Berlin unterhält er ein gutes Verhältnis, zu Finanzminister Hans Eichel[1], einem Weggefährten aus gemeinsamen Tagen in Hessen, sogar ein freundschaftliches.

Doch was Welteke in jüngster Zeit so alles aus Berlin zu Ohren kommt, bringt den Vertreter Deutschlands im Rat der Europäischen Zentralbank (EZB)[2] zunehmend in Rage. Alles fing damit an, dass die neue rot-grüne Bundesregierung[3] in ihrem Koalitionsvertrag für ihre Politik „eine geldpolitische Ergänzung" forderte. Eine kaum verklausulierte Aufforderung an die Frankfurter Euro-Hüter, die Zinsen zu senken.

Der Satz auf Seite 17 des Koalitionsvertrags war kein einmaliger Ausrutscher. Anfang vergangener Woche forderte Wirtschaftsminister Wolfgang Clement, der neue starke Mann im Bundeskabinett, die Zentralbanken auf, ihren Beitrag zu leisten, „um die Weltkonjunktur wieder flottzukriegen". ... Die Währungshüter fühlen sich von Berlin regelrecht in die Zange genommen. Denn auch der Stabilitäts- und Wachstumspakt, der die Mitgliedstaaten der Währungsunion zu soliden Staatsfinanzen verpflichtet und so den Euro stabil halten soll, steht unter massivem Beschuss von Regierungsmitgliedern ...

Am vergangenen Donnerstag setzten sich die Währungshüter in ungewöhnlich scharfer Form zur Wehr. Der Pakt sei unverzichtbar für die Wirtschafts- und Währungsunion. Außerdem sei er flexibel genug, verkündeten sie.

Ginge es nach Welteke, würde der Pakt sogar noch verschärft. In guten Zeiten sollten die Länder gezwungen werden, mehr zu sparen als bisher, auch wenn sie die Defizitgrenze von drei Prozent des Bruttoinlandsprodukts nicht verletzen. „Tun sie das nicht, sollten sie ebenso bestraft werden wie die Länder, die die Drei-Prozent-Grenze überschreiten."

Auch dem Drängen auf Zinssenkungen gab die EZB nicht nach. Der sicherste Weg, billigeres Geld zu verhindern, das lehrt alle Erfahrung, ist, die notorisch ehrpusseligen Notenbanker öffentlich zu Zinssenkungen zu ermahnen. „In einer solchen Situation wird es uns erschwert, die Zinsen zu senken. Die Bevölkerung und die Finanzmärkte würden den Eindruck gewinnen, wir gäben politischem Druck nach", sagt Welteke.

Allen, die die EZB ständig bedrängen, empfiehlt der Bundesbank-Chef noch einmal die Lektüre des Maastricht-Vertrages. Danach seien die EZB und ihre Ratsmitglieder politisch unabhängig, und sie dürften nicht „bei der Wahrnehmung ihrer Aufgaben beeinflusst" werden, zitiert Welteke aus dem Vertrag.

Dabei braucht Deutschland mit seiner Wirtschaft im Zustand des Dauerdümpelns niedrigere Zinsen. Hinter vorgehaltener Hand geben Bundesbanker auch zu, dass sie wahrscheinlich schon längst für billigeres Geld gesorgt hätten, wären sie noch allein für die Zinspolitik in Deutschland zuständig. Sind sie aber nicht. Seit 1999 wacht die EZB über die Stabilität des Euro und setzt die Zinsen für ganz Europa fest. „Dabei darf sie keine Rücksicht auf einzelne Länder nehmen, sie muss den ganzen Euro-Raum im Blick haben", sagt Thorsten Polleit, Chef-Ökonom der Investmentbank Barclays Capital.

Immer mehr zeigt sich, dass Deutschland, anders als von vielen Experten erwartet, von der Währungsunion keineswegs nur profitiert. Die größte Volkswirtschaft Europas leidet vielmehr unter den vergleichsweise hohen Zinsen. Der Leitzins der EZB liegt schon seit einem Jahr bei 3,25 Prozent.

Über den Euro-Raum verteilt wirkt sich dieser einheitliche Satz höchst ungleich aus. Das liegt an den noch immer sehr unterschiedlichen Inflationsraten in den einzelnen Mitgliedsländern. So stiegen die Preise in Deutschland nur um ein Prozent. In Irland, den Niederlanden, aber auch in Spanien lag die Inflationsrate dagegen viel höher, bei bis zu 4,5 Prozent.

Die Auswirkungen sind für Deutschland fatal, denn dadurch ergeben sich auch von Land zu Land unterschiedliche Realzinsen. Darunter verstehen Ökonomen jenen Zinssatz, den Kreditnehmer, gleichgültig ob Privatleute oder Unternehmen, tatsächlich zu zahlen haben, wenn der Einfluss der Inflation herausgerechnet wurde.

Nach Abzug der Preissteigerungsrate ergeben sich für die einzelnen Euro-Länder ganz unterschiedliche Realzinsen. Das billigste Geld gibt es danach in Irland, wo der Realzins unter null liegt. Am meisten müssen mit 2,25 Prozent Unternehmen und Konsumenten in Deutschland zahlen, also ausgerechnet dort, wo die Wirtschaft ohnehin schon am meisten schwächelt. An der prekären Situation für Deutschland ändert sich erst etwas, wenn sich die Preise in den Euro-Ländern angeglichen haben.

Christian Reiermann, Der Spiegel 44/2002, 28.10.2002 (www.spiegel.de/spiegel/0,1518,220855,00.html)

[1] seit April 1999; [2] seit September 1999
[3] nach der Wiederwahl im September 2002

Kontrovers diskutiert: Chancen und Risiken der Währungsunion — M 8

Die EWWU fördert die Vertiefung der Europäischen Integration durch die Vergemeinschaftung der Geldpolitik und den daraus erwachsenden weiteren Koordinierungsbedarf in anderen Politikfeldern.

Einen Konsens, Preisstabilität als Priorität zu betrachten, wie er traditionell in Deutschland vorliegt, gibt es in Gesamteuropa bisher noch nicht.

Die EWWU erhöht die Preistransparenz für den Verbraucher und erleichtert den Wirtschaftsverkehr in Europa für Verbraucher und Unternehmen (geringere Transaktionskosten durch Wegfall der Kursschwankungen, kein Geldumtausch, erhöhte Planungssicherheit).

Die EWWU mit dem Euro als internationale Leitwährung schafft ein Gegengewicht zum US-Dollar und zur Dominanz der amerikanischen Wirtschaft.

Es gab und gibt kein ökonomisch zwingendes Argument dafür, von oben eine monetäre Einheit auf ein wirtschaftlich, sozial und interessenpolitisch noch uneiniges Europa zu stülpen. Die Verwirklichung des EG-Binnenmarktes benötigt oder erzwingt keineswegs eine gemeinsame europäische Währung.

Die Europäische Zentralbank wird – trotz weitgehender Unabhängigkeit – Preisstabilität in Europa in wirtschaftlichen Krisenzeiten kaum durchsetzen können, weil es für sie aufgrund unterschiedlicher Interessen der nationalen Entscheidungsträger keinen genügend starken Anreiz gibt, dies zu wollen.

Eine funktionsfähige Wirtschafts- und Währungsunion erfordert als Vorbedingung eine dauerhafte Angleichung der relevanten Wirtschaftsstrukturen der Mitgliedsländer. Eine einmalige – stichtagsbezogene – und damit mehr oder weniger zufällige Erfüllung einzelner Kriterien (Konvergenzkriterien) ist kein Nachweis der erforderlichen nachhaltigen Konvergenz.

Der Euro wird zu einem Symbol der europäischen Integration und fördert so eine gemeinsame europäische Identität.

Der Euro stärkt die Rolle und den Einfluss der Europäer in den internationalen Wirtschaftsorganisationen (G8-Staaten, IWF, Weltbank, WTO)

Der Stabilitätspakt, der die Haushaltsdisziplin der Staaten gewährleisten soll, wird zunehmend aufgeweicht (vgl. Deutschland und Frankreich 2002/20003). Damit wird die Tür zu unterschiedlichen wirtschaftlichen Entwicklungen geöffnet und die wirtschaftliche Integration gefährdet.

Autorentext

M 9 Regionalisierung der Weltwirtschaft? USA und EU im Kampf um die weltwirtschaftliche Führung

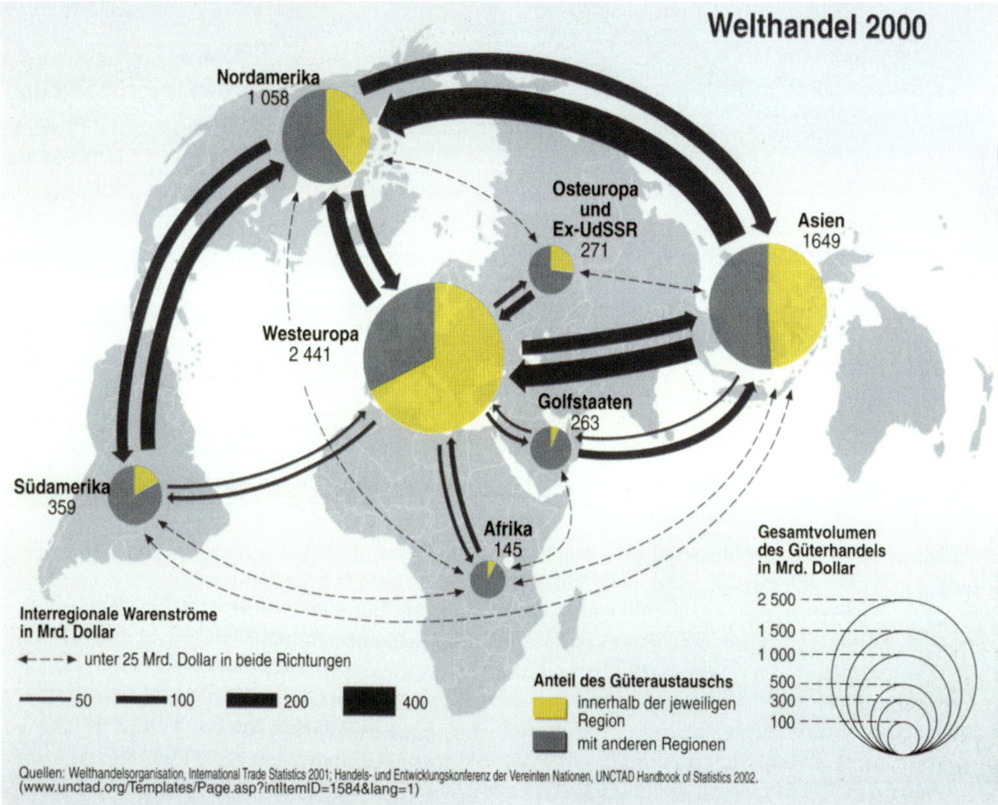

Le Monde diplomatique, Atlas der Globalisierung, S. 22

Mit der Einführung der europäischen Währung ist Anfang 1999 neben den Vereinigten Staaten und Japan ein drittes großes Währungsgebiet auf der Welt entstanden, die Europäische Wirtschafts- und Währungsunion – der Euro-Raum, oft nicht ganz korrekt als Euroland bezeichnet. An der Bevölkerungszahl gemessen, ist der Euro-Raum schon jetzt das größte unter ihnen. Dies wird angesichts der drei noch außenstehenden EU-Mitgliedstaaten Großbritannien, Dänemark und Schweden und den 13 weiteren Beitrittkandidaten wohl auch in Zukunft so sein. In den derzeit zwölf Mitgliedstaaten des Euro-Raums leben 302 Millionen Menschen, 30 Millionen mehr als in den Vereinigten Staaten und 175 Millionen mehr als in Japan. In der Wirtschaftsleistung allerdings stand der Euro-Raum mit einem Bruttoinlandsprodukt von 6245 Milliarden Euro den Vereinigten Staaten nach, die 8666 Milliarden Euro erzielten. Damit trägt die Wirtschaft des Euro-Raums zu 16 Prozent zum globalen Bruttoinlandsprodukt bei und damit mehr als doppelt so viel wie Japan, doch der amerikanische Anteil beläuft sich unerreicht auf rund 22 Prozent.

Mit der neuen Währung sind ... die früher zum Teil erheblichen Schwankungen der Wechselkurse zwischen den Euro-Ländern endgültig entfallen. Das ist nicht unerheblich, da die Länder des Euro-Raums den meisten Handel untereinander betreiben. Dennoch ist der Öffnungsgrad des Euro-Raums höher als jener der anderen beiden Währungsgebiete, der Euro-Raum betreibt also mehr Handel mit Drittländern. Der Anteil des Euro-Raums am internationalen Export beträgt rund 19 Prozent, in den Vereinigten Staaten beläuft sich der Anteil auf etwa 15 und in Japan etwa 9 Prozent. Das liegt jedoch schlicht an dem intensiven Handel zwischen den Euro-Ländern und den übrigen drei Ländern der Europäischen Union.

Weitere Zahlen zeigen, dass der Export von Waren und Dienstleistungen für die Wirtschaft im Euro-Raum bedeutender ist als in den anderen beiden Währungsgebieten: Während die Ausfuhr nahezu 17 Prozent des Bruttoinlandsprodukt im Europa-Raum ausmachte, belief sich der Anteil in den Vereinigten Staaten nur auf 10 und in Japan nur auf 11 Prozent. Die Produktionsstruktur im Euro-Raum entspricht weitgehend der Struktur in den anderen beiden Währungsgebieten. Der Dienstleistungssektor der Volkswirtschaft trägt in allen drei Wirtschaftsräumen zum größten Teil der Produktion bei.

Dagegen nimmt der öffentliche Sektor im Euro-Raum einen wesentlich größeren Teil der Wirtschaft ein als in den Vereinigten Staaten oder Japan. Der Anteil der Staatsausgaben am Bruttoinlandsprodukt betrug 49 Prozent, der der Staatseinnahmen fast 48 Prozent. In den Vereinigten Staaten entfielen knapp 32 Prozent des BIP auf die Staatseinnahmen und 33 Prozent auf die Staatsausgaben, in Japan sind es 31 und 40 Prozent.

Auch auf den Arbeitsmärkten bestehen noch erhebliche Unterschiede. Die Arbeitslosenquote im Euro-Raum ist zwar in den vergangenen Jahren zurückgegangen, doch lag sie 1999 mit 9,9 Prozent immer noch mehr als doppelt so hoch wie in den anderen beiden Währungsgebieten. In den Vereinigten Staaten waren 4,2 Prozent der Erwerbslosen ohne Arbeit, in Japan 4,7 Prozent.

Zugleich ist die Erwerbsbeteiligungsquote, das ist der Anteil der Erwerbstätigen und der Arbeitslosen an der Bevölkerung im erwerbsfähigen Alter von 15 bis 64 Jahren, mit 67,3 Prozent deutlich geringer als in den Vereinigten Staaten (77,2 Prozent) und Japan (72,4 Prozent). Dies liegt an der relativ geringen Erwerbstätigkeit von Frauen in Deutschland. So ist zum Beispiel die Differenz zwischen der Erwerbsbeteiligungsquote im Euro-Raum und in den Vereinigten Staaten bei den Frauen mit 14 Prozentpunkten wesentlich höher als bei den Männern mit etwa 7 Prozentpunkten.

Frankfurter Allgemeine Zeitung, 21.3.2001, S. 61

M 10 Globalisierung und Regionalisierung

Die Europäische Wirtschafts- und Währungsintegration gilt vielen Beobachtern als das Musterbeispiel für die Prozesse der Globalisierung und Regionalisierung. Was ist unter diesen Prozessen zu verstehen? Wenn Globalisierung etwas anderes akzentuieren soll als Internationalisierung, so muss damit ein derart enges Zusammenwachsen der Güter-, Arbeits- und Finanzmärkte gemeint sein, dass politisch-ökonomische Grenzen, Grenzen zwischen Nationen und Währungsräumen, irrelevant werden. Internationale Wirtschaftsbeziehungen sind demnach nicht mehr grenzüberschreitend, sonder grenznegierend. Regionalisierung meint dagegen die Koordination verschiedener Wirtschaftspolitiken zwischen Regierungen, die mit Regierungen außerhalb liegender Wirtschaftsräume nicht gesucht wird, und die Einräumung des freien Zugangs zu bestimmten Märkten, der Wirtschaftssubjekten anderer ökonomischer Räume nicht gewährt wird. Regionalisierung bezeichnet also eine Grenzziehung, während Globalisierung vollständige Entgrenzung meint.

Für diejenigen, die die Globalisierungsthese vertreten, liegt es nahe, Regionalisierung als Folge der Globalisierung zu sehen. Einmal wird diese Kausalität als Diagnose präsentiert: Regionale Integrationsräume lassen sich als von den Marktkräften selbst hervorgebrachte Verdichtungen, Agglomerationen der globalen Wirtschaftsaktivitäten verstehen. Zum anderen wird mit dieser Kausalität ein wirtschaftspolitischer Imperativ aufgestellt: Regionale Integrationsräume sollen das Ergebnis wirtschaftspolitischer Gegenreaktionen sein, die gegen Marktkräfte versuchen, großräumliche Standortbindungen zu schaffen. Je nach politischer Bewertung, kann man das eine gut und das andere kritikwürdig finden.

An der Diskussion um die Europäische Union lassen sich exemplarisch diese beiden Argumentationen illustrieren. Einerseits könnte man sagen, dass sie den unwiderstehlichen Prozess der Globalisierung nur noch ratifiziert hat. Denn zumindest für den Subkontinent wurden mit Binnenmarkt und einheitlicher Währung die de facto irrelevant gewordenen Grenzen auch de jure abgeschafft. Andererseits könnte man sagen, dass das Binnenmarktprogramm und der Maastrichter Vertrag gerade einer europäischen Selbstbehauptung gegen die Globalisierungskräfte dient. So wird z. B. der Euro als die einzig Ernst zu nehmende Alternative zum Dollar aufgebaut.

Waltraud Schelke, Globalisierung oder multipolares Weltwährungssystem - die monetäre Integration Europas im Licht widerstreitender Hypothesen, in: W. v. Bülow et al. (Hg.), Globalisierung und Wirtschaftspolitik, Marburg 1999

M 11 Die EU als Erfolgsmodell? Die EU wird größer

Für einen Beitritt müssen die Kandidaten einige Voraussetzungen, die so genannten Kopenhagener Kriterien, erfüllen. Diese beinhalten sowohl politische als auch wirtschaftliche Vorgaben. So müssen die politischen Institutionen des Bewerbers stabil sowie Demokratie, Rechtssicherheit, die Einhaltung der Menschenrechte und der Minderheitenschutz gewährleistet sein. Die Marktwirtschaft muss so funktionieren, dass sie auch dem Wettbewerbsdruck in der EU gewachsen ist.

Die Entwicklung zur erweiterten EU hat eine lange Geschichte. Nach dem Fall des Eisernen Vorhangs hat die Europäische Union ihre Beziehungen mit den mittel- und osteuro-

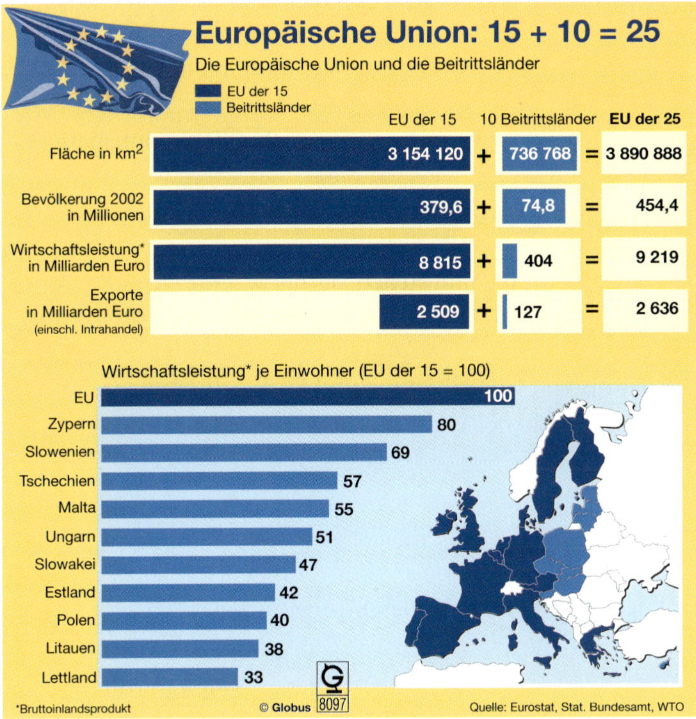

päischen Staaten enger verknüpft. Im Dezember 1991 wurden mit Polen und Ungarn die ersten Assoziierungsabkommen getroffen, d.h., die EU hat mit ihnen Verträge geschlossen, die eine enge wirtschaftliche Zusammenarbeit und Unterstützung durch die EU vorsehen. Diese so genannten „Europa-Abkommen" bilden den Rahmen für eine schrittweise Integration der Beitrittsländer in die Gemeinschaft. Weitere Europa-Abkommen wurden im Dezember 1994 mit Rumänien, Bulgarien, der Tschechischen und der Slowakischen Republik, im Februar 1998 mit Estland, Lettland und Litauen sowie im Februar 1999 mit Slowenien abgeschlossen. Daneben bestehen seit 1964 mit der Türkei, seit 1971 mit Malta und seit 1973 mit Zypern Assoziierungsabkommen.

Im März 1998 begann mit den 13 beitrittswilligen Ländern der formale Beitrittsprozess – zunächst mit Estland, Polen, Slowenien, der Tschechischen Republik, Ungarn und Zypern (Luxemburg-Gruppe), danach im Dezember 1999 mit der so genannten Helsinki-Gruppe: Bulgarien, Lettland, Litauen, Malta, Rumänien und der Slowakischen Republik.

Bislang gab es seit 1973 vier Erweiterungsrunden in der EU. Die derzeitige Runde ist nicht nur die größte, sondern auch besonders schwierig, da die Mitglieder der künftigen Union in Wirtschaft und Politik sehr heterogen sind. Wenn zunächst die zehn genannten Länder aufgenommen sind, wird sich die Fläche der Europäischen Union um mehr als 30 % ausdehnen, die Bevölkerung wird um rund 75 Millionen Menschen anwachsen. Es entsteht ein gemeinsamer Markt von fast einer halben Milliarde Verbraucher. Allerdings wird auch das Bruttoinlandsprodukt pro Kopf sinken – statistisch um 16 %.

Seit den Stellungnahmen von 1997 zu den Anträgen der mittel- und osteuropäischen Länder auf Mitgliedschaft hat die Kommission in den alljährlich erstellten regelmäßigen Berichten die Fortschritte der Bewerberländer, einschließlich Maltas, der Türkei und Zyperns, im Hinblick auf die Erfüllung der Kopenhagener Kriterien bewertet.

Bundesverband deutscher Banken, Schul/Bank 11/02

AUFGABEN

1. a) Beschreiben Sie den Stand der wirtschaftlichen Integration in der EU (M 1 – M 7).

   b) Inwiefern kann man von einer unvollkommenen wirtschaftlichen Integration sprechen (M 1 – M 7)?
2. Diskutieren Sie unter Zuhilfenahme der Argumente aus M 8 die Chancen und Risiken der EWWU.
3. Beschreiben Sie die Welthandelsströme und stellen Sie aus M 9 die wesentlichen Wirtschaftsdaten der Länder der so genannten Triade USA, EU und Japan in einer Tabelle zusammen.
4. Beschreiben Sie das Verhältnis von Globalisierung und Regionalisierung (M 10).
5. Informieren Sie sich über den Stand der Wirtschaftsleistungen der Beitrittskandidaten (M 11).

LINKS

www.europa.eu.int (Portal der EU mit Links zu allen EU-Institutionen)

www.ecb.int (Europäische Zentralbank)

www.sowi-online.de/nav_css_js/index-n.htm?/unterricht/ressourcen/europa.php (Linkliste zu Europa nach Themen sortiert)

Informationen und Zusammenhänge

Die EWU
M 2

Die Europäische Währungsunion wurde mit der Unterzeichnung des Vertrages über die Europäische Union (Maastrichter Vertrag) am 7.2.1992 vereinbart. Sie ist ein wesentlicher Bestandteil der umfassenden politischen und wirtschaftlichen Integration der Mitgliedstaaten der EU. Seit dem 1.1.1999 besteht die Europäische Währungsunion zwischen mittlerweile 12 Staaten. Seit dem 1.1.2002 gibt es die einheitliche Währung auch als Bargeld.

Motive für die EWU
M 8

Ein Motiv für die Bildung der Europäischen Währungsunion war die Abschaffung der häufigen Wechselkursschwankungen innerhalb des Europäischen Währungssystems (EWS). Der Wegfall der Währungssicherungskosten erleichtert den Handel und fördert den Wettbewerb. Ein zweites Motiv ist die Vollendung des Europäischen Binnenmarktes. Außerdem steht mit dem Euro nun neben Dollar und Yen eine weitere internationale Leitwährung zur Verfügung.

EZB
M 6

Innerhalb der EWU übernimmt nun die Europäische Zentralbank die Geldpolitik, d.h. dass die EZB die Geldmarktzinsen einheitlich festlegt. Die EZB ist von Weisungen der Mitgliedsstaaten unabhängig und der Preisstabilität verpflichtet.

Konvergenzkriterien
M 5

Voraussetzung für den Beitritt zum einheitlichen Währungsgebiet ist die Erfüllung der so genannten Konvergenzkriterien, die eine Annäherung der wirtschaftlichen Grunddaten der Beitrittsländer garantieren sollen. Außerdem müssen die Staaten zuvor am Europäischen Wechselkurssystem II (EWS II) teilgenommen haben. Mit dem Stabilitäts- und Wachstumspakt werden die Teilnehmerländer auch nach dem Beitritt dazu angehalten, die Konvergenzkriterien zu erfüllen. Andernfalls drohen empfindliche Sanktionen.

Osterweiterung
M 9, M 10

Mit der Osterweiterung der Europäischen Union um weitere 10 Staaten werden sich die wirtschaftlichen Disparitäten innerhalb der EU zunächst vergrößern. Doch wird die Europäische Union mit der Erweiterung global ein noch bedeutenderer Wirtschaftsfaktor und gerät zunehmend in direkte wirtschaftliche Konkurrenz zu den USA und Japan. Dabei lässt die Bildung von Freihandelsblöcken (NAFTA, EU, ASEAN) eine Regionalisierung des Welthandels erkennen. Ob dieser Prozess als Vorstufe zur Globalisierung betrachtet werden kann oder ob Abschottungstendenzen überwiegen, bleibt abzuwarten.

EU als Erfolgsmodell
M 6

Zweifellos stellt die EU durch die Bereitstellung gemeinsamer Institutionen und einer Verrechtlichung der Beziehungen seiner Mitglieder ein erfolgreiches regionales Konzept zur friedlichen Bearbeitung grenzüberschreitender Probleme dar, die die Mitgliedsstaaten alleine nicht mehr ausreichend lösen könnten.

2.4 Global Governance

M 1 Auf dem Wege zur Weltrisikogesellschaft

Abtauender Gletscher bei Spitzbergen

Aktienhandel an der New Yorker Wall Street

Schäden durch Naturkatastrophen

Überflutungen, Erdbeben, Orkane – die Zahl der Naturkatastrophen hat weltweit dramatisch zugenommen. Im Zeitraum von 1950 bis 1959 suchten 20 große Naturkatastrophen die Menschen in verschiedenen Regionen heim; dabei entstand ein Schaden von insgesamt 42 Milliarden Dollar. Seitdem hat sich die Zahl der großen Naturkatastrophen mehr als vervierfacht, die Höhe der entstandenen Sachschäden ist sogar auf das 15-Fache gestiegen: Im Zeitraum1990 bis 1999 trafen 89 große Naturkatastrophen die Weltbevölkerung, deren Schäden sich auf eine Gesamtsumme von 652 Milliarden Dollar beliefen. Als "groß" werden Naturkatastrophen bezeichnet, wenn sich die betroffenen Regionen nicht mehr selbst helfen können und deshalb auf überregionale oder internationale Hilfe angewiesen sind. Das ist meist dann der Fall, wenn die Zahl der Todesopfer in die Tausende geht, Hunderttausende obdachlos werden oder schwere volkswirtschaftliche Schäden entstehen.

Hungersnot im Sudan

Dauerregen und Wirbelstürme auf Sumatra

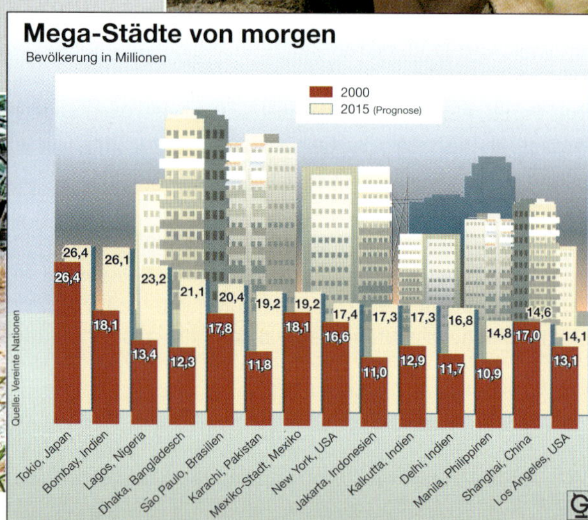

Global Governance als Lösungsmodell?

M 2

Da [ein] hoher Regelungsbedarf für grenzüberschreitende Probleme gesehen wird, wird nach alternativen Steuerungsmodellen in der globalisierten Welt gesucht. Der Versuch zur Bewältigung der globalen Herausforderungen wird unter dem Schlagwort Global Governance diskutiert. Grunderkenntnis ist dabei, dass sich bei Globalisierung der Probleme auch „die" Politik globalisieren muss. Dies bezieht sich nicht nur auf die Zusammenarbeit zwischen den Staaten, um etwa weltweite Steuersenkungswettläufe, Lohn-, Sozial-, Subventions- und Umweltdumping zu verhindern, sondern auch auf die Entwicklung eines neuen Politikmodells, bei dem staatliche und nichtstaatliche Akteure auf verschiedenen Ebenen zusammenarbeiten. Somit meint Global Governance (der Begriff grenzt sich bewusst von der Vorstellung eines Global Government – also einer Art „Weltregierung" – ab und ist am besten mit „Weltordnungspolitik" zu übersetzen)

- erstens die Neudefinition staatlicher Souveränität,
- zweitens die Verdichtung und Verrechtlichung der internationalen Beziehungen,
- drittens die Erweiterung des Kreises der Akteure über die Staaten hinaus und
- viertens ein neues Verständnis für Außenpolitik, bei dem ein normatives, am „Weltgemeinwohl" orientiertes Verständnis vorherrscht und das gemeinsame Überlebensinteresse der gesamten Menschheit in den Vordergrund rückt.

Für eine Global Governance-Architektur werden fünf Säulen als maßgeblich angesehen:

- eine Welthandelsordnung,
- eine internationale Wettbewerbsordnung,
- eine Weltwährungs- und Finanzordnung,
- eine Weltsozialordnung und
- eine Weltökologieordnung.

Im Mittelpunkt globaler Strategiekonzepte stehen das System der Vereinten Nationen sowie internationale Regime[1] ... , aber auch regionale Zusammenschlüsse wie etwa die Europäische Union, die als regionale Kerne einer solchen Entwicklung wirken können. Der Nationalstaat bleibt weiterhin zuständig für den innergesellschaftlichen Interessenausgleich, die Koordination verschiedener Akteursgruppen, für autoritative Entscheidungen und für die Umsetzung der auf internationaler Ebene getroffenen Entscheidungen. Er bekommt somit eine Scharnierfunktion zwischen den Handlungsebenen der „Staaten"-, „Wirtschafts"- und „Gesellschaftswelt". Allerdings leiden diese Modelle an der zentralen Frage der Umsetzbarkeit. Wie soll bei heterogener Interessenstruktur in einem System sich überlappender und durchdringender, geteilter Souveränitäten eine freiwillige Selbstkoordination funktionieren?

Johannes Varwick, Globalisierung, in: Wichard Woyke (Hg.), Handwörterbuch Internationale Politik, 8. Aufl., Opladen 2000, S. 145 f.

[1] Internationale Regime: Sammelbezeichnung für multilaterale, (relativ) dauerhafte Verhandlungssysteme, die auf gemeinsamen Regeln, Normen und Prinzipien beruhen.

M 3 Etappen auf dem Weg zum Weltgipfel in Johannesburg

1972	1. UN-Konferenz über die menschliche Umwelt, Stockholm, United Nations Enviromental Program (UNEP) wird eingerichtet, Meadows Studie „Die Grenzen des Wachstums".
1975	Bericht „Was tun" der Dag Hammarskjöld Foundation.
1983	Beschluss der UN-Generalversammlung für eine „Weltkommission für Umwelt und Entwicklung". Den Vorsitz übernimmt Gro Harlem Brundtland.
1987	Weltkommission für Umwelt und Entwicklung legt Abschlussbericht „Our common future" vor. Leitbegriff: sustainable development.
1992	UN-Konferenz für Umwelt und Entwicklung in Rio de Janeiro und Verabschiedung der Agenda 21.
1993	Weltkonferenz für Menschenrechte in Wien.
1994	1. Europäische Konferenz über zukunftsbeständige Städte und Gemeinden in Aalborg (Aalborg-Charta), Internationale Konferenz für Bevölkerung und Entwicklung in Kairo, Bundestagsbeschluss zur Agenda 21.
1995	Weltgipfel für Soziale Entwicklung in Kopenhagen, 4. Weltfrauenkonferenz in Peking, 1. Nationales Seminar zur lokalen Agenda 21 in Köpenick.
1996	Nationaler Aktionsplan zur nachhaltigen Stadtentwicklung, Habitat-II-Konferenz in Istanbul, 1. Europäische Konferenz über zukunftsbeständige Städte und Gemeinden in Lissabon, Welternährungsgipfel in Rom.
1997	Earth-Summit Rio + 5 in New York.
1998	Konferenz des Bundesumweltministeriums zur lokalen Agenda 21, Konvention der internationalen Arbeitsorganisation (ILO) zum Verbot von Kinderarbeit.
2001	PrepCom I in New York zur Vorbereitung des Weltgipfels 2002 in Johannesburg.
2001	PrepCom II, III und IV in New York und Jakarta zur Vorbereitung des Weltgipfels 2002 in Johannesburg.
26.8.-4.9.2002	„World Summit on Sustainable Development" in Johannesburg.

Praxis Geographie 12/2002, S. 9

M 4 Der Aktionsplan von Johannesburg

Die Teilnehmerstaaten des Weltgipfels haben sich auf ein völkerrechtlich nicht verbindliches Aktionsprogramm verpflichtet, das in 152 Punkten Richtlinien und Pläne für eine nachhaltige Entwicklung festlegt. Die wichtigsten Ergebnisse (Auswahl):

- **Wasser:** Ziel ist es, die Zahl der Menschen ohne ausreichend sauberes Trinkwasser (derzeit 1,2 Milliarden Menschen) bis 2015 zu halbieren. Neu ist das Ziel, auch den Anteil jener Menschen zu halbieren, die nicht über eine funktionierende Abwasserentsorgung verfügen (derzeit rd. 2,5 Milliarden Menschen).
- **Energie:** Die Staaten werden – ohne Zeitangabe – aufgefordert, den Anteil erneuerbarer Energien „dringend" und „substanziell" zu erhöhen. Fortschrittliche, erschwingliche und kosteneffiziente Energien, einschließlich fossiler Brennstoffe und Wasserkraft sollen ausgebaut werden. Energiesparende Techniken sollen gefördert werden.
- **Klima:** Die Staaten, die das Kyoto-Protokoll zur Reduzierung der Treibhausgase ratifiziert haben, rufen andere dazu auf, dies ebenfalls zu tun. Kanada hat angekündigt, es werde ratifizieren, Australien, China

und Russland stellen dies ebenfalls in Aussicht. Dadurch kann das Klimaschutz-Abkommen in Kraft treten.

- **Artenvielfalt:** Das Aussterben von Tier- und Pflanzenarten soll bis 2010 „deutlich“ reduziert werden.
- **Meere:** Bis 2015 sollen sich bedrohte Fischgründe erholen können und Überfischung beendet werden. Dieses Ziel wurde mit dem Zusatz „wo dies möglich ist“ versehen.
- **Handel und Globalisierung:** Der Weltgipfel spricht sich für den Abbau umweltschädlicher Subventionen aus. Dies betrifft vor allem Steinkohle. Die Industrieländer bekräftigen ohne Angabe einer Frist – ihre Bereitschaft, Agrarsubventionen, die den Wettbewerb im Welthandel verzerren, abzubauen.

zitiert nach Metzler aktuell, Nov. 2002

M 5

Reaktionen zum UN-Weltgipfel

„Gipfel der nachhaltigen Enttäuschung“
Bund für Umwelt und Naturschutz/BUND

„Ein Symbol der Hoffnung“
US-Außenminister Colin Powell

„Zukunft per Minimalkonsens. Erst in der nationalen Umsetzung wird sich zeigen, ob der Gipfel ein Erfolg oder Misserfolg war.“
Erklärung der Jugendvertreter in der deutschen Delegation

„Johannesburg ist nicht zu einem Aktionsgipfel geworden, sondern zu einem Verhinderungsgipfel.“
Jonas Meckling vom Jugendbündnis für Johannesburg

„Die Schnecke bewegt sich nur mühsam vorwärts“
Wissenschaftlicher Beirat der Bundesregierung Globale Umweltveränderungen/WBGU

„Gipfel der Ernüchterung“
Volker Hausmann, Generalsekretär Deutsche Welthungerhilfe

Hanel/CCC, www.c5.net

„Nur Krümel für die Armen“
Hilfsorganisation Oxfam

„Wir sind einen Schritt vorangekommen.“
Bundesumweltminister Jürgen Trittin, Grüne

Süddeutsche Zeitung, 04.09.2002 (www.sueddeutsche.de/wissenschaft/umwelt/51757/index.php, 12.10.2002)

M 6 Globale Risiken und die Überforderung des Nationalstaats

Die Globalen Trends zeigen, dass die Umweltzerstörung und der Abbau nicht regenerierbarer Ressourcen in den vergangenen Jahrzehnten exponenziell zugenommen hat. ... Sind auf diesem Gebiet die Nationalstaaten und internationalen Institutionen in der Lage, auf globale Herausforderungen schützend und vorsorgend zu reagieren? Auch hier reicht der bisherige Ansatz internationaler Kooperation nicht aus! Der Wirksamkeit globaler Konventionen stehen in der Regel drei Hindernisse im Weg: Die in den meisten Abkommen vereinbarten Standards sind zu niedrig, um die Probleme auf Dauer zu lösen; die vereinbarten Instrumente sind zu schwach, um zu greifen; und die einzelnen Staaten können meist nicht auf eine strikte Umsetzung der Vereinbarungen verpflichtet werden.

Die USA, das Land mit dem höchsten Ressourcenverbrauch pro Kopf, neigen dazu, sich aus internationalen Verpflichtungen zurückzuziehen und nationalstaatlichen Lösungen den Vorzug zu geben. Solches free-rider-Verhalten wird nicht ohne negative Auswirkungen auf die Bereitschaft der Entwicklungsländer bleiben, sich globalen Umweltstandards anzupassen, die von den technischen und wirtschaftlichen Möglichkeiten der Industrieländer geprägt sind. Auch die EU ist bisher nicht willens oder in der Lage, das umweltpolitische Vakuum in der Weltpolitik durch mutige Initiativen zu füllen. Ohne wirksame und also sanktionsbewehrte globale Regime wird sich die Konkurrenz der einzelnen Nationalstaaten um Weltressourcen angesichts zunehmender Knappheiten und höherer Kosten weiter verschärfen. Der Wettlauf vieler Staaten um einflussreiche Positionen und damit den Zugang zu Energiereserven – etwa in Zentralasien – ist nur ein Beleg für die wachsende Staatenkonkurrenz um Ressourcen. Und was tun die internationalen Organisationen und Regime innerhalb und außerhalb der UN? Das Umweltprogramm der UN (UNEP) oder einzelne Konventionssekretariate haben nicht die Autorität, die Kompetenzen, die Sanktionsmittel und die Finanzmittel, um das umweltpolitische Versagen oder die Überforderung einzelner Staaten auf diesem Gebiet auszugleichen. Sie können weder free rides, also die Alleingänge einzelner, vor allem dominanter Staaten verhindern, noch den technologischen, wirtschaftlichen und sozialen Wandel bewirken, der für eine globale Umweltpolitik notwendig wäre.

Ingomar Hauchler, Dirk Messner, Franz Nuscheler (Hg.), Globale Trends 2002, Frankfurt/M. 2001, S. 15

M 7 Global Governance und das Demokratieproblem

Wie aber soll Politik auf globaler Ebene organisiert werden, wenn eine Weltregierung weder wahrscheinlich noch wünschenswert ist? Seit einigen Jahren wird in diesem Zusammenhang über Global Governance diskutiert. Global Governance geht davon aus, dass modernes Regieren möglichst umfassend legitimiert sein muss, um erfolgreich sein zu können. Umgekehrt gilt aber auch, dass auf Dauer nur erfolgreiches Regieren als legitim anerkannt wird. Die Beachtung der beiden Normen Territorialität und Souveränität macht jedoch erfolgreiches Regieren angesichts von Globalisierungsprozessen immer schwieriger. Das Konzept Global Governance versucht, mit diesem Widerspruch kreativ umzugehen. Im einzelnen zeichnet es sich durch folgende Merkmale aus:

Einbezug unterschiedlicher politischer Ebenen

Akteure auf unterschiedlichen politischen

Interessenvertretung der Zivilgesellschaft? Mit ungewöhnlichen Aktionen demonstriert Greenpeace gegen genetisch veränderte Babynahrung.

Ebenen werden in den Regierungsprozess einbezogen. Damit ist gemeint, dass die Regierungsleistungen möglichst immer auf der Ebene erbracht werden sollen, die optimal dafür geeignet ist. Wenn es also um die Ausweisung eines Naturschutzgebietes in Hessen geht, dann soll vor Ort darüber entschieden werden und nicht etwa in Brüssel.

Wenn hingegen internationale Finanzströme reguliert werden sollen, macht es wenig Sinn, dass sich nur die nationale Ebene mit diesem Fall befasst. Dieses Prinzip lässt sich dahingehend erweitern, dass der Kreis der an der Entscheidung Beteiligten möglichst groß sein soll, um eine umfassende Legitimation der beschlossenen Politik zu erreichen. Die Formulierung und Legitimierung von Politikzielen wird also häufig jenseits des Nationalstaates erfolgen, die konkrete Durchführung der beschlossenen Politik hingegen vor Ort stattfinden, um die Effektivität der Umsetzung zu sichern. Beispielsweise können die Ziele einer global wirksamen Klimapolitik nur auf einer globalen Konferenz formuliert werden. Dabei geht es vor allem darum, regionale und nationale Akteure in die Beschlussfassung einzubeziehen. Ihre Umsetzung bedarf jedoch vieler lokaler Initiativen – Stichwort Lokale Agenda 21: Die auf der Weltkonferenz der Vereinten Nationen (United Nations, UN) zu Umwelt und Entwicklung 1992 in Rio de Janeiro verabschiedete Agenda 21 enthält eine ganze Reihe von vergleichsweise abstrakt formulierten Prinzipien und Regeln für die regionale und nationale Ebene. Für die lokale und kommunale Ebene sind demgegenüber zeitgebundene Ziele und Politiken deutlicher formuliert. Daher haben mittlerweile eine ganze Reihe von deutschen Kommunen so genannte lokale Agenden 21 entwickelt und bemühen sich um deren Umsetzung vor Ort. Hierbei sollten sie allerdings nicht alleingelassen werden, sondern bedürfen der angemessenen Unterstützung durch die anderen politischen Ebenen.

Einbezug staatlicher und nichtstaatlicher Organisationen

Akteure mit verschiedenem politischen Status werden in den Regierungsprozess einbezogen. Sowohl souveränitätsgebundene Akteure, also die Nationalstaaten, als auch souveränitätsfreie Akteure, etwa supranationale Mehrebenensysteme wie die Europäische Union (EU), Nicht- Regierungsorganisationen (NROs/NGOs) wie Greenpeace, internationale (Regierungs-) Organisationen (IROs) wie die Welthandelsorganisation (WTO) oder politikfeldspezifische internationale Regime wie das Ozonregime, tragen dazu bei, die Global Governance-Architektur in effektives und legitimes Regieren zu übersetzen. Auf der einen Seite bringen die souveränitätsgebundenen Akteure ihre Autorität und materiellen Ressourcen in den

Willensbildungs- und Entscheidungsprozess ein, auf der anderen Seite stellen souveränitätsfreie Akteure häufig das zur erfolgreichen Umsetzung nötige Wissen über die Verhältnisse vor Ort und andere nicht-materielle Ressourcen zur Verfügung. Oft wird überhaupt erst durch das Zusammenwirken von staatlichen mit nichtstaatlichen Akteuren die effektive und legitime Problemregelung jenseits des Nationalstaates möglich. Beispielsweise ist eine wirksame Menschenrechtspolitik ohne die internationalen und regionalen Menschenrechtskonventionen, die von nationalen Regierungen unterzeichnet und von nationalen Parlamenten ratifiziert werden, nicht denkbar. Gleichzeitig leistet die geduldige und unparteiische Überwachung der Menschenrechte durch NROs wie amnesty international einen wichtigen Beitrag zur schrittweisen Annäherung an das Ziel „Globale Durchsetzung der Menschenrechte“ ...

Zivilgesellschaftliche Mindeststandards

Damit effektives und demokratisch legitimiertes Regieren jenseits des Nationalstaates möglich wird, ist die Ausbildung eines Mindestmaßes an zivilgesellschaftlicher Identität auf globaler Ebene notwendig. Die Entstehungsgeschichte vieler Nationalstaaten zeigt, dass die Ausbildung einer stabilen kollektiven Erfahrungsgemeinschaft ein wesentlicher Faktor für erfolgreiches Regieren ist. Zu den Elementen einer solchen Gemeinschaft zählen unter anderem zuverlässige existenzsichernde Umverteilungsarrangements, ein rechtsstaatlich eingehegtes Gewaltmonopol und nicht zuletzt auch eine selbstbewusste Öffentlichkeit, die in Anerkennung eines Kernbestandes allgemein geteilter Werte fähig ist, gesellschaftliche Pluralität zuzulassen.

Karl Kaiser, „Globalisierung als Problem der Demokratie“, in: Internationale Politik 4/1998, S. 8 ff.

M 8 NGOs – die neuen Akteure

Sie machen Schlagzeilen, mehr denn je. Denn sie machen alles. Überall. Und jederzeit. Völkermord in Ruanda? – die „Ärzte ohne Grenzen“ versorgen Verwundete. Französische Atomtests im Pazifik? – Greenpeace kreuzt vor Mururoa. Frauenelend in Bangladesch? – die einheimische Grameen Bank offeriert Hoffnung per Kleinkredit für über zwei Millionen Mütter und Töchter.

Sie, das sind die Nichtregierungsorganisationen, die Non-Governmental Organizations (NGOs). Der Begriff ist so hölzern wie unscharf. Gesagt ist damit nur, was die NGOs eben nicht sind: nicht Regierung, nicht Amtsstube, also nicht hoheitliche Gewalt. Sie sind privat, aber keine Geschäftemacher, nicht gewinnorientiert. Sie sitzen – per definitionem – zwischen den Stühlen, zwischen Markt und Staat, und nennen sich deshalb auch gern den „dritten Sektor“, die „dritte Kraft“.

Traditionell zählen zu ihnen Gewerkschaften und Arbeitgeberverbände, Weltkirchenrat, Veteranenclubs oder auch die Internationale Vereinigung der Bienenzüchter. Doch wer heute NGO sagt, meint meist ehrenamtliche Vereine oder professionelle Initiativen, die aus neuen sozialen Bewegungen erwachsen sind – etwa Robin Wood, amnesty international, terre des hommes. Wie viele dieser Gruppen auf der Welt agieren, weiß niemand. Die UNO schätzt etwa 50 000, mindestens. Das heißt auch: die NGO gibt es nicht. Nichts ist typisch, alle sind anders.

Martin Merz / Christian Wernicke, Die neue Internationale, in: Die Zeit Nr. 35, 25.8.1995, S. 9

Die Trias der Akteure in der internationalen Politik

M 9

Nationalstaaten	Japan, USA, Deutschland, Frankreich, Belgien, Thailand		
IGOs International Governmental Organisations	VN, EU, WTO, IWF, Weltbank, ...		
(I)NGOs (International) Non-Governmental Organisations	**„profit-making“**	**„non-profit-making“**	
		„alte“	**„neue“**
	IBM, Daimler-Chrysler, Sony, Volkswagen, ... (auch BINGO, Business-International-Non-Governmental Organisation)	FIFA, Internationales Rotes Kreuz, Römisch-Katholische-Kirche	ATTAC, Greenpeace, Human Rights Watch, terre des hommes, ...

Profil einer internationalen Umweltschutzorganisation: Greenpeace

M 10

Greenpeace Deutschland, offiziell erst Anfang 1981 in Hamburg gegründet, feier[te 2001] in Erinnerung an die erste Aktion im Lande sein 20-jähriges Jubiläum. Die Organisation mit 510 000 fördernden Mitgliedern und einem Spendenaufkommen von ca. 33 Millionen Euro im vergangenen Jahr ist der größte Finanzier der in 25 Ländern mit 2,5 Millionen Mitgliedern vertretenen Umweltorganisation.

Aus Protest gegen die angeblich klimaschädigende Politik des Ölkonzerns Esso demonstrieren Aktivisten der Greenpeace-Gruppe Esslingen am 7.11.2002 vor einer Tankstelle.

Eine Niederlage hat die Umwelt-Aktivisten weltweit populär gemacht: 1985 versenkte der französische Geheimdienst das Greenpeace-Schiff Rainbow Warrior: Umgekehrt war der größte Erfolg des Unternehmens zugleich eine moralische Niederlage: 1995 bezwangen die Umweltschützer den Ölmulti Shell. Man erpresste das Unternehmen, die Ölplattform Brent Spar abzuwracken, anstatt sie, wie geplant, in der Nordsee zu versenken.

Wie sich jedoch herausstellte, war die Bohrinsel keine „toxische Zeitbombe“, gefüllt mit Öl und gefährlichen Chemikalien. Greenpeace hatte sich geirrt, ein „Messfehler“, sagt Greenpeace-Chef Thilo Bode heute. Richtig übelgenommen hat man das den Umwelt-Kämpfern nicht; der Grundgedanke, man dürfe die Bohrinsel nicht einfach im Meer zurücklassen ist heute akzeptiert.

Und so fing es an: 1971 blockierten 5000 Studenten der Universität von British Columbia aus Protest gegen die US-amerikanischen Atomtests die Grenze zwischen den USA und Kanada. In einer Debatte darüber, wie man diese Tests in Alaska stoppen könne, ruft der 23-jährige Bill Darnell aus: „Let's make a green peace!“ Der Name war geboren. Das Emblem der globalen Umweltschutzorganisation, der Regenbogen, wurde fünf Jahre später kreiert. Der alte Cree-Indianer Mosquito hatte prophezeit: „Es kommt eine Zeit, da fallen die Vögel von den Bäumen, und die Flüsse sind vergiftet. Dann aber werden die Regenbogen-Krieger kommen, um die Welt zu retten.“

Die damals vorausgesagte Umweltkatastrophe ist so nicht eingetreten. Ein Grund dafür, dass heute in Deutschland „Umwelt als politisches Problem auf dem Niveau der Pflegeversicherung rangiert“, so der deutsche Chef von Greenpeace International, Thilo Bode. Zwar sei Deutschland immer noch das wichtigste Büro der Organisation. Aus der Bundesrepublik, der Schweiz, den USA, Großbritannien und Holland kommen siebzig Prozent aller Spenden. Aber das Aufkommen in Deutschland sei um drei Millionen Euro gesunken, die Mitgliederzahl um 22 000 zurückgegangen. Ohnedies habe Holland mehr Greenpeace-Mitglieder als die Bundesrepublik. Der Einnahmerückgang immerhin sei „gestoppt“.

Unter den Mitgliedern grummelt es, auch die Presse ist nicht mehr so gut wie einst. Das hat Gründe: Seit Jahren wird über den Führungsstil des Öko-Multis geklagt. „Greenpeace hat Millionen Mitglieder, aber die Entscheidungen treffen eine kleine, abgeschottete Führungsclique in der Zentrale sowie die Leiter der einzelnen Kampagnen. Darunter leidet häufig ihre wissenschaftliche Fundierung“, klagte 1998 einer der Gründer der Organisation, der Kanadier Patrick Moore.

Kampagnen der Regenbogen-Krieger sind nach wie vor gefürchtet von denen, gegen die sie sich richten: die illegalen Walfänger oder die Produzenten und Importeure von genetisch verändertem Soja; die Unternehmen, die sich ein „Patent auf Leben“ verschaffen wollen. Die Grenzen der Einflussmöglichkeiten zeigen sich vor allem in den USA. Am Widerstand der dortigen Industrie scheitern weltweit die Bemühungen um effektiven Klimaschutz sowie um den Erhalt der Artenvielfalt. Für Bode ist es die größte Enttäuschung in seiner bisher elfjährigen Amtsperiode, dass es nicht gelungen ist, Greenpeace in den USA „schneller stärker zu machen“.

Seit einem Jahrzehnt will Greenpeace nicht mehr nur verhindern, sondern auch Alternativen zeigen. 1991 stellten die Umweltschützer völlig chlorfrei gebleichtes Tiefdruckpapier vor, die Papierindustrie stellte sich um. Zwei Jahre später propagierte man den ersten Kühlschrank, Greenfreeze, der frei ist von den Ozonkillern Fluor-Chlor-Kohlenwasserstoff und Chlor-Kohlenwasserstoff. Schließlich entwickelte die Umweltorganisation 1996 das erste serienfähige Drei-Liter-Auto mit der „Smile“-Spartechnik. Doch am Auto wird in Deutschland nicht gespart: Hier zeigen sich die Grenzen einer Umweltorganisation in der Bundesrepublik.

Martin Urban, Frieden dem Grün, Krieg den Konzernen, in: Süddeutsche Zeitung, 13.10.2000, S. 13

Kontrovers diskutiert: die neuen NGOs

M 11

- NGOs haben das Privileg und die Funktion, die eingespielten Routinen der Politik durch Protest und Provokation zu stören, in Bewegung zu halten, Gegenöffentlichkeit zu erzeugen und Gegenmacht aufzubauen.

- Die NGOs fungieren als Sensoren der Gesellschaft, greifen vernachlässigte Themen auf und konfrontieren das politische System mit einem Reformdruck von unten. Sie setzen die Politik unter Handlungs- und Legitimationsdruck.

- NGOs tragen zur Zerkleinerung der „großen Politik" bei und können sich leisten, über den kurzen Zeithorizont von Wahlterminen hinauszuschauen, und Vorschläge zu unterbreiten, die aus machtpolitischen Gründen tabuisiert werden.

- Die NGOs konfrontieren die Welt der Sachzwänge und scheinbar unveränderbaren Systemlogiken oft mit der Welt des Wünschbaren, mit der Utopie einer besseren Welt – und können so zuweilen zumindest Nachdenklichkeit bewirken und Denkanstöße geben.

- NGOs tragen dazu bei, das soziale und moralische Kapital einer Gesellschaft zu mobilisieren; sie bringen zum Ausdruck, dass es neben Individualisierungs- und Entsolidarisierungstendenzen auch noch Bedürfnisse nach erlebbarer Gemeinschaft und kreativer Betätigung im Gemeinwesen gibt. Sie holen gewissermaßen die Politik in die Gesellschaft zurück.

nach Franz Nuscheler: www.oneworld.at/ngo-conference/discussion/nuscheler.htm (12.12.2002)

- Die NGOs greifen oft punktuell Problemfelder auf und erarbeiten sich in diesen Feldern beachtliche Sachkompetenz, berücksichtigen aber bei dieser Engführung die Interdependenzen zwischen Politik- und Problemfeldern nicht hinreichend. Auch NGOs leiden häufig an einer Kurzsichtigkeit, die sie der Politik anzulasten pflegen, weil sie die Wirkungen ihrer Aktivitäten auf andere Problemfelder ausblenden. Ihr Erfolg beruht auch auf dem Privileg, sich nicht um den Ausgleich von Zielkonflikten kümmern und Entscheidungen treffen zu müssen.

- Die NGOs haben zwar die kommunikative Infrastruktur der Gesellschaft verbreitert und zur Rückbindung der Politik in die Gesellschaft beigetragen. Manche neigen allerdings, weil sie auf die Schaffung von Öffentlichkeit über die Medienpräsenz setzen, zu einer „Skandalisierung" der Politik. Statt komplizierte Sachverhalte verständlich zu machen und Lösungswege aufzuzeigen, werden Skandale medienwirksam inszeniert.

- Größere NGOs haben innere Demokratie- und Legitimationsdefizite; statt auf Wählerfang gehen sie auf Spendenfang. Die Zustimmung zu ihrer Arbeit über Spenden hinterlässt ein Legitimationsvakuum: In wessen Namen und für wie viele Menschen sprechen die NGO-Funktionäre? Es gibt eine wachsende Gruppe professionalisierter NGOs, die kaum über aktive Mitstreiter verfügen, sondern auf der Grundlage von Spendengeldern Lobbyarbeit für dieses oder jenes Anliegen betreiben. Wie steht es um die innerorganisatorische Demokratie?

AUFGABEN

1. Entwickeln Sie in Gruppen ein Schaubild, in welchem die Vernetzung globaler Risiken deutlich wird (M 1). Präsentieren und vergleichen Sie Ihre Ergebnisse.
2. Wie weit sind wir bisher in der Errichtung einer Weltökologieordnung gekommen? Entwerfen Sie eine Agenda für die nächsten Jahre (M 2 - M 6).
3. Welche Bedingungen müssten allgemein erfüllt sein, um eine wirksame und demokratisch legitimierte Weltordnungspolitik zu betreiben (M 7)?
4. Beurteilen Sie die Rolle der NGOs in einer zukünftigen Weltordnungspolitik (M 8 - M 11).

LINKS

www.sef-bonn.org (Stiftung Entwicklung und Frieden, Bonn, mit zahlreichen gut sortierten Links)

www.globalpolicy.org (Global Policy Forum, New York, gut aufbereitete Seite mit einer übersichtlichen Gliederung und zahlreichen Texten zum Thema Globalisierung)

www.venro.org (Verband Entwicklungspolitik deutscher Nichtregierungsorganisationen, Venro ist ein freiwilliger Zusammenschluss von rund 100 deutschen Nichtregierungsorganisationen, von denen die meisten bundesweit tätig sind)

Informationen und Zusammenhänge

Globale Risiken und Probleme

Umweltprobleme, zunehmende Handelsverflechtungen und Risiken wie die Verbreitung von Massenvernichtungswaffen haben globale Auswirkungen und können nicht mehr von den Nationalstaaten alleine geregelt werden. Dazu sind neue Steuerungsmodelle notwendig.

Global Governance als Steuerungsmodell
M 2 - M 6

Global Governance bezeichnet den Versuch, in einem System geteilter Probleme und Risiken und sich überlappender Souveränitäten politische Steuerungsfähigkeit wiederzuerlangen. Im Zentrum einer Global-Governance-Architektur stehen dabei internationale Organisationen wie die Vereinten Nationen, die WTO, der IWF oder die Weltbank. Darüber hinaus gewinnen unterhalb einer festen Organisationsform stabile und dynamische multilaterale Abkommen und Konferenzen (internationale Regime) zunehmend an Bedeutung. Internationale Organisationen und Regime führen zu einer stärkeren Verhaltensverlässlichkeit der Staaten, da sie Normen und rechtliche Regeln bereitstellen und somit geeignet sind, Kooperationshindernisse zu überwinden.

Rolle der NGOs
M 7 - M 11

Zwar sind die Nationalstaaten weiterhin die wichtigsten Elemente eines solchen Ordnungsmodells, doch treten zunehmend Nichtregierungsorganisationen (NGOs) als neue Akteure globaler Politik in Erscheinung (z. B. Greenpeace oder Attac). Sie spielen im Bereich der Interessenartikulation eine wichtige Rolle und sind durch ihren niederen Organisationsgrad und ihre Verankerung in der Zivilgesellschaft für viele Hoffnungsträger einer mehr bürgerorientierten, demokratischeren Weltgesellschaft.

Probleme des Global Governance
M 6

Zentrales Problem einer auf der Selbstkoordination der Staaten beruhenden Global-Governance-Architektur bleibt einerseits der Mangel an Entscheidungsfähigkeit und andererseits die Umsetzung von Entscheidungen. So sind einstimmig zu treffende Entscheidungen in großen multilateralen Verhandlungssystemen nur schwer herbeizuführen – und die Umsetzung einmal getroffener Entscheidungen hängt ganz vom Willen der Nationalstaaten ab. Da es kein internationales Gewaltmonopol gibt, können vor allem mächtige Staaten nicht gezwungen werden, internationale Vereinbarungen auch einzuhalten.

Internationale Politik und Konfliktbewältigung

3 Herausforderungen für die Weltgemeinschaft

Waldemar Mandzel/CCC, www.c5.net

Zu Beginn des 21. Jahrhunderts ist die Weltgemeinschaft mit ganz unterschiedlichen Entwicklungen konfrontiert, deren Ursachen aber zum Teil eng miteinander verwoben sind.
An erster Stelle steht die Herausforderung durch den internationalen Terrorismus, wie die Anschläge vom 11. September 2001 auf drastische Weise deutlich gemacht haben.
Kapitel 4.1 fragt nach den Ursachen und Hintergründen des internationalen Terrorismus und versucht aufzuzeigen, welche Folgen für die internationale Politik zu erwarten sind.
Massive Folgen für die internationale Sicherheit hat auch die zunehmende Verbreitung von Massenvernichtungswaffen. Immer mehr Staaten sind bereits in Besitz oder streben den Besitz von atomaren, biologischen oder chemischen Waffen an, deren Einsatz verheerende Folgen hat. Kapitel 4.2 zeigt besonders am Fall des Irak, welche Möglichkeiten die Weltgemeinschaft hat, um eine weitere Verbreitung zu verhindern oder zumindest zu kontrollieren und welche Probleme sich dabei ergeben können.
Eine weitere Konfliktquelle ist die zunehmende Verschlechterung der Umwelt- und Lebensbedingungen auf der Erde. Am Beispiel eines regionalen Konflikts um Wasser in der Euphrat-Tigris-Region sollen in 4.3 die Gefahren von Umwelt- und Ressourcenkonflikten aufgezeigt und mögliche Lösungen erörtert werden.
Kriege, eine sich erweiternde Kluft zwischen Arm und Reich und Tendenzen zu regionaler Anarchie besonders in Afrika haben das Augenmerk der Weltöffentlichkeit immer wieder auf große Migrationsbewegungen gelenkt. Warum müssen Menschen ihre Heimat verlassen? Welche Wege gehen sie? Was bedeutet es für die Betroffenen, auf der Flucht zu sein und welche Konsequenzen ergeben sich für die Zielländer und die internationale Ordnung? Kapitel 4.4 möchte auf diese Fragen Antwort geben.
Kapitel 4.5 zeigt zusammenfassend einige Grundprobleme des internationalen Systems auf und versucht, ein wenig Licht in eine unübersichtliche Ordnung zu bringen.

3.1 Internationaler Terrorismus

M 1 Anschlag auf die Weltsicherheit

Am 11.September 2001 treffen zwei von Terroristen gesteuerte Verkehrsflugzeuge die Türme des World Trade Centers in New York. Beide Türme stürzen ein. Nur kurze Zeit später stürzt ein weiteres Flugzeug auf einen Seitenflügel des Verteidigungsministeriums (Pentagon) in Washington. Ein viertes Flugzeug stürzt in Pennsylvania auf ein freies Feld. Fast 3000 Menschen verlieren bei den Anschlägen ihr Leben.

M 2 Die Reaktion der USA: Rede des Präsidenten Bush vor dem Kongress

Wir sind ein Land, das durch die Gefahr wachgerüttelt wurde und aufgerufen ist, die Freiheit zu verteidigen. Unsere Trauer hat sich in Wut verwandelt, und Wut in Entschlossenheit. Ob wir unsere Feinde der Gerechtigkeit ausliefern oder ob wir Gerechtigkeit zu ihnen tragen, es wird Gerechtigkeit geben.

Ich will heute Nacht auch direkt zu den Moslems in der ganzen Welt sprechen. Wir achten Ihren Glauben. Er wird frei von vielen Millionen Amerikanern praktiziert und von vielen weiteren Millionen in Ländern, die Amerika zu seinen Freunden zählt. Seine Lehren sind gut und friedlich, und diejenigen, die Böses im Namen Allahs begehen, schänden den Namen Allahs. Die Terroristen sind Verräter an ihrem eigenen Glauben, ja, sie versuchen gar den Islam selbst zu entführen.

Der Feind der Amerikaner sind nicht unsere vielen moslemischen Freunde, nicht unsere zahlreichen arabischen Freunde. Unser Feind

ist ein radikales Netzwerk von Terroristen und jede Regierung, die sie unterstützt. ...
Wir werden jedes Mittel in unserer Macht einsetzen – jedes Mittel der Diplomatie, jede Möglichkeit der Geheimdienste, jedes Instrument der Strafverfolgung, jeden finanziellen Einfluss und jede notwendige Waffe des Krieges –, um das globale Netzwerk des Terrors zu zerstören und zu besiegen.
Unsere Antwort beinhaltet mehr als einen sofortigen Gegenschlag und einzelne Angriffe. Amerikaner sollten nicht eine einzige Schlacht erwarten, sondern einen langen Feldzug, wie wir ihn bisher noch nicht erlebt haben. ...
Jede Nation, in jeder Region, muss sich nun entscheiden: Entweder sind Sie mit uns oder mit den Terroristen. Von diesem Tag an werden die Vereinigten Staaten jede Nation, die weiterhin Terroristen beherbergt oder unterstützt, als feindliches Regime betrachten.
Das ist allerdings nicht nur Amerikas Kampf. Und nicht nur Amerikas Freiheit steht auf dem Spiel. Das ist der Kampf der Welt. Das ist der Kampf der Zivilisation. Das ist der Kampf aller, die an Fortschritt und Pluralismus glauben, an Toleranz und Freiheit.

dpa, 21.9.2001 (www.n-tv.de/2723490.htm, 10.10.2002)

M 3

Der 11. September aus arabischer Sicht

Die ägyptische Wochenzeitung Al-Ahram Weekly veröffentlichte diese Umfrage nach dem Jahrestag der Anschläge vom 11. September 2001.

1. How would you describe your feelings when you saw the destruction of New York's twin towers?

They deserved it:	52%
Sympathy for the victims:	35%
Afraid of the future:	24%
Admiration for the culprits:	28%
Anger at the culprits:	10%

2. Who do you think is responsible for the attacks?

Israeli intelligence/Mossad:	39%
We'll never know:	25%
Al-Qa'eda or other Islamic militants:	19%
Others:	19%

3. How do you view the American war on terror?

A means of asserting the US's global dominance:	68%
A war against Arabs and Muslims:	51%
A justified response to the attacks:	15%

4. How do you view the results of the American war on terror?

Descent into chaos and increasing violence:	93%
The end of democracy and human rights:	48%
Success in eradicating terrorism and a more peaceful world:	1%

5. How do you view the future of radical Islamists?

Their popularity will increase:	51%
They are becoming weak and isolated:	31%
11 September was their death blow:	11%

6. What do you feel should have been Arab and Islamic governments' position on the US war on terror?

Oppose:	63%
Support:	10%
Remain neutral:	22%

Note: Our sample does not aspire to fully represent Egyptian public opinion, although we have made every effort to make it as representative as possible of the country's social composition. About 35 per cent of the respondents were under 20 years of age, as opposed to the actual ratio of 49 per cent for this age group. Our sample is also skewed towards the educated. Only 25 per cent of the Egyptian population hold a high school or higher degree, while our sample's share of that category was 75 per cent. Note: Totals sometimes number more than 100 per cent because, on some of the questions, respondents were allowed to select more than one answer.

Al-Ahram Weekly Nr. 603, 12–18.9.2002

M 4

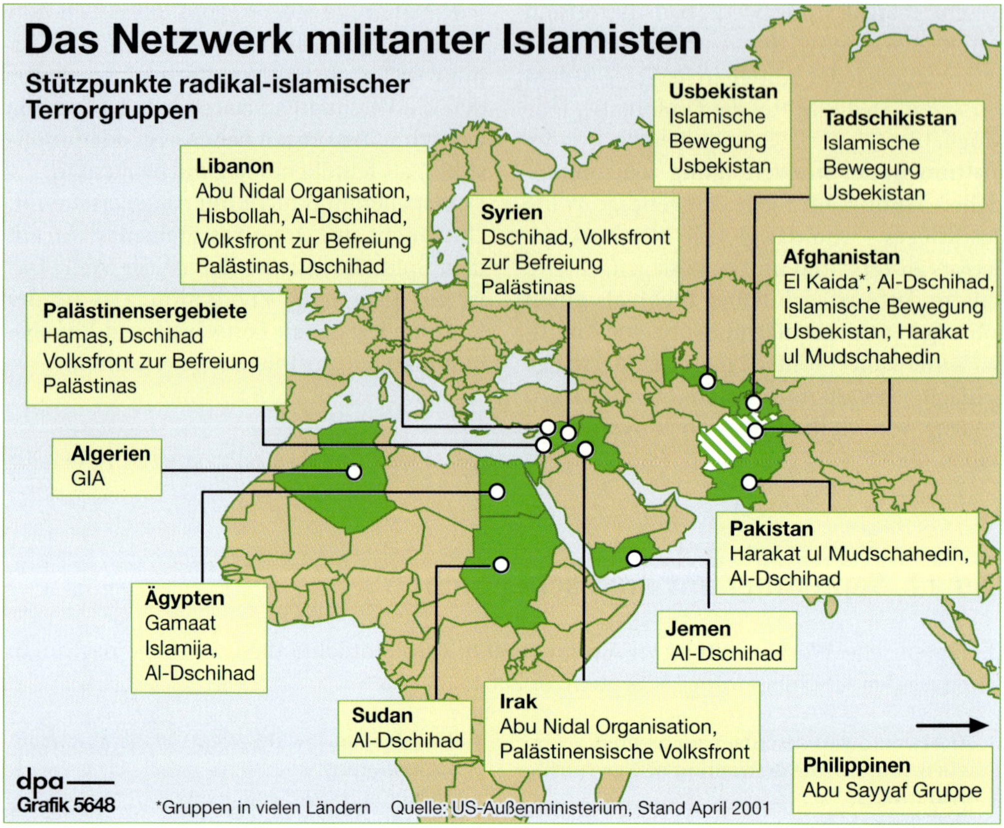

M 5

Wer ist Osama bin Laden?

Der frühere US-Präsident Bill Clinton bezeichnete Osama bin Laden einmal als „die größte Bedrohung für den Weltfrieden". Wann immer in der Welt Terroranschläge verübt werden, kommt der Name des saudiarabischen Multimillionärs ins Spiel. Ihm wird auf Grund seiner Kontakte und Finanzkraft zugetraut, die USA tatsächlich auf ihrem eigenen Territorium angreifen zu können.

Die Familie Osama bin Ladens machte während des Bau-Booms in Saudi-Arabien ein Vermögen, er selbst soll über mindestens 150 Millionen Euro verfügen. 1978 gab er sein Leben im Überfluss auf und kämpfte in den 80er-Jahren zunächst gegen die sowjetische Besatzungsmacht. Nach dem Abzug der Sowjets aus Afghanistan wandte sich der 1957 geborene gegen die USA. Die Amerikaner hätten als Freund Israels die arabischen Länder zu Untertanen gemacht. Nach Erkenntnissen der Geheimdienste gründete Osama bin Laden im Frühjahr 1998 ein internationales Terrornetzwerk mit radikalen Gruppen aus Afghanistan, Algerien, Bangladesch, Pakistan und Kaschmir. Im Mai desselben Jahres erklärte er seinen „Heiligen Krieg".

Auf sein Konto gehen nach Ansicht der US-Regierung zahlreiche Anschläge gegen amerikanische Einrichtungen. So soll er am Anschlag auf das World Trade Center im Jahr 1993 beteiligt gewesen sein. Sehr wahr-

scheinlich steckt Osama bin Laden auch hinter den Bombenattentaten auf die US-Botschaften in Nairobi und Daressalam im August 1998 mit 224 Toten und mehr als 4.500 Verletzten. US-Ermittler machen ihn zudem für den Anschlag 1997 im ägyptischen Luxor verantwortlich und vermuten ihn auch hinter dem Attentatsversuch auf den ägyptischen Präsidenten Hosni Mubarak im Jahr 1995.

Saudi-Arabien, das Heimatland von Osama bin Laden, hat ihm 1994 die Staatsbürgerschaft entzogen. Bis zu den anglo-amerikanischen Angriffen war er Gast der radikal-islamischen Taliban in Afghanistan. Wo er sich derzeit aufhält, ist unbekannt. Die USA haben eine Millionen-Belohnung auf sein Ergreifen ausgesetzt.

Bayerischer Rundfunk, www.br-online.de/politik-wirtschaft/terror/binladen.shtml (28.10.2002)

Internationale Terrorgruppen

M 6

Bezeichnung	Beschreibung
Abu Sayyaf (Vater des Schwerteführers)	Spaltete sich 1991 von der philippinischen Rebellengruppe Moro-Befreiungsfront ab; kämpfen für einen eigenen Staat auf der Insel Mindanao
Al Qaida (die Basis)	Arabische Mudschaheddin unter der Führung Osama Bin Ladens
Islamischer Djihad (Islamischer Heiliger Krieg)	Ende der siebziger Jahre in Ägypten gegründet; kämpft gegen die Regierung Mubarak; enge Verbindungen zu Bin Laden
Front Islamique de Salvation (Islamische Heilsfront, FIS)	Algerischer Zweig der Moslembrüder; wurden 1991 verboten und operieren seitdem im Untergrund
Groupe Islamique Armée (Bewaffnete Islamische Gruppe, GIA)	1992 als radikale Splittergruppe der Islamischen Heilsfront gegründet; enge Verbindungen zum ägyptischen Djihad und zum Iran
Hamas (Islamische Widerstandsbewegung)	1987 im Zuge der Intifada gegründet; ging aus den Moslembrüdern hervor; kämpfen für islamischen, nichtsäkulären Staat Palästina
Hisbollah (Partei Gottes)	Schiitisch-extremistische Bewegung, 1982 auf Betreiben des Iran gegründet
Ichwan Muslimin (Moslembrüder)	1982 in Ägypten gegründet; operiert multinational für die Beseitigung als „unislamisch" erachteter Regime

aus: Kursthemen Sozialwissenschaften, Globalisierung, hg. von Christel Löscher/Petra Röder, Berlin 2002, S. 236

M 7 Begriff: Internationaler Terrorismus

Terrorismus ist ein grenzüberschreitendes und transnationales Phänomen. Er existiert in unterschiedlicher Form und Ausprägung als Mittel zur Durchsetzung politischer Ziele. Im Lauf der Zeit haben sich die Tätergruppen und die eingesetzten Mittel geändert. So ist der ideologisch-politisch motivierte Terrorismus der 70er und 80er Jahre zurückgegangen.

Seit Beginn der 90er Jahre gewinnen Tätergruppen an Bedeutung, die dem radikal-religiösen Fundamentalismus, dem rechtsextremen Bereich sowie dem Umfeld der „Organisierten Kriminalität" entstammen oder sich keiner klar umrissenen Gruppe mehr zuordnen lassen.

Auch die „Tatwerkzeuge" sind vielfältig. Zwar bleiben Schusswaffen und Sprengstoff weiterhin die bevorzugten Mittel, doch dokumentieren der 1995 von der Aum-Sekte auf die U-Bahn in Tokio verübte Giftgasanschlag oder die Serie von Milzbrandanschlägen in den USA von 2001, dass die Nutzung chemischer, biologischer, radiologischer und selbst nuklearer Waffen eine potenzielle Gefahr darstellt. Hinzu kommen neue technologische Verwundbarkeiten.

Angriffe auf unsere Datennetze und -systeme, die sich zu unersetzlichen Nervenbahnen entwickelt haben, sind ein reales Szenarium geworden. In der Öffentlichkeit wird diese Art von Konflikt häufig mit Cyberwar umschrieben.

www.bundesnachrichtendienst.de/auftrag/terrorismus.htm (10.11.2002)

M 8 Ursachen des internationalen Terrorismus

Unmittelbar geht es bei dem derzeitigen Kampf gegen den internationalen Terrorismus um die Durchdringung und Zerschlagung der „Al-Qaida", die aber allein militärisch kaum gelingen kann; dies gilt auch für nachrichtendienstliche Tätigkeit und Infiltration. Denn mit der Ausschaltung Bin Ladens und seiner engsten Gefolgsleute wird es nicht getan sein, da Ideologien Ideologen mühelos überleben. Langfristig muss es daher vor allem darum gehen, das Umfeld zu verändern, aus dem sich Terroristen und Sympathisanten rekrutieren. Auf Grund des Aktionsmonopols von Terroristen und unbegrenzter Terrorziele ergibt langfristig folgendes Motto der Terrorismusbekämpfung Sinn: Man muss nicht Taten, sondern Täter verhindern. Dieses Motto hat aus deutscher Sicht eine außen- und innenpolitische Komponente. Im Rahmen der Außenpolitik spielen die Ursachen des Terrorismus im islamischen Raum eine große Rolle. Der religiös

Fahndungsliste der meistgesuchten Terroristen des FBI im Internet

motivierte Terrorismus ist von einem Hauptmotiv geprägt: der Abwehr des globalen Modernisierungs- und Säkularisierungsdrucks sowie der Rückkehr zu einer ausschließlich auf religiösen Grundlagen beruhenden Gemeinschaftsform. Wogegen sich viele Menschen zumal im islamischen Raum wenden, ist die Dominanz der Werte der „westlichen Moderne“, z. B. Pluralismus, religiöse Indifferenz und Materialismus. Das politische, wirtschaftliche und gesellschaftliche Umfeld bildet dabei eine Art „Nährboden“ für terroristische Gewalt:

- Mit der Globalisierung verbunden ist die noch intensivere Ausbreitung westlicher Wertvorstellungen, Leitbilder, Lebens- und Konsumstile. Viele befürchten, dass diese vom Westen geförderten Trends zur Universalisierung der eigenen Werte langfristig zur Herausbildung einer bestimmten Weltkultur und Weltethik führen. Einer solchen Homogenisierungstendenz steht das in allen Weltregionen beobachtbare Bestreben entgegen, kulturelle Identitäten zu bewahren.
- Viele Muslime interpretieren die jüngere Geschichte als fortgesetzte Erniedrigung ihrer Kultur durch den Westen. Der Konfrontation mit den technisch, wirtschaftlich und militärisch überlegenen USA und Europa in der Gegenwart steht die Erinnerung an die Vergangenheit gegenüber, als islamische Gelehrte in Wissenschaft und Medizin führend waren. Solange der westlich geprägte ökonomische und gesellschaftliche Modernisierungsprozess in diesen Ländern noch die Hoffnung auf Wohlstand und ein Überwinden der sozialen und ökonomischen Kluft verkörperte, stieß die Kritik islamischer Gruppen am westlichen Entwicklungsmodell auf wenig Resonanz. Erst die Verflüchtigung dieser Hoffnung gab extremistischen Kräften erheblichen Auftrieb. Die wachsende Kluft hat ein gewisses „kollektives Gefühl der Vergeblichkeit“ erzeugt, das sich im Hass auf die „Ungläubigen“ kanalisiert. „Der Mangel an Fortschritt, verbunden mit dem Zusammenbruch säkularer Ideologien ..., hat so etwas wie einen heiligen Zorn hervorgebracht, der in Wirklichkeit alles andere als heilig ist.“
- Die Bevölkerung in islamischen Regionen wächst explosionsartig; sie besteht zu einem großen Teil aus Jüngeren und Jugendlichen. Die Infrastruktur hat damit bei weitem nicht Schritt gehalten; sie reicht zur Versorgung der Bevölkerung nicht mehr aus. Der Urbanisierungsprozess hat immens zugenommen und führt zu Elendsvierteln am Rande der großen Städte, die mit der Unterbringung und Versorgung der vom Land kommenden Zuwanderer überfordert sind. Der Industrialisierungsprozess verläuft zögerlich, und die Wirtschaft bleibt eng mit dem Staatsapparat verwoben, der zugleich der wichtigste Arbeitgeber ist. Wer hier kein Glück hat, findet dieses unter Umständen im expandierenden informellen oder gar illegalen Sektor.
- Die Herrschenden haben sich in der überwiegenden Mehrheit damit zufrieden gegeben, von den beiden Postulaten der islamischen Staatslehre, zugleich autoritär und fürsorglich gegenüber der eigenen Bevölkerung zu sein, nur das Erstere zu verwirklichen. So richtet sich die von radikalen Kräften im islamischen Raum ausgeübte Gewalt am häufigsten gegen andere Araber und Muslime bzw. Staatsregime.
- Die Ausbreitung von „Dschihadisten“, das heißt religiös argumentierenden Berufsfanatikern, durch Koranschulen und andere Einrichtungen wird insbesondere von Ländern der arabischen Halbinsel finanziell großzügig unterstützt.
- Hinzu kommt insbesondere im Nahen Osten eine regionale Politik, die Ohnmachtsgefühle und den Hass fördert. Die nicht unbegründeten Vorwürfe beziehen sich auf die Politik Israels gegenüber den Palästinensern, sodann aber auch auf die häufig zu einseitige Parteinahme der USA zugunsten Israels.

Kai Hirschmann, Terrorismus in neuen Dimensionen, in: Aus Politik und Zeitgeschichte B 51/14.12.2001, S. 13 ff.

M 9 „Die Armen rebellieren nicht"

Terroristen stammen meist aus der Oberschicht. Doch Bomben allein können sie nicht stoppen. Ein ZEIT-Gespräch mit dem Entwicklungsforscher Franz Nuscheler

DIE ZEIT: Herr Professor Nuscheler, können Bomben den Terrorismus ausrotten?

Franz Nuscheler: Nein, weil sie seine sozialen und politischen Ursachen nicht beseitigen. Sie tragen seinen Nährboden nicht ab.

ZEIT: Woraus besteht dieser Nährboden?

Nuscheler: Aus Armut, aus Hoffnungslosigkeit, aus dem Gefühl der Ohnmacht. Es ist so, wie Bundespräsident Johannes Rau kürzlich in seiner Rede am Brandenburger Tor gesagt hat: Der strukturelle Hintergrund des Terrorismus ist eine ungerechte Welt.

ZEIT: Wirklich? Die mutmaßlichen Terrorpiloten, die Hintermänner, sie alle stammen nicht gerade aus armen Verhältnissen.

Nuscheler: Das habe ich auch nicht behauptet. Die Armen selbst rebellieren nicht, das haben sie nie getan. Sie neigen eher zur Selbstanklage und geben sich ihrem Schicksal hin. Die Geschichte zeigt, dass Terroristen meist aus der Mittel- oder Oberschicht kommen und als eine Art Hohepriester fungieren. Oft durchaus im wörtlichen Sinne: Es sind die Mullahs, die Ayatollahs oder auch christliche Priester wie bei den Guerillabewegungen in Lateinamerika. Diese Hohepriester fühlen sich durch die Armut, durch die von ihnen als ungerecht empfundene Welt provoziert. Sie sehen sich als die Sprecher der Sprachlosen. Das ist ihre Selbstlegitimation, auch dann, wenn sie gar keine sozialen Anliegen haben, sondern eher religiöse und politische, wie die Terroristen von New York und Washington.

ZEIT: Kann denn auch eine Religion entwicklungshemmend wirken, zum Beispiel der Islam?

Nuscheler: Ich lehne es ab, pauschal über den Islam zu reden. Es gibt ganz unterschiedliche Traditionen und Ausprägungen des Islam. In Malaysia etwa bildet er das Rückgrat einer sehr erfolgreichen Entwicklung. Er kann also für Fortschritt stehen, siehe auch Ägypten und Tunesien. Wo er sich aber fundamentalistisch definiert, ist er der Entwicklung eher hinderlich. ...

ZEIT: Demnach produziert der Fundamentalismus zu einem nicht geringen Teil das Elend, das dann den Terroristen das Motiv liefert, im Namen der Entrechteten Anschläge zu verüben?

Nuscheler: Diesen Widerspruch sehen die Terroristen natürlich nicht, weil sie die Entstehung aller Ungerechtigkeit und allen Leids auf einen einzigen Feind projizieren: auf den Westen.

Wolfgang Uchatius u. Fritz Vorholz (Gesprächsführung), in: Die Zeit, 41/2001 (www.zeit.de/2001/41/wirtschaft/print_interv._nuschele.html, 15.9.2002)

M 10 Die Folgen des Terrorismus – vom Kalten zum „Grauen Krieg"

Der Terrorismus ist für die amerikanische Außenpolitik zu einer strategischen Herausforderung geworden. Die Terrorangriffe waren u. a. Folge der tiefen Veränderungen, die insbesondere durch die Globalisierung hervorgerufen wurden. Die technologische Revolution in den Bereichen Information und Kommunikation hat in bestimmten Bereichen zu einer Machtverschiebung von Regierungen und Staaten hin zu Individuen und Gruppen geführt. Globalisierung führt damit tendenziell zur Privatisierung von Macht, und Terrorismus ist nichts anderes als die Privatisierung des Krieges.

Präsident Bush hat zurecht davor gewarnt, dass der Kampf gegen den internationalen

Terrorismus lang, oftmals nicht wahrnehmbar und ohne klares Ende sein werde. Weder die USA, deren militärische Überlegenheit ohne historische Parallele ist, noch die NATO waren (und sind) in der Lage, derartige Angriffe abzuschrecken, weil die Attentäter keine Furcht um ihr Land haben mussten. Ein massiver Vergeltungsschlag ist geradezu Teil ihrer Strategie. In der Auseinandersetzung mit dem Terror gibt es kein Gleichgewicht des Schreckens. Es gibt ein Ungleichgewicht des Terrors, das sich allein militärisch nicht ausgleichen lässt. ...
War der Kalte Krieg durch das Gegeneinander zweier konventionell und nuklear hochgerüsteter Blöcke gekennzeichnet, ist der „Graue Krieg" ein heißer und vor allem asymmetrischer Krieg ohne Fronten, Armeen und Regeln. Hier stehen sich einerseits die hochgerüsteten USA bzw. der Westen und ein Gegner gegenüber, der nur schemenhaft bekannt und lokalisierbar ist. Seine Stärken erwachsen aus den Schwächen des Westens und seiner offenen Gesellschaft. Er zielt auf Zerstörung und würde auch vor dem Einsatz von Massenvernichtungswaffen nicht zurückschrecken, sollte er ihrer habhaft werden.

Heinrich Kreft, Vom Kalten zum „Grauen Krieg" – Paradigmenwechsel in der amerikanischen Außenpolitik, in: Aus Politik und Zeitgeschichte Nr. 25 / 21.6.2002, S. 16

Krieg:
organisierter, mit Waffengewalt ausgetragener Machtkonflikt zwischen Völkerrechtssubjekten (Staaten, Bündnisse), zwischen Bevölkerungsgruppen innerhalb eines Staates (Bürgerkrieg) oder zwischen einem Staat und einer Gruppe (asymmetrischer Krieg) zur gewaltsamen Durchsetzung politischer, wirtschaftlicher, ideologischer oder militärischer Interessen.

Autorentext

AUFGABEN

1. Setzen Sie die Biografie Osama Bin Ladens (M 5) zu den Thesen über die Herkunft führender Terroristen in M 9 in Bezug.
2. Erläutern Sie unter Zuhilfenahme von M 8 und M 9 die verschiedenen Ursachen des internationalen Terrorismus.
3. **Mindmap.** Erstellen Sie ausgehend von M 10 eine Mindmap zum Begriff „Grauer Krieg".

LINKS

www.zdf.de/ZDFde/inhalt/0,1872,2003527,00.html (Dossier zum Thema Terrorismus)

www.hamburger-bildungsserver.de/welcome.phtml?unten=/themen/terrorismus/ (Dossier zum Thema Terrorismus)

www.fbi.gov/terrorinfo/terrorism.htm (Seite der amerikanischen Bundespolizei)

www.uni-kassel.de/fb10/frieden/themen/Terrorismus/ (Seite der AG Friedensforschung der Uni-Kassel mit (alternativen) Beiträgen zu Ursachen und Formen des Terrorismus)

Informationen und Zusammenhänge

Ursachen des internationalen Terrorismus
M 8, M 9

Terrorismus bedeutet politisch oder religiös motivierte Gewaltanwendung von Gruppen oder Einzeltätern. Die Ursachen und Ziele des internationalen Terrorismus sind genauso vielfältig wie die einzelnen Gruppen. Ganz allgemein lässt sich aber vor allem ein Hauptmotiv des religiös motivierten Terrorismus ausmachen. Er versteht sich als Gegenbewegung zum globalen Säkularisierungs- und Modernisierungsprozess. Dabei steht im Vordergrund die Abwehr westlicher Werte wie Pluralismus, Materialismus und religiöse Indifferenz. Das im Zuge der Globalisierung erleichterte Eindringen westlicher Wertvorstellungen, Konsum- und Lebensstile in die religiös geprägten islamischen Gesellschaften hat Ängste vor einem Verlust der eigenen Identität und einer „Kolonialisierung" vor allem durch die USA hervorgerufen. Hinzu kommt eine explosionsartige Bevölkerungsentwicklung und eine nur schwache wirtschaftliche Entwicklung, die den Nährboden für radikale Ideologien bietet. Viele Jugendliche in den islamischen Staaten wachsen ohne jede Zukunftsperspektive auf. Auch der ungelöste Konflikt zwischen Israelis und Palästinensern und die als einseitig empfundene Parteinahme der USA in diesem Konflikt fördern die Ohnmachtsgefühle in der islamisch-arabischen Welt.

Asymmetrischer Krieg/ Privatisierung der Gewalt
M 10

Der so genannte „Megaterrorismus" oder „Superterrorismus", der eine sehr hohe Zahl von Opfern anstrebt, kann durchaus als eine Form der privaten Kriegführung verstanden werden. Während das klassische Kriegsbild allerdings geprägt ist von der Wendung des nationalstaatlichen Gewaltmonopols nach außen mit einer zentralen Kontrolle der Armeen und Waffen durch identifizierbare Entscheidungsträger, so sind terroristische Anschläge im Stile des 11. September 2001 diesem Kriegsbild nicht mehr zuzuordnen. Charakteristisch für die neue asymmetrische Kriegführung ist dagegen das enorme Zerstörungspotenzial von Einzeltätern oder einer kleinen Gruppe. Die Stärke des vermeintlich viel schwächeren Gegners erwächst dabei aus der Verwundbarkeit offener, pluralistischer, freiheitlicher und hoch technisierter Informationsgesellschaften.

Terrorismus und Sicherheitspolitik

Für die Sicherheitspolitik der Staaten ist der Terrorismus zu einer großen Herausforderung geworden, weil sie darauf nur unzureichend vorbereitet waren. Die Formel glaubhafte Abschreckung = Sicherheit ist außer Kraft gesetzt, da die privaten Akteure weder ihre eigene Vernichtung noch die des Staates fürchten, von dem aus sie agieren.

Im Bereich der inneren Sicherheit haben viele Staaten auf den Terrorismus mit einer Einschränkung von Freiheitsrechten und einer Ausweitung der Rechte von Ermittlungsbehörden reagiert.

3.2 Die Verbreitung von Massenvernichtungswaffen

Explosiver Stoff: die atomaren Arsenale der Welt

M 1

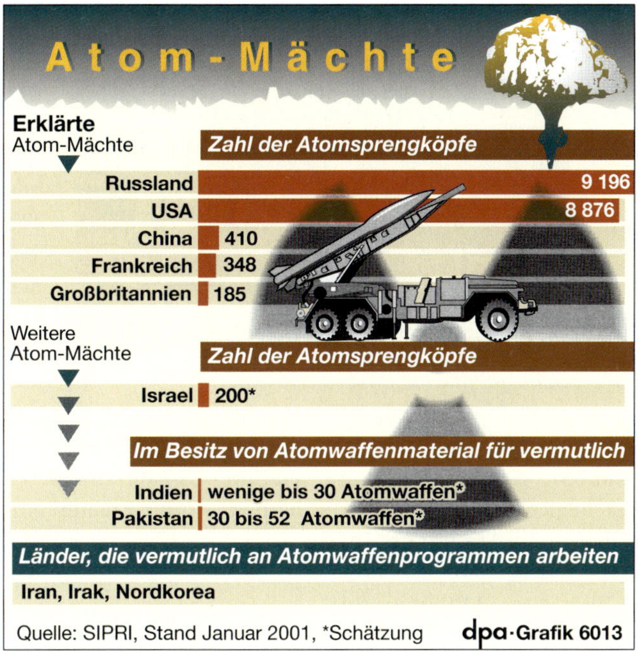

Gründe für die Beschaffung von Massenvernichtungswaffen

M 2

Die Motivation, warum sich Staaten ABC-Waffen und weitreichende Trägermittel zu verschaffen suchen, sind vielfältig und überlagern sich oft. Ein Grund mag in der Einschüchterung und Bedrohung von Nachbarstaaten liegen.
Dies ist beispielsweise im Irak der Fall, der während der achtziger Jahre einen Krieg gegen Iran führte und dabei chemische Waffen einsetzte. 1990 überfiel der Irak Kuwait, besetzte es und konnte erst durch die militärische Aktion „Wüstensturm" unter Führung der USA wieder zum Rückzug bewegt werden. Die zuvor hergestellten Bestände an chemischen und biologischen Waffen setzte der Irak während dieses Krieges nicht ein.
Andere Staaten zeigen Interesse an ABC-Waffen, um die eigene Sicherheit gegenüber ambitionierten Nachbarn aufrechtzuerhalten. Ein wichtiges Beispiel dafür ist Iran, das sich nicht nur dem alten Kontrahenten Irak, sondern auch einem Nachbarn Pakistan gegenübersieht, der bereits über Kernwaffen verfügt. Pakistans Kernwaffenerwerb wiederum erfolgte in Reaktion auf die entsprechenden Bemühungen Indiens. Neu Delhi führte bereits 1974 eine als zu friedlichen Zwecken deklarierte Nuklearexplosion durch. Im Sommer 1998 vollzog es eine Reihe von Kerntests zu militärischen Zwecken, auf die Pakistan umgehend mit eigenen Kernwaffentests reagierte. Indien seinerseits entschied sich für den nuklearen Weg, weil es sich an seiner Nordgrenze der Nuklearmacht China gegenüber-

sieht. Darüber hinaus war der Wunsch nach einer Aufwertung seines internationalen Status bei Indiens Entscheidung ausschlaggebend.

Nordkorea ist ein völlig isoliertes Land und dürfte seine vermutlichen ABC-Waffen-Projekte als eine Art Überlebensgarantie ansehen. Darüber hinaus bietet ihm die Weitergabe von Raketentechnik eine willkommene Devisenquelle.

Schließlich könnte bei den Regierenden einiger Staaten der Hintergedanke ausschlaggebend sein, durch die Beschaffung von ABC-Waffen militärische Interventionen durch westliche Streitkräfte in ihrer Region abzuschrecken. So ist fraglich, ob westliche Streitkräfte im Kosovo-Konflikt interveniert hätten, wenn der jugoslawische Präsident Milosevic in Besitz von ABC-Waffen gewesen wäre.

Indische Prithvi Mittelstreckenraketen

Trotz allem hat sich die überwiegende Mehrzahl der Staaten gegen den Erwerb von ABC-Waffen entschieden. Manche – darunter Deutschland – fühlen sich durch die Kernwaffen der USA mitgeschützt. Für andere Staaten spielen ABC-Waffen in ihren Regionen keine Rolle und würden nur zu Komplikationen beitragen oder ihnen fehlen die finanziellen und technischen Voraussetzungen. Wiederum andere fühlen sich den internationalen Normen verpflichtet, die biologische und chemische Waffen verbieten und den Kreis der kernwaffenbesitzenden Staaten einschränken.

Oliver Thränert, in: Informationen zur politischen Bildung 274, hg. von der Bundeszentrale für politische Bildung, Bonn 2002.

M 3 Mittel zur Rüstungskontrolle

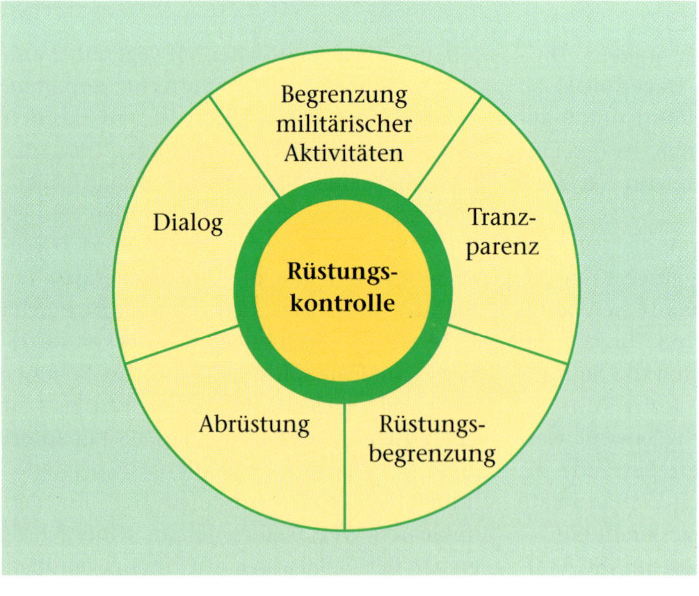

Wichtige Abrüstungs- und Rüstungskontrollvereinbarungen

M 4

Bezeichnung	Abschluss	Teilnehmer	Vereinbarungen
Nuklearer Nichtverbreitungsvertrag (NVV)	Unterzeichnung am 1. Juli 1968; seit 5. März 1970 in Kraft; am 11. Mai 1995 auf unbestimmte Zeit verlängert	Erstunterzeichner UdSSR, USA, GB; im Jahr 2002 187 Teilnehmerstaaten; von der Bundesrepublik am 2. Mai 1975 ratifiziert	Kernwaffenstaaten werden verpflichtet, keine Nuklearwaffen oder die Verfügungsgewalt darüber an Nichtkernwaffenstaaten weiterzugeben oder diese bei Herstellung oder Erwerb zu unterstützen. Nichtkernwaffenstaaten verpflichten sich, sämtliches Spaltmaterial unter Kontrolle der Internationalen Atomenergieorganisation zu stellen, um eine Abzweigung für die Herstellung von Kernwaffen zu verhindern.
Strategic Arms Reduction Treaty (START)	Unterzeichnung von Start I am 31. Juli 1991, von Start II am 5. Januar 1993; Start I trat am 5.Dezember 1994 in Kraft; Implementierung von Start II beginnt am 31. Dezember 2007	USA, Sowjetunion/Russland, START I zusätzlich: Ukraine, Kasachstan und Weißrussland	Begrenzung der see- und landgestützten Interkontinentalraketen und deren Gefechtsköpfe, sowie Begrenzung der strategischen Bomber und ihrer Zuladung. START I: Obergrenzen von 1.600 Trägersystemen und 6.000 Gefechtsköpfen; START II: Reduzierung der strategischen Nuklearwaffen um zwei Drittel auf eine Obergrenze von jeweils 3.000 bis 3.500 Gefechtsköpfen.
Intermediate-Range-Nuclear Forces-Vertrag (INF-Vertrag)	Unterzeichnung am 8. Dezember 1987; seit dem 1. Juni 1988 in Kraft	USA, Sowjetunion	Weltweite Beseitigung nuklearer Mittelstreckenwaffen mit einer Reichweite von 500 bis 5.500 km. Die BRD verpflichtete sich einseitig, alle 108 Pershing Ia-Flugkörper der Luftwaffe zu vernichten.
Übereinkommen über das Verbot bakteriologischer und Toxinwaffen (BWÜ)	Unterzeichnung am 10. April 1972; seit dem 26. Mai 1975 in Kraft	141 Unterzeichnerstaaten; darunter die BRD seit dem 7. April 1983	Verbot der Entwicklung, Herstellung, des Besitzes, der Weitergabe und des Einsatzes von biologischen Waffen. Die Verifikation ist bislang noch nicht geregelt.
Übereinkommen über das Verbot der Entwicklung, Herstellung, Lagerung und des Einsatzes chemischer Waffen (CM)	Unterzeichnung 1993; trat am 29. April 1997 in Kraft	Unterzeichnung durch 170 Staaten, Ratifizierung durch 127 Staaten. Die BRD ist seit 12. August 1994 Vertragsstaat	Alle chemischen Waffen müssen bis 2007 vernichtet werden. Verifikation durch Organisation für das Verbot der Chemischen Waffen.
Vertrag über Konventionelle Streitkräfte in Europa (KSE)	Unterzeichnung am 19. November 1990; trat am 17. Juli 1992 in Kraft	Inzwischen 30 Vertragsparteien	Erreichen eines konventionellen Gleichgewichtes zwischen Ost und West. Obergrenzen für Kampfpanzer, gepanzerte Fahrzeuge, Artilleriewaffen, Kampfflugzeuge und Angriffshubschrauber in Europa zwischen dem Atlantik und dem Ural. Nach der Erweiterung 1999 ist die Verhinderung von destabilisierenden Streitkräftekonzentrationen Ziel der Unterzeichnerstaaten.

Bezeichnung	Abschluss	Teilnehmer	Vereinbarungen
Vertrag über den offenen Himmel	Unterzeichnung am 24. März 1992; auf unbestimmte Zeit abgeschlossen	NATO-Staaten, Russische Föderation, Weißrussland, Ukraine, Polen, Tschechien, Slowakei, Rumänien, Bulgarien, Ungarn, Georgien. Offen für weitere Staaten	Öffnung des Luftraumes aller Vertragsstaaten zur Beobachtung ihrer Territorien mit Beobachtungsluftfahrzeugen als vertrauens- und sicherheitsbildende Maßnahme. Der Vertrag ermöglicht ausdrücklich eine Ausdehnung auf weitere Bereiche wie z. B. den Umweltschutz.
Übereinkommen zur Eliminierung der Antipersonenminen	Unterzeichnung am 4. Dezember 1997; trat am 1. März 1999 in Kraft	130 Zeichnerstaaten, im Jahr 2000 durch 80 Staaten ratifiziert; es fehlen die USA, Russland, China, Indien, Pakistan, Jugoslawien und andere relevante Staaten.	Verbot von Herstellung, Einsatz, Transfer und Lagerung von Antipersonenminen; Verpflichtung zur Zerstörung der bestehenden Bestände innerhalb von vier Jahren; Räumung verlegter Bestände innerhalb von 10 Jahren

www.bundeswehr.de/ministerium/sicherheitspolitik/abruestung (11.7.2000)

M 5 Der Atomwaffensperrvertrag – eine zwiespältige Bilanz

Mit dem Vertrag über die Nichtverbreitung von Kernwaffen (NV-Vertrag oder Atomwaffensperrvertrag, Treaty on the Non-Proliferation of Nuclear Weapons – NPT), der 1968 auf Initiative der USA und der Sowjetunion zustande kam und zwei Jahre später in Kraft trat, wurde ein wesentlicher Fortschritt in der multilateralen Rüstungskontrolle erzielt. Der Vertrag untersagt den Kernwaffenstaaten die Weitergabe von Kernwaffen an dritte Staaten und verpflichtet sie zu nuklearen Abrüstungsmaßnahmen; er verbietet den Nichtkernwaffenstaaten die Annahme oder Herstellung und den Besitz von Kernwaffen und garantiert ihnen ungehinderten Zugang zu nuklearen Materialien, Anlagen und Technologien zum Zweck der friedlichen Nutzung der Kernenergie unter internationaler Kontrolle.

Aus heutiger Sicht erscheint die Bilanz des Sperrvertrags zwiespältig. 187 Staaten sind dem Vertrag bis Mitte 2000 beigetreten, darunter schließlich auch – lange nach den Erstunterzeichnern USA, UdSSR und Großbritannien – die Kernwaffenstaaten China (1991) und Frankreich (1992), mehrere kernwaffenfähige „Schwellenländer" wie Nord- und Südkorea, Südafrika und Argentinien sowie alle Nachfolgestaaten der Sowjetunion. Nur noch eine Handvoll Staaten sind ihm ferngeblieben, darunter Israel und einige wichtige Länder der Dritten Welt (Indien, Pakistan, Brasilien), denen der diskriminierende Charakter des Vertrags nicht akzeptabel erscheint. Ob der Vertrag wirklich geeignet ist, alle seine Mitglieder vom Schritt zur Atomrüstung abzuhalten, bleibt umstritten, zumal die vereinbarten Kontrollmaßnahmen („safeguards") den militärischen Missbrauch ziviler Nukleartechnologie allenfalls nachträglich anzeigen, jedoch nicht verhindern können. Sanktionen gegen Vertragsverletzungen sind nicht vorgesehen. Die Aufdeckung eines geheimen Kernwaffenprogramms im Irak – einem langjährigen Mitgliedstaat des NV-Vertrags – nach dem Ende des Kuwait-Kriegs 1991 hat gezeigt, dass der Vertrag unterlaufen werden kann, wenn eine illoyale Regierung es darauf angelegt, die Weltöffentlichkeit vorsätzlich irrezuführen.

Erwin Häckel, Internationale Nuklearpolitik/ Proliferation, in: Wichard Woyke (Hg.), Handwörterbuch Internationale Politik, 8. Aufl., Opladen 2000, S. 184

Exkurs: Folgen einer nationalen Raketenabwehr der USA

M 6

Dass die Bedrohung amerikanischen Territoriums durch Raketenangriffe kein fernes Problem ist, sondern dass die USA schon in wenigen Jahren bei geringer oder gar keiner Warnzeit einem Angriff ballistischer Raketen ausgesetzt sein könnte, war das Ergebnis einer vom amerikanischen Kongress eingesetzten überparteilichen Expertengruppe unter der Leitung des früheren und derzeitigen (2003) Verteidigungsministers Donald H. Rumsfeld. Der Bericht veranlasste die amerikanische Regierung dazu, für die Haushaltsjahre 2000–2005 die Ausgaben für den Aufbau einer nationalen Raketenverteidigung auf 10,5 Mrd. US-$ zu erhöhen. Wie groß die Gefahr in den USA eingeschätzt wird, wurde auch daran deutlich, dass Anfang Januar 1999 er amerikanische Senat mit überwältigender Mehrheit eine Gesetzesvorlage annahm, die die Regierung dazu verpflichtet, eine nationale Raketenabwehr aufzubauen – ein Schritt, dem bald darauf das Repräsentantenhaus folgte. Die Entscheidungen für die Errichtung regionaler, schauplatzgebundener Raketenabwehrsysteme (TMD – Theater Missile Defense) zum Schutz der Truppen und Verbündeten der USA in Asien und Europa sind schon gefallen.

In Europa wurden die Gefahren, die von der Proliferation modernster Raketentechnologie ausgehen, bislang eher bagatellisiert und die Planungen der USA mit Zurückhaltung zur Kenntnis genommen und die Sorge geäußert, ein Nationales Raketenabwehrsystem schaffe „zwei unterschiedliche Zonen der Sicherheit“ zwischen Nordamerika und Europa. Dagegen stießen sie in Asien auf wachsendes Interesse. Angesichts der potenziellen Bedrohungen durch nordkoreanische und chinesische Raketen bekundeten seit Spätherbst 1998 Japan und Südkorea ihr grundsätzliches Interesse an der Entwicklung und Errichtung solcher Systeme. Dasselbe gilt für Taiwan, das sich ... zunehmend von den auf dem gegenüberliegenden Festland dislozierten Raketen bedroht fühlt. ... Deren Zahl könnte, nach amerikanischen Schätzungen, bis 2005 von derzeit 150 auf 650 steigen. Das Jahr 2005 gilt für zahlreiche Experten auch als das Jahr, in dem das chinesische Offensivwaffenpotenzial groß genug für eine erfolgreiche Militäraktion gegen Taiwan sein könnte.

In Moskau und Peking stießen die Pläne der USA zur Errichtung eines Nationalen Raketenabwehrsystems auf schärfste Ablehnung und wurden als unvereinbar mit dem im Mai 1972 zwischen den USA und der Sowjetunion geschlossenen ABM-Vertrag (ABM = Anti Ballistic Missile) gewertet. Beide Mächte sehen in der Errichtung eines solchen Systems weniger Maßnahmen zum Schutz gegen „Schurkenstaaten“ als einen weiteren Schritt zum Ausbau der globalen Hegemonialstellung der USA. Zum einen soll es die USA gegen chinesische und russische Raketen unverwundbar machen, zum anderen beiden Ländern einen Hightech-Rüstungswettlauf aufzwingen, der sich aufgrund des hohen Kostenaufwands vermutlich überaus schädlich auf ihre Reformpolitik auswirken würde. ...

Der Widerstand Russlands und Chinas gegen die amerikanischen Planungen ist ernst zu

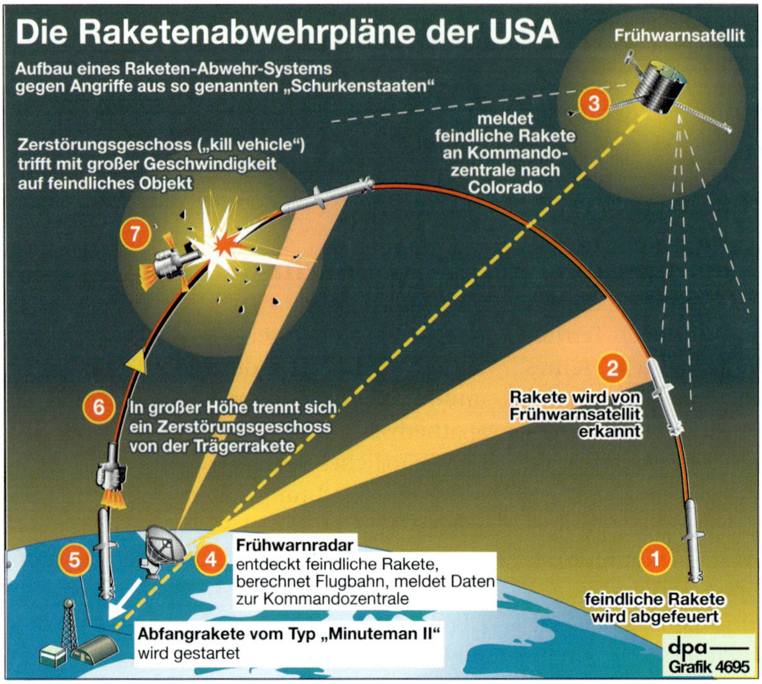

nehmen. Denn ein Wettrüsten der drei Mächte könnte nicht nur in Asien und Europa zu einer gefährlichen Destabilisierung führen, sondern auch in anderen Regionen der Welt. So hat Moskau angedroht, im Falle einer Verletzung des ABM-Vertrages durch die USA nicht nur aus START II wieder auszusteigen, den die russische Duma erst nach siebenjähriger Verzögerung im April 2000 ratifizierte, sondern auch aus allen anderen Abkommen über den Abbau strategischer Atomwaffen, und eine selbstständige Politik der nuklearen Abschreckung zu verfolgen. Geplant wäre dann eine Ausstattung der modernen russischen ballistischen Interkontinentalraketen vom Typ Tupol-M mit mehreren Gefechtsköpfen, um so die amerikanische Raketenabwehr zu überwinden. Damit aber würde die Rüstungsspirale wieder in Bewegung geraten. ...

Aber auch China, dessen Zweitschlagfähigkeit das amerikanische Abwehrsystem weitgehend ausschalten würde, hat wiederholt zu erkennen gegeben, dass es unter diesen Umständen mit der Aufstellung von 100 bis 120 modernster ICBM antworten würde. Eine solche Maßnahme würde zwar für die USA noch keine wirkliche Bedrohung darstellen, sie würde jedoch mit Sicherheit Japan, Taiwan und Indien zu Gegenmaßnahmen zwingen, die dann ihrerseits wieder der Rüstungsspirale weitere Dynamik verleihen würden. ...

Tief greifende Konsequenzen wären für eine Vielzahl anderer Bereiche zu erwarten. So würde ein erneuter Rüstungswettlauf wichtige Ressourcen binden, die für die Entschärfung der globalen Herausforderungen benötigt werden. Das gilt für die Bekämpfung von Hunger und Massenarmut, unter der auch zu Beginn des 21. Jahrhunderts noch immer weit über eine Milliarde Menschen leiden. Es gilt für die Umsetzung der Maßnahmen und Programme zur Absenkung des Bevölkerungswachstums, die 1994 auf der Weltbevölkerungskonferenz in Kairo vereinbart worden waren und schon heute durch unzureichende Mittelzuweisungen verzögert werden. Es gilt für verbindliche Vereinbarungen über einen schonenden Umgang mit knappen Ressourcen wie Land, Energie und Wasser. Und es gilt last but not least für wirkungsvolle Maßnahmen gegen die anhaltende Zerstörung der Ökosphäre und die globale Erwärmung.

aus: Peter J. Opitz (Hg.), Weltprobleme im 21. Jahrhundert, München 2002, 5. Aufl., S. 238 ff.

Fallbeispiel Irak

M 7

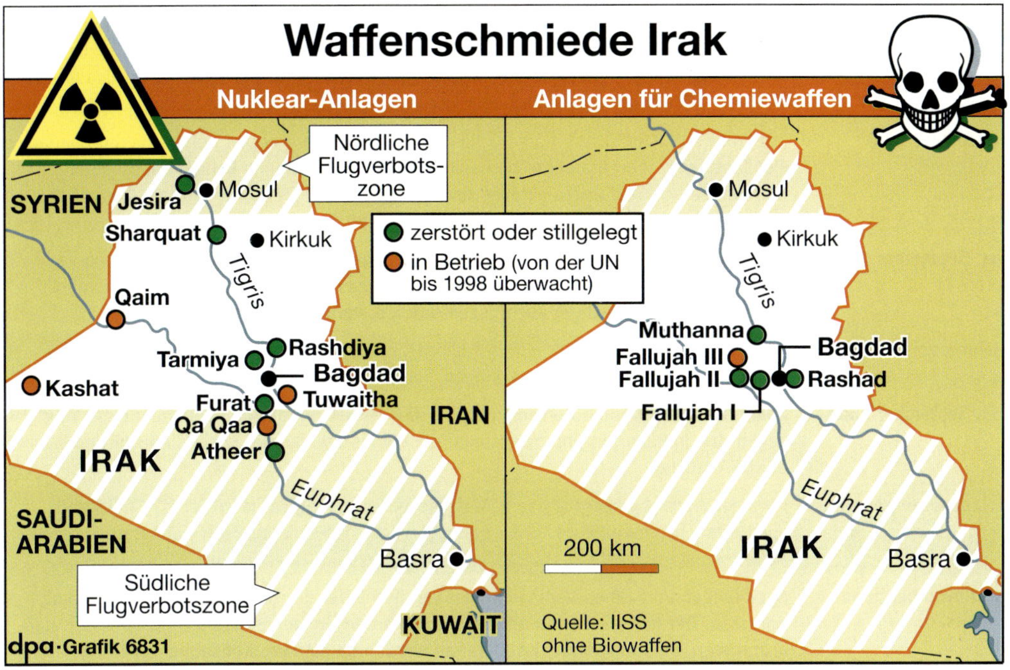

Chronik eines Konflikts: Rüstungskontrollen im Irak

M 8

August 1990	Irakische Truppen besetzen Kuwait.
Januar 1991	Besetzung Kuwaits und Beginn des zweiten Golfkriegs mit Beteiligung der USA
April 1991	Ende des zweiten Golfkriegs
Juni 1991	UN-Inspekteuren wird der Zugang zu Atomanlagen bei Bagdad verwehrt.
1992	Einrichtung von Flugverbotszonen; Erlass eines UN-Handelsembargos
Oktober 1997	UN-Sicherheitsrat droht mit „ernsthaften Konsequenzen“, wenn die Arbeit der Waffeninspekteure weiterhin behindert werden.
November 1997	UN-Sicherheitrat verurteilt den Irak und droht mit neuen Gegenmaßnahmen. Russland übernimmt Vermittlerrolle. Irak lässt UN-Waffenkontrolleure einschließlich der zuvor ausgewiesenen US-Amerikaner ins Land, Saddam Hussein lädt die UN zur Besichtigung seiner Paläste ein, dort werden verbotene Waffenlager vermutet.
Januar 1998	Das Hauptquartier der UN-Waffeninspekteure in Bagdad wird mit Panzerfäusten beschossen. Irak fordert Ende der Inspektion bis 20. Mai 1998. US-Präsident Bill Clinton plant Militärschlag, der vom UN-Sicherheitsrat durch die Gegenstimmen von Russland und China abgelehnt wird.
Februar 1998	Volle Einsatzbereitschaft der amerikanischen Truppen am Golf. UN-Generalsekretär Kofi Annan erreicht, dass die Waffeninspekteure ungehindert weiterarbeiten dürfen.
folgende Monate 1998	Die Rüstungskontrolleure werden weiterhin behindert. Großbritannien droht mit militärischer Intervention. Irak kontert mit der Drohung eines Milzbrandangriffs. Es bleibt bei der Drohung.

Oktober 1998	USA verstärken Golf-Truppen. Irak gibt Druck des UN-Sicherheitsrates nach und UN-Inspekteure nehmen Arbeit wieder auf.
November 1998	UN-Inspekteuren wird der Zugang zur Zentrale der Regierungspartei Baath verweigert. USA setzen ihren Truppen-Aufmarsch fort. Internationale Organisationen und ausländische Staaten ziehen ihre Mitarbeiter ab. US-Bomber sind bereits in der Luft, als der Irak in letzter Minute den UN-Forderungen entspricht.
Dezember 1998	„Operation Wüstenfuchs" – amerikanische und britische Truppen bombardieren Bagdad vier Tage lang. 120 Mitarbeiter humanitärer Hilfsorganisationen kehren anschließend in den Irak zurück. Waffeninspekteure sind nicht darunter. Sie warten auf ein Mandat des Sicherheitsrates, das von Russland, Frankreich und China verhindert wird.
11. September 2001	Der Irak wird der Beteiligung an den Terrorschlägen in New York und Washington verdächtigt, in den Wochen und Monaten darauf lassen wiederholte Andeutungen von US-Politikern Angriffsabsichten auch gegen den Irak vermuten.
Januar 2002	George W. Bush fordert Irak auf, Inspektoren ins Land zu lassen. Andernfalls werde es der Irak mit den USA zu tun bekommen.
11. September 2002	Sollen die USA im Irak intervenieren? Die USA wollen notfalls im Alleingang einen Angriff gegen den Irak starten und bezeichnen die UN als überflüssig, sollte sie nicht den Kurs der USA stützen.
11. Oktober 2002	Der US-Kongress erteilt Präsident Bush die Vollmacht zum Einsatz der US-Streitkräfte auch ohne Zustimmung der UNO. Dennoch versucht Präsident Bush auf Anraten von Außenminister Powell ein Mandat des Sicherheitsrates zu erwirken.
8. November 2002	Nach langen und zähen Verhandlungen verabschiedet der UN-Sicherheitsrat die Resolution 1441. Der Irak wird darin ultimativ aufgefordert, Inspekteure ins Land zu lassen und abzurüsten. Bei mangelnder Kooperation werden „ernsthafte Konsequenzen" angedroht – diese Formulierung war der Knackpunkt der Verhandlungen. Parallel laufen die Kriegsvorbereitungen weiter.
18. November 2002	Der Irak lenkt ein. Nach vier Jahren reisen erstmals wieder UN-Waffenkontrolleure in den Irak ein. Bei mangelnder Kooperation muss Saddam „mit ernsthaften Konsequenzen" rechnen.
27. November 2002	Die UNO-Waffeninspektoren unter der Leitung des Schweden Hans Blix nehmen ihre Arbeit auf.
7. Dezember 2002	Bagdad legt fristgerecht einen umfangreichen Waffenbericht vor, der später von Washington und London als unzulänglich kritisiert wird.
24. Dezember 2002	US-Verteidigungsminister Rumsfeld erteilt den ersten Marschbefehl für 25.000 Soldaten in die Golfregion. Am Ende der schon vor Wochen begonnenen Verlegung von Verbänden sollen etwa Mitte Februar 2003 rund 150.000 US-Soldaten in der Region sein. Die Waffeninspektionen laufen in dieser Zeit weiter.
9. Januar 2003	Blix informiert den Weltsicherheitsrat, dass bisher keine Beweise für illegale Waffen im Irak gefunden wurden. Er kritisiert aber den Waffenbericht als unzureichend und fordert vom Irak Beweise für die Vernichtung von Waffenarsenalen.
18. Januar 2003	Rund um die Welt haben sich Demonstranten zu Großkundgebungen gegen einen Irak-Krieg versammelt. Allein in der amerikanischen Hauptstadt Washington versammelten sich Zehntausende von Demonstranten.
27. Januar 2003	Die UN-Chefinspektoren werfen dem Irak in ihrem ersten formellen Bericht an den Weltsicherheitsrat nach einem zweimonatigen Einsatz schwerwiegende Versäumnisse bei der Aufdeckung der Rüstungsprogramme vor und fordern mehr Zeit für weitere Inspektionen.
28. Januar 2003	Bush droht in einer Rede zur Lage der Nation erneut mit einer gewaltsamen Entwaffnung des Iraks.

30. Januar 2003	Die Regierungschefs acht europäischer Länder haben Europa aufgefordert, die USA in ihrer Haltung gegenüber Irak zu unterstützen. „Unsere Stärke liegt in der Einheit", heißt es in der gemeinsamen Erklärung Großbritanniens, Spaniens, Italiens, Portugals, Ungarns, Polens, Dänemarks und Tschechiens. Besonders Frankreich, Deutschland und Belgien sind gegen einen Krieg.
5. Februar 2003	US-Außenminister Colin Powell legt dem UNO-Sicherheitsrat Tonbänder, Satellitenaufnahmen und Berichte vor, die beweisen sollen, dass der Irak Massenvernichtungswaffen besitzt. Experten halten die Beweise für wenig stichhaltig.
12. Februar 2003	UNO-Experten stellen fest, dass die irakischen Raketen des Typs „El Samud 2" die er laubte Reichweite von 150 Kilometern überschreiten.
24. Februar 2003	Die USA, Großbritannien und Spanien legen einen neuen Resolutionsentwurf vor dem Sicherheitsrat vor. Danach soll der Irak die letzte Möglichkeit zur Abrüstung vertan haben und die Anwendung von Gewalt sanktioniert werden. Frankreich fordert mit Unterstützung von Deutschland und Russland dagegen mehr Zeit für Inspektionen.
1. März 2003	Der Irak beginnt wie von der UNO gefordert mit der Zerstörung der „El-Samud-2"-Raketen. Immer öfter sprechen die USA und Großbritannien jetzt von einer Entmachtung des Diktators als Kriegsziel.
7. März 2003	Die USA, Großbritannien und Spanien legen einen überarbeiteten Resolutionsentwurf vor, in dem Saddam aufgefordert wird, bis zum 17. März abzurüsten. Andernfalls drohe Krieg. Frankreich lehnt den Entwurf ab.
17. März 2003	Die USA und Großbritannien stellen ihre diplomatischen Bemühungen um ein UNO-Mandat für einen Militärschlag ein. Bush gibt Saddam 48 Stunden Zeit, den Irak zu verlassen und so einen Krieg noch zu vermeiden. Kurz darauf erklärt das Weiße Haus, dass die USA auf alle Fälle in den Irak einmarschieren werden.
20. März 2003	Die USA und ihre Verbündeten greifen den Irak militärisch an. Nach drei Wochen Krieg gelingt es US-Truppen schließlich, die Kontrolle über Bagdad zu übernehmen. Am 2. Mai, sechs Wochen nach dem ersten Bombenangriff, erklärt US-Präsident George W. Bush die Militärhandlungen für weitgehend beendet. Saddam Hussein ist entmachtet und geflohen. Allerdings gibt es immer noch vereinzelt Widerstand gegen die Besatzungsmächte.
Juni 2003	Trotz intensiver Bemühungen von US-Experten konnten bislang (Juni 2003) im Irak keine Massenvernichtungswaffen entdeckt werden. Präsident Bush und der englische Premierminister Blair geraten in die Kritik der Öffentlichkeit. Sie sollen Ihren Kriegskurs gegen den Irak auf unzulängliche und z.T. manipulierte Informationen der Geheimdienste gestützt haben.

mit Material aus: Süddeutsche Zeitung, http://www.sueddeutsche.de/ausland/politik/51807/index.php (8.11.2002)

Die neue nationale Sicherheitsstrategie der USA

M 9

In der Debatte über die Bedrohungen durch den weltweiten Terrorismus wird die Öffentlichkeit mit einer bisher nur den Völkerrechtsexperten bekannten Legitimationsformel für bewaffnete Gewalt in internationalen Beziehungen konfrontiert: präemptive Verteidigung (preemptive self defense). Das angloamerikanische Fremdwort Präemption ist mittlerweile zu einer gängigen Vokabel in der deutschen Presse geworden. Es hat herausragende Bedeutung gewonnen, seit es zum Schlüsselbegriff der neuen Sicherheitsstrategie der Vereinigten Staaten von Amerika geworden ist. Das maßgebliche politische Dokument ist die „National Security Strategy (NSS)" vom 20.9.2002. Der neuen nationalen US - Sicherheitsstrategie liegen zwei Bedrohungsszenarien zugrunde. Zunächst wird von einer Bedrohung durch geheim operierende multinationale und global agierende Terrororganisationen ausgegangen. Diese sind in der Lage, mit hochmoderner Technologie und durch Einsatz von Selbstmordattentätern Leid und Chaos über die Menschen zu bringen und die Infrastruktur moderner Industriestaaten zu zerstören (vgl. Kap. 3.1). Im Blickfeld steht aber auch das Phänomen der atomaren, chemischen und biologischen Massenvernichtungswaffen in der Hand kriegslüsterner Potentaten in so genannten Schurkenstaaten. Die skrupellosen Diktatoren haben den Ruf, diese Waffen jederzeit ohne Zögern zur Durchsetzung radikaler politischer Ziele einzusetzen. Der worst case ist der, dass multinationale Terrororganisationen mit Hilfe von Schurkenstaaten in den Besitz von Massenvernichtungswaffen gelangen und sie zu terroristischen Zwecken einsetzen.

Internationale Kontrollen oder Recht auf Selbstverteidigung? UN-Waffenkontrolleure inspizieren am 7. 1. 2003 eine Phosphat-Fabrik nahe der syrischen Grenze im Irak.

Da terroristische Selbstmordattentäter und fanatisierte Staatsführer sich nicht abschrecken lassen, gilt die herkömmliche Politik der Eindämmung, Abschreckung und Rüstungskontrolle für den Kampf gegen Terror und Schurkenstaaten als überholt. Stattdessen will man sich auf vorbeugende militärische Abwehrmaßnahmen stützen, d.h. unter Umständen auch im militärischen Alleingang der Gefahr begegnen, bevor sie sich überhaupt entfalten kann. Dem potenziellen Gegner soll schon die Option der Aggression genommen werden, ehe er seine Aufrüstungsvorhaben abgeschlossen hat.

Nach den neuen konzeptionellen Vorstellungen der US-Regierung richtet sich Selbstverteidigung nicht nur gegen berechenbare und überschaubare Gefahren, sondern bereits gegen unkalkulierbare Sicherheitsrisiken, die in einem Frühstadium auszuschalten sind, ehe sie sich zu unüberwindbaren Bedrohungen entwickeln. Je größer das Risikopotenzial, aus dem sich eine echte Bedrohung entwickeln könnte, desto wichtiger wird die antizipatorische Selbstverteidigung.

Die gebotenen und für völkerrechtlich beanstandungsfrei gehaltenen Maßnahmen bewaffneter Gewalt werden in der amtlichen amerikanischen Diktion preemptive measures genannt. Gedacht wird an vorbeugende, aber unabweisbare Abwehrmaßnahmen: Einsatz von Kommandotruppen, gezielte Luftschläge oder militärische Invasion bzw. Besetzung eines Landes.

Oskar Matthias Frhr. v. Lepel, 10.04.2003 (www.zentruminnerefuehrung.de, 23.06.2003)

Die Meinung des Karikaturisten

M 10

Nel/CCC, www.c5.net

Kontrovers diskutiert: die neue Sicherheitsstrategie der USA

M 11

a) Der Präventivkrieg kann gerechtfertigt sein

[D]iese [NSS]-Doktrin baut auf der Vorstellung auf, dass innerhalb der Staatengemeinschaft jeder Staat zur Einhaltung des Gewaltverbots, zur Wahrung des Friedens, zum Verzicht auf Massenvernichtungswaffen und zur eigenständigen Bekämpfung des Terrorismus verpflichtet ist. Vom Irak bis zu Afghanistan mehren sich jedoch die Beispiele, dass einzelne Staaten zur Einhaltung dieser Verantwortung nicht mehr hinlänglich bereit oder fähig sind. Folgerichtig stellt sich die Frage, ob und unter welchen Voraussetzungen auch präventive Verteidigungsmaßnahmen statthaft sind.

Jede verantwortliche Sicherheitspolitik muss sich am gegebenen Sicherheitsszenario und an den aus ihm erwachsenden Gefahren orientieren. Genügt das Konzept der reaktiven oder repressiven Gefahrenabwehr nicht mehr, so muss auch die Frage der Legitimierung präventiver Abwehr- oder Verteidigungsmaßnahmen ernsthaft diskutiert werden. Die amerikanische Position in dieser Frage ist klar. Von vielen Europäern, namentlich von der deutschen Bundesregierung, wird dies jedoch noch längst nicht hinlänglich begriffen oder nachvollzogen. Dabei hätte man es gerade in Deutschland rechtzeitig erkennen, aufnehmen und in der gebotenen Partnerschaft im westlichen Bündnis diskutieren müssen.

Die Veränderungen in der internationalen Sicherheitslandschaft fordern unabweisbar auch das Bekenntnis zur wirksamen Prävention. Das internationale Recht muss dies anerkennen, wie dies im Übrigen schon mit den UN-Resolutionen nach dem 11. September und der Entscheidung der Nato, den Bündnisfall festzustellen, eingeleitet worden ist. Wirksame Prävention schließt auch die militärische Option ein.

Das prinzipielle Verbot von Angriffskriegen hat damit nichts zu tun. Denn es geht auch hier allein um Verteidigung und nicht um Angriff. Militärische Präventivmaßnahmen können zwar nur die Ultima Ratio bilden, unterstehen insoweit dem allgemeinen Vorbehalt des Grundsatzes der Verhältnismäßigkeit. Vor dem Einsatz militärischer Mittel rangieren alle Mittel der politisch-diplomatischen Gefahrenabwehr, der Kontrolle, des Proliferationsrechts und der Verifikation. Genügen diese aber nicht, so muss auch die militärische Option, also auch das Recht zum militärischen Präventivschlag, eröffnet sein. Nur so kann den elementaren Gefahren von Terrorismus, Massenvernichtungsmitteln und deren unkontrolliertem Einsatz begegnet werden. Des Weiteren ist klarzustellen, dass militärische Maßnahmen grundsätzlich der Ermächtigung durch den Sicherheitsrat der UNO bedürfen, dass nationale Alleingänge also nur subsidiär in Betracht kommen können. Andererseits bedeutet dies aber nicht, dass der nationale Entscheid generell auszuscheiden hätte oder gar als von vornherein illegitim anzusehen wäre. Das Recht zur nationalen oder auch bündnismäßig-kollektiven Selbstverteidigung gilt naturgemäß auch im Rahmen legitimer präventiver Verteidigungsmaßnahmen. Die internationale Staatengemeinschaft und vor allem das westliche Bündnis müssen dies rasch akzeptieren. Dann werden sich auch alle Wirrnisse namentlich gegenüber Saddam Hussein ebenso rasch überwinden wie neue Garantien für wirklichen Frieden und wirkliche internationale Sicherheit erreichen lassen.

Rupert Scholz, in: Die Welt, 12.3.2003 (Rupert Scholz (CDU) war von 1988-89 Verteidigungsminister in der Regierung Kohl)

b) Für Präventivkriege ist in der Völkerrechtsordnung kein Platz

Die Rechtfertigung der „preemptive measures" stützt sich auf Art. 51 VN-Charta.[1] Diese Vorschrift ist seit längerem das gängige Legitimationsinstrument für unilaterale Eingreifaktionen der US-Amerikaner. Insofern ist der Rückgriff auf diesen Charta - Artikel zur Rechtfertigung der präemptiven Selbstverteidigung nicht erstaunlich. Schauen wir uns die Tatbestandsvoraussetzungen des Art. 51 näher an. Der Charta-Artikel verlangt für die Ausübung des Selbstverteidigungsrechts die Gegenwärtigkeit eines bewaffneten Angriffs, der im Regelfall durch grenzverletzende Truppenbewegungen, Blockaden von Häfen und Küsten oder militärische Luftschläge gekennzeichnet ist. ...

Damit lautet die entscheidende Frage: Wann steht ein Angriff „unmittelbar" bevor? Die gängige Antwort heißt: Die Wahrscheinlichkeit der zu erwartenden Angriffshandlung muss so evident und deren zeitliche Nähe so kurzfristig einzustufen sein, dass sich die Zulässigkeit der Verteidigungshandlung regelrecht aufdrängt, weil jede andere Selbsthilfe zu spät käme. Entscheidend ist der Grad der Gefahr, der sich der jeweils betroffene Staat in seiner subjektiven Bedrohungswahrnehmung ausgesetzt sieht.

Nach der neuen amerikanischen Sicherheitsstrategie reicht für die Begründung der Aussage, ein Angriff „stehe unmittelbar bevor", schon das bloße Vorhandensein von Massenvernichtungswaffen in der Verfügungsgewalt eines feindlich gesonnenen Staates. Diese Argumentation ist nicht neu. Als die Israelis im Jahr 1981 den im Bau befindlichen irakischen Kernreaktor Tamuz 1 bombardierten, beriefen sie sich zur Rechtfertigung ihres Vorgehens auf das Argument, ein Nuklearangriff vernichte jede Überlebenschance. Nach Beginn eines derartigen Angriffs mit atomaren Massenvernichtungswaffen sei die Chance für erfolgreiche Gegenmaßnahmen auf ein unerträgliches Minimum geschrumpft. Jedes Warten auf konkrete, nachweisbare Vorbereitungen für einen unmittelbar bevorstehenden Angriff sei unverantwortlich.

Damals hatte der Sicherheitsrat der Vereinten Nationen diese Begründung nicht akzeptiert. Auch die Vereinigten Staaten von Amerika schlossen sich dem ablehnenden Votum an. Jetzt aber greift die US- Regierung genau dieses Argument auf. Sie bekennt sich zur Neubestimmung dessen, was unter „unmittelbarer Bedrohung" zu verstehen ist. Bei Offensichtlichkeit der zukünftigen Bedrohung durch Massenvernichtungswaffen will sie die Selbstverteidigungsschwelle zeitlich vorverlegen. Dies bedeutet, dass die militärischen Aktivitäten zur Vorbeugung eines Angriffs durch Massenvernichtungswaffen ... außerhalb des völkerrechtlichen Verbots gestellt werden. Der maßgebliche Rechtsgrund sei das jedem Staat zustehende Recht auf Überleben. ...

Gegen die amerikanische Position in dieser Angelegenheit werden vor allem rechtspolitische Argumente angeführt. Was würde geschehen, wenn eine solche Präventivstrategie Schule machte? Könnte dann nicht jeder Staat, der in Feindschaft mit einem anderen Staat lebt, seinem subjektiven Bedrohungsgefühl freien Lauf lassen und den anderen Staat angreifen mit der Begründung, dieser besitze, wie jedem Drittstaat bekannt sei, Massenvernichtungswaffen, die ihm gefährlich werden können? Durch den zu erwartenden wachsenden Missbrauch völkerrechtlicher Legitimationsformeln entstünde in der internationalen Politik eine durch Willkür und Unberechenbarkeit gekennzeichnete chaotische Unübersichtlichkeit, die nicht zu verantworten wäre. Eine Rechtfertigung der so genannten Präemptivstrategie unter Berufung auf Art. 51 VN-Charta führte zu einer Unterhöhlung des strikten Gewaltverbots. Gewaltanwendung gegen einen anderen Staat wegen der Gefährdung der Sicherheit seiner Nachbarn könne nicht gerechtfertigt werden. Um einer Umgehung des Gewaltverbots zu begegnen, dürfe der von den Amerikanern gewünschten zeitlichen Vorverlegung des zulässigen Beginns der Selbstverteidigung nicht das Wort geredet werden. ...

Mit Einschränkungen ist in diesem Zusammenhang noch ein anderer völkerrechtspolitischer Gesichtspunkt zu erörtern, der zu wenig beachtet wird. Es stellt sich die Frage: Wer beurteilt, ob die Bedrohung durch Massenvernichtungswaffen für jeden Drittstaat offensichtlich ist? Nach amerikanischen Vorstellungen ist es der von der Bedrohung betroffene Staat selbst. Dies liegt in der Logik der Abstützung dieser Argumentation auf Art. 51 VN-Charta. Der sich bedroht fühlende Staat darf eine andere Nation auch dann angreifen, wenn sie zwar erst in Zukunft zu einer echten Bedrohung wird, dieses zukünftige Bedrohungspotenzial aber schon im Zeitpunkt der beabsichtigten Militärmaßnahmen klar erkennbar ist.

Diese Forderungen offenbaren die unverkennbare völkerrechtspolitische Tendenz, eine Auslegung der VN-Charta durchzusetzen, wonach die Voraussetzung für die Feststellung einer Friedensbedrohung durch den Sicherheitsrat gemäß Art. 39 ff. und die der Selbstverteidigung nach Art. 51 VN-Charta deckungsgleich sind. Dies bedeutet, dass die Vereinigten Staaten den Anspruch erheben, ihr Selbstverteidigungsrecht bereits im zeitlichen Vorfeld einer unmittelbaren Bedrohung wahrnehmen zu dürfen. Dies aber widerspricht dem bisher allgemein anerkannten Vorrang der Entscheidungen des Sicherheitsrats bzw. der Subsidiarität des Selbstverteidigungsrechts. Es dürfte kaum zu verantworten sein, durch eine bloße Neuinterpretation des Art. 51 VN-Charta das Entscheidungszentrum für die internationale Friedenssicherung bei einem Mitgliedsland zu verorten und damit dessen Stellung als weltweite Hegemonialmacht rechtlich zu verfestigen. Bei Berücksichtigung des gegenwärtigen Völkerrechts lässt sich also die präemptive Selbstverteidigung, wie sie in der nationalen Sicherheitsstrategie konzipiert ist, nicht rechtfertigen. In der geltenden Völkerrechtsordnung ist für sie kein Platz.

Oskar Matthias Frhr. v. Lepel, 10.04.03 (www.zentruminnerefuehrung.de, 23.06.2003)

[1] Wortlaut des Artikels 51 VN-Charta: Diese Charta beeinträchtigt im Falle eines bewaffneten Angriffs gegen ein Mitglied der Vereinten Nationen keineswegs das naturgegebene Recht zur individuellen oder kollektiven Selbstverteidigung, bis der Sicherheitsrat die zur Wahrung des Weltfriedens und der internationalen Sicherheit erforderlichen Maßnahmen getroffen hat. Maßnahmen, die ein Mitgliedsland in Ausübung dieses Selbstverteidigungsrechts trifft, sind dem Sicherheitsrat sofort anzuzeigen; sie berühren in keiner Weise dessen auf dieser Charta beruhende Befugnis und Pflicht, jederzeit die Maßnahmen zu treffen, die er zur Wahrung oder Wiederherstellung der internationalen Sicherheit für erforderlich hält.

AUFGABEN

1. Ermitteln Sie aus M 2, warum Staaten den Besitz von Atomwaffen anstreben.
2. Ordnen Sie die in M 4 genannten Rüstungskontrollvereinbarungen den einzelnen Mitteln zur Rüstungskontrolle (M 3) zu. Anmerkung: Oft kann eine Vereinbarung auch mehrere Mittel beinhalten.
3. Erläutern Sie das Grundproblem der multilateralen Rüstungskontrolle (M 5) und entwickeln Sie in Gruppen Lösungsstrategien zur Überwindung dieses Problems.
4. Erstellen Sie anhand von M 6 in Stichworten ein Ursache- und Wirkungsszenario zu einer nationalen Raketenabwehr der USA. Überlegen Sie, welche weiteren Folgen denkbar sind.
5. Diskutieren Sie unter Berücksichtigung der Vorgeschichte des Irak-Konfliktes (M 8) und der Argumente aus M 11, ob der Krieg gegen den Irak zur Erzwingung der Abrüstung und Entmachtung Saddam Husseins gerechtfertigt war.

LINKS

www.iaea.or.at/ (Internationale Atomenergiebehörde)

www.ippnw.de/ (Internationale Ärzte für die Verhütung des Atomkrieges, Ärzte in sozialer Verantwortung e.V.)

cns.miis.edu/ (Center of Non-Proliferation Studies des Monterey Institute of International Studies)

Informationen und Zusammenhänge

Motive für den Erwerb von Massenvernichtungswaffen
M 1, M 2

Eine weitere Gefahr für die Stabilität der internationalen Ordnung ist die unkontrollierte Aufrüstung und Proliferation (Verbreitung) von Massenvernichtungswaffen. Für Staaten sind die Motive für den Besitz von Massenvernichtungswaffen ähnlich: Machterwerb und der damit vermeintlich zusammenhängende Erwerb von Sicherheit, Abschreckung potenzieller Gegner, Reaktion auf eine Bedrohung durch andere Nuklearstaaten, Prestigedenken.

Kontrolle durch internationale Verträge/ Organisation
M 3 - M 5

Mit zahlreichen Rüstungskontrollverträgen und durch internationale Organisationen versuchen Kernwaffen- und Nichtkernwaffenstaaten die unkontrollierte Verbreitung von Nuklearwaffen zu verhindern und vorhanden Bestände abzubauen oder einzufrieren. Der wichtigste multilaterale Vertrag ist der Atomwaffensperrvertrag von 1968 (Treaty on the Non-Proliferation of Nuclear Weapons – NPT). Der Vertrag untersagt den Kernwaffenstaaten die Weitergabe von Waffen und Technologie und verpflichtet die Nichtkernwaffenstaaten zum Verzicht auf eigene Atomwaffen. Eine wichtige Rolle bei der Überwachung der Atompolitik der Staaten spielt die Internationale Atomenergiebehörde (IAEO). Sie ist die einzige weltweite Organisation, der die Nationalstaaten Einblick in ihre Nuklearprogramme geben. Die Kontrolle ist für alle Unterzeichner des Atomwaffensperrvertrages obligatorisch, für andere Staaten freiwillig. Trotz der Verdienste des NPT und der IAEO bei der Verhinderung einer weiteren Verbreitung von Nuklearwaffen konnte und kann nicht vollständig verhindert werden, dass Staaten wie der Irak oder Nordkorea an geheimen Atomprogrammen arbeiten.

Neue Sicherheitspolitik der USA
M 5

NMD

Besonders die USA haben auf die Herausforderung des asymmetrischen Krieges und der Profileration von biologischen, chemischen und atomaren Waffen mit einer Änderung ihrer Sicherheitsstrategie reagiert. Um unverwundbar gegenüber Interkontinentalraketen so genannter Schurkenstaaten („rogue states") zu werden, bauen die USA eine nationale Raketenabwehr (NMD) auf, die feindliche Raketen bereits im Weltraum orten und zerstören kann. Kritiker befürchten, dass viele Staaten auf diese Veränderung des strategischen Gleichgewichts durch eine Verstärkung ihrer Rüstungsbemühungen antworten werden und damit eine neue globale Rüstungsspirale in Gang gesetzt wird. Darüber hinaus zeigen die USA, dass sie auf einseitige Rüstungsüberlegenheit anstelle von Rüstungskontrolle und Abrüstung setzen.

Präemptive Verteidigung
M 9 - M 11

Eine weitere Komponente ist die Strategie der präemtiven (preemptive) Verteidigung, wonach ein Staat, der den Besitz von Massenvernichtungswaffen anstrebt oder in Verdacht steht, Terrorgruppen zu unterstützen kampfunfähig gemacht werden soll, bevor er selbst zuschlagen kann. Mit der gewaltsamen Intervention im Irak im Mai 2003 ohne eindeutiges Mandat des Sicherheitsrates haben die USA gezeigt, dass sie fähig und willens sind, unilateral oder in Kooperation mit einer „coalition of the willing" auch gemäß ihrer neuen Strategie zu handeln.

Kritik

Kritiker halten die Strategie der Präemptivschläge für völkerrechtswidrig, da die Beweisführung für die Gefährlichkeit eines Staates bei dem vermeintlich bedrohten Staat liegen soll und damit die vorrangige Zuständigkeit des Sicherheitsrates der VN in Frage gestellt wird.

3.3 Globale Ressourcenkonflikte: das Beispiel Wasser

M 1 Schöne Aussichten!

M 2 Fakten zum Wasser

- Zwei Drittel der Erdoberfläche sind mit Wasser bedeckt: davon entfallen 94 Prozent auf die Ozeane, vier Prozent auf Grundwasser, 1,7 Prozent auf polare Eismassen und der Rest auf Flüsse, Seen und Wasser in der Atmosphäre.
- 1,1 Milliarden Menschen weltweit haben nicht einmal 20 Liter Wasser pro Tag zur Verfügung.
- Zwei Milliarden Menschen haben keinen Zugang zu sauberem Trinkwasser; sie sind auf Flüsse, Seen, Bäche oder Tümpel angewiesen.
- Mindestens die Hälfte aller Krankheiten in den Entwicklungsländern sind auf verschmutztes Wasser zurückzuführen, zum Beispiel Durchfall, Cholera, Typhus, Bilharziose, Wurmbefall oder Augenkrankheiten.
- Drei bis vier Millionen Kinder sterben jährlich an Durchfallkrankheiten und Infektionen, hervorgerufen durch unsauberes Wasser.
- Einen großen Teil der Wasservorräte müssen sich mehrere Staaten teilen. Mindestens 214 Flüsse sind internationale Gewässer; 60 Prozent der Menschheit lebt in grenzüberschreitenden Flusseinzugsgebieten.
- Der größte Wasserverbraucher (und Verschwender) ist die Landwirtschaft, die knapp zwei Drittel aller Reserven verbraucht. Durch ineffiziente Bewässerung gehen weltweit rund 60 Prozent (!) des Wassers verloren.
- Zwischen 30 und 40 Prozent der weltweit produzierten Nahrungsmittel sind von künstlicher Bewässerung abhängig.
- Zum Überleben braucht der Mensch mindestens zwei bis fünf Liter Wasser pro Tag. Ein europäischer Haushalt verbraucht durchschnittlich 150 Liter Wasser täglich, davon nur drei Liter für Essen und Trinken, den Rest für Haushalt, Garten und Auto, Geschirr, Wäsche und Körperhygiene. Zum Vergleich: Ein indischer Haushalt verbraucht im Durchschnitt 25 Liter pro Tag.
- Arme Familien in vielen Großstädten der Entwicklungsländern wenden ein Fünftel ihres Einkommens für den Kauf von Wasser auf.

Deutsche Welthungerhilfe

Die Wasserressourcen der Erde

M 3

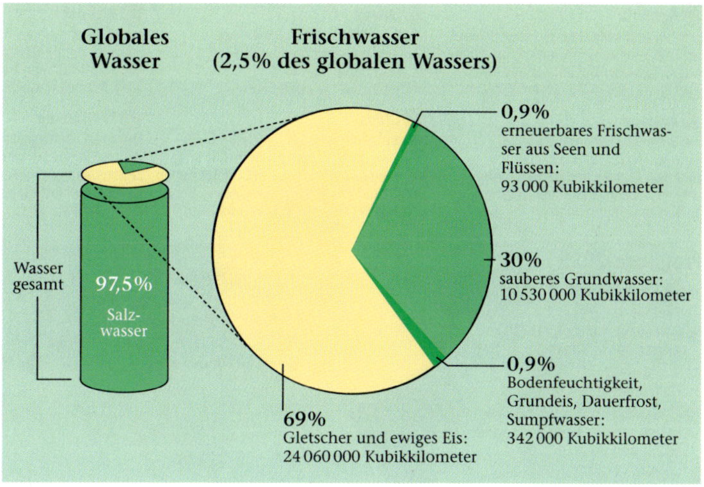

nach Engelmann/Le Roy 1995, aus: Peter J. Opitz (Hg.), Weltprobleme im 21. Jahrhundert, München 2002, 5. Aufl., S. 89

Süßwasser: Reserven und Verbrauch

M 4

Im globalen Wasserkreislauf werden im Jahr etwa 577 000 km³ Wasser umgesetzt, d. h. diese Menge fällt einerseits als Niederschlag aus der Atmosphäre auf die Erdoberfläche und gelangt andererseits von der Oberfläche durch Verdunstung zurück in die Luft. Da die Niederschläge über dem festen Land gegenüber der Verdunstung überwiegen, fließen pro Jahr etwa 44 700 km³ durch die Flüsse in die Ozeane ab. Diese Menge ist nicht gleichmäßig über die Kontinente verteilt, sondern großen regionalen Unterschieden unterworfen. Letztlich ist es das Wasser in den Flüssen, das als erneuerbare Ressource der menschlichen Nutzung zur Verfügung steht. Der Mensch nutzt mit etwa 10 % dieses Abflusses bereits eine erkleckliche Menge der erneuerbaren Ressource Wasser. Berücksichtigt man die räumliche und zeitliche Verteilung, so reicht das zur Verfügung stehende Wasser in zahlreichen Regionen nicht mehr aus, den gegenwärtigen menschlichen Bedarf zu decken. In diesen Regionen wird durch großtechnische Projekte (Staudämme, Wasserpipelines) Wasser herangeführt oder auf fossiles Grundwasser zurückgegriffen. Letzteres stellt einen nicht erneuerbaren Rohstoff dar, da es mehrere tausend Jahre dauern kann, bis die Grundwasserträger wieder aufgefüllt sind. Die Übernutzung der Grundwasservorräte ist in weiten Teilen Nord- und Zentralchinas, des nordwestlichen und südlichen Indiens und Pakistans, in Nordafrika, dem Westen der USA, dem Nahen Osten und der Arabischen Halbinsel zu beobachten. Aufgrund steigender Nachfrage ist in vielen dieser Regionen in Zukunft mit einer deutlichen Verschärfung der Wasserknappheit zu rechnen. Abhilfe ist letztlich nur durch eine Reduktion der Nachfrage zu erreichen. Hierbei ist insbesondere eine Effizienzsteigerung in der Bewässerungslandwirtschaft nötig, die vielerorts mit einem geringen Kostenaufwand möglich ist. Gefördert werden könnte die Umsetzung durch die Einführung adäquater Wasserpreise, die allerdings sozial erträglich bleiben müssen.

Globale Trends 2002, hg. von Ingomar Hauchler / Dirk Messner / Franz Nuscheler, Frankfurt/M. 2001, S. 348

M 5 Brennpunkte der Weltwasserkrise

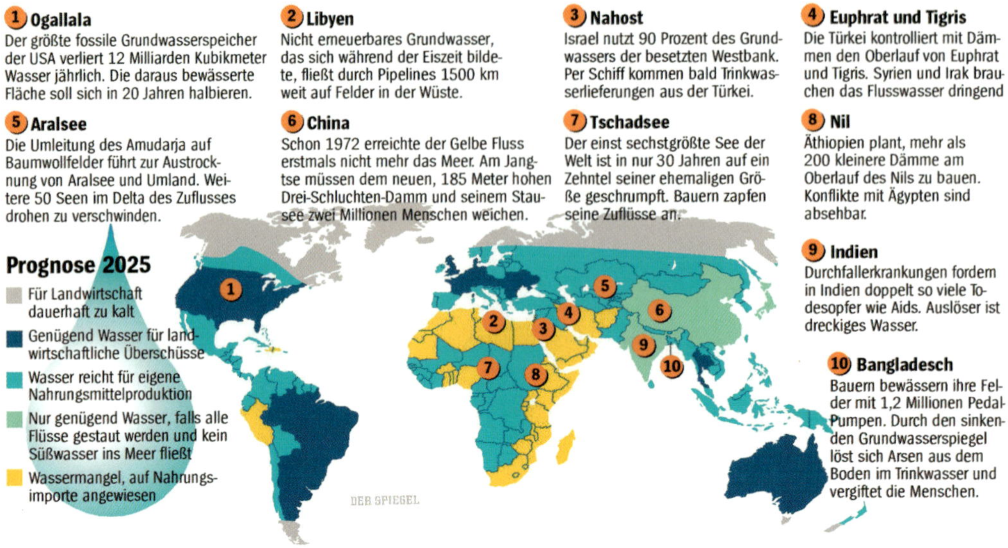

M 6 Konflikt um das Lebenselexier Wasser: das Südostanatolien-Projekt

a) Der Ausgangspunkt des Konflikts: die Türkei am „Wasserhahn"

Der Atatürk-Staudamm in der Türkei am Oberlauf des Euphrat

Der leitende Beamte im türkischen Außenministerium wehrt die Frage empört ab. Das „Südostanatolien-Projekt" diene keinesfalls dazu, andere Staaten zu erpressen, sagt Alev Kilic. Das Ziel sei einzig und allein, die Stromversorgung der Türkei zu sichern, die unterentwickelte Region in Anatolien voranzubringen und durch Bewässerung mehr nutzbaren Ackerboden zu gewinnen. „Syrien und Irak am Unterlauf von Tigris und Euphrat bekommen noch genügend Wasser", sagt er. Das „Südostanatolien-Projekt", kurz GAP genannt, ist ein gigantisches Vorhaben. Zwei Flüsse haben ihre Quellen in der Türkei, und zwar in dem vorwiegend von Kurden bewohnten Landesteil. Der Euphrat wird auf türkischem Gebiet mittlerweile durch sechs Talsperren kontrolliert, bevor er weiter durch Syrien nach Irak fließt. Drei Staudämme zähmen den Tigris vor der Grenze zu Irak. Weitere Projekte sind im Bau oder geplant. Kraftwerke sollen 40 Prozent des wachsenden Strombedarfs der Türkei decken, Wasser aus den Talsperren soll rund 1,7 Millionen Hektar trockenen Bodens in fruchtbares Ackerland verwandeln. Die Dämme und Stauseen aber machen die Türkei zur Herrin des Wassers.

Denn das GAP diene nicht nur als Instrument, um den ärmsten und rückständigsten Teil der Türkei zu entwickeln, meinen Kritiker des Vorhabens. Es sei für die Türkei auch ein „Wasserhahn", mit dem die Zufuhr nach Syrien und Irak bestimmt werden kann. ...

Dass es technisch möglich ist, Wasser als politisches Druckmittel einzusetzen, hat die Türkei jedoch bereits demonstriert. Nachdem am 15. Januar 1990 der Atatürk-Damm eingeweiht worden war, füllte der Euphrat den Stausee auf. Drei Monate lang war der Abfluss fast vollständig unterbrochen. 1991 und 1993 stoppte Ankara das Euphratwasser angeblich auf Grund „technischer Mängel" – was den Verdacht nährte, Syrien sollte wegen seiner Unterstützung für die auf türkischem Gebiet agierende kurdische Guerillabewegung PKK verwarnt werden. Im September 2000 schließlich halbierte die Türkei den Abfluss des Euphrat wegen Trockenheit. Doch auch in „normalen" Zeiten kommt bereits weit weniger Wasser in Syrien und Irak an, als beide Länder haben wollen. Ob am grünlich-schimmernden Tigris oder dem braun-grauen Euphrat – immer mehr Wasser wird auf Felder geleitet oder verdunstet in den riesigen Speichern der Talsperren. Am Euphrat fließen daher heute statt wie einst durchschnittlich 950 nur noch 500 Kubikmeter pro Sekunde ins Nachbarland ab. Und obwohl die Talsperren am türkischen Tigris vorwiegend der Energiegewinnung dienen sollen, wird sich auch dort der Abfluss in normalen Zeiten um zehn Prozent reduzieren.

...

Bilaterale oder trilaterale Verträge über eine einvernehmliche Nutzung existieren nicht. Es gibt lediglich behelfsmäßige Abmachungen zwischen der Türkei und Syrien sowie Syrien und Irak. Die UN-Konvention über die Nutzung internationaler Wasserläufe von 1997 aber hat neben Burundi und China nur die Türkei nicht unterschrieben.

Internationale Konventionen, sagt der leitende Außenamts-Beamte Alev Kilic, würden das Problem nicht lösen. Das könnten nur konkrete Verträge mit den Nachbarländern.

Martina Doehring, BerlinOnline, 30.09.2002 (www.BerlinOnline.de/wissen/berliner_zeitung/ archiv/2002/0930/politik/0011, 21.11.2002)

b) Die Konfliktregion

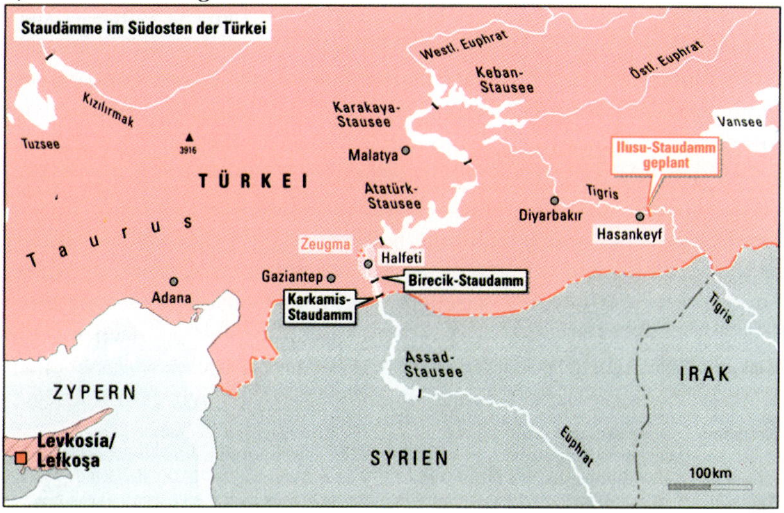

aus: Fischer Weltalmanach 2001, Frankfurt/M. 2000, S. 807

c) Die Position der Türkei

Süleyman Demirel, 1992 als türkischer Ministerpräsident: „Wir haben das Recht, mit unserem Wasser zu tun oder zu lassen, was uns beliebt. Der Schnee, der auf unsere Berge fällt, gehört nicht den Arabern. Dieses Wasser ist unser Wasser. Das Öl gehört dem, der Öl hat, und das Wasser gehört dem, der Wasser hat."

d) Die Position Syriens

Für Syrien, nur auf wenigen Kilometern Anlieger des Tigris, ist der Euphrat die zentrale Lebensader. Dessen Wasser wird aber zu fast 99 Prozent von der Türkei kontrolliert, nur zwei kleine Nebenflüsse fließen ihm in Syrien zu. Zwar existiert eine Erklärung der Türkei aus dem Jahre 1987, in der eine ständige Abgabe von 500 (vor 1989: 850) Kubikmetern Euphratwasser zugesagt wird. Aber 1990 staute die Türkei den Euphrat zum Auffüllen des Atatürk-Stausees einen ganzen Monat fast völlig ab, und im September 2000 halbierte sie den Zufluss unter dem Vorwand allgemeinen Regenmangels.

Der Assad-Stausee soll garantieren, dass kurzfristige Wasserkürzungen für Syrien ohne schwere Auswirkungen bleiben – und Großprojekte mit künstlicher Bewässerung im Euphrat-Tal ermöglichen. Bewässerungslandbau statt Regenfeld- und Trockenfeldbaus erzeugt aber das Problem der Versalzung, was Anbauflächen vernichtet. In diesem Zusammenhang ist auch die Wasserqualität des Euphrat wichtig: Der reichliche Gebrauch von Dünger und Pestiziden auf den türkischen Baumwollplantagen verschmutzt den Fluss und verringert den Nutzen des Wassers für die Syrer. Da die Konfliktpartner kaum miteinander sprechen, versuchte Syrien in der Vergangenheit, über befreundete arabische Staaten internationalen Druck auf die Türkei auszuüben und unterstützte kurdische Organisationen, die den türkischen Staat bekämpfen.

e) Die Position des Irak

Der Irak fordert von den anderen Anliegern 60 Prozent des Euphratwassers als sein in den letzten 5000 Jahren „wohlerworbenes Recht". Er nutzt jedoch oft noch alte Bewässerungssysteme, was ihm von Seiten der Türkei den Vorwurf der Verschwendung eintrug.

Versalzung droht von zwei Seiten: Intensiver Wassergebrauch der Türkei und Syriens erhöht den Salzgehalt des Euphratwassers; andererseits fördert eine verringerte Wasserführung des Schatt el Arab, zu dem sich Euphrat und Tigris vereinigen, im Mündungsbereich das Eindringen des Meerwassers ins Flusssystem und die angrenzenden Böden. 65 Prozent der Bewässerungsflächen sind heute schon von Versalzung betroffen.

Früher konnte der Irak als reicher, gut gerüsteter Ölförderstaat seine Wasserinteressen wirksam durchsetzen: Als Syrien 1975 beim Auffüllen des Assad-Stausees zu viel Wasser zurückhielt, zog der Irak an seiner Nordwestgrenze Truppen zusammen; Syrien und auch die Türkei waren gezwungen, die Abflussmenge wieder zu erhöhen. Später verstrickte sich der Irak aber in einen vernichtenden Krieg mit Iran. Die Besetzung Kuweits durch die Truppen des irakischen Herrschers Saddam Hussein 1990/91 zog den Kampf mit einer multinationalen Armee unter Führung der USA nach sich, der große Zerstörungen im Land mit sich brachte. Die seit mehr als zehn Jahren geltenden Strafbestimmungen verhindern eine wirtschaftliche und militärische Erholung des Irak, der heute als schwächster der drei Kontrahenten im Kampf ums Wasser erscheint. Trotzdem hat die Äußerung eines irakischen Regierungssprechers nach wie vor Gültigkeit: „Wir lassen uns das Wasser nicht abgraben. Notfalls führen wir darum Krieg."

c), d), e) zitiert nach: Politik und Unterricht 2/2002, Wasser, hg. von der Landeszentrale für politische Bildung Baden-Württemberg

Das Planspiel

Mit Planspielen können reale, meist konflikthaltige Entscheidungssituationen, Zusammenhänge und Gegebenheiten modellhaft dargestellt werden. Sie eignen sich daher besonders für die Simulation von Konfliktkonstellationen in der internationalen Politik. Die hypothetische Umwelt, in der die einzelnen Spielteilnehmer in verschiedenen Rollen, Szenen und Situationen aufeinander treffen, um zu Entscheidungen zu gelangen, beruht zwar auf vereinfachenden Annahmen, sollte jedoch möglichst realistisch sein. Das Planspiel stellt also einen Handlungsraum bereit, in dem Entscheidungen unter Einbeziehung möglichst vieler, realistischer Informationen simuliert werden müssen.

Verlauf:

Als Ablaufschema für die Durchführung eines Planspiels bietet sich eine Dreiteilung an:

- Vorbereitungsphase: Die Teilnehmer werden auf die Spielsituation vorbereitet, Ziel und Ablauf des Spiels werden vom Spielleiter (Lehrer) erläutert. Die Spielfläche (Konferenzraum, Informationsraum, Diskussionsraum) wird vorbereitet. Die für das Planspiel vorgesehenen Rollen werden verteilt.
  Den Spielern wird ausreichend Zeit gegeben, sich in ihre Rollen einzuarbeiten. Falls Beobachter eingesetzt werden, wird ein Beobachtungsauftrag formuliert. Unmittelbar vor Beginn werden nochmals Idee, Ziel, Regeln und Ablauf des Spiels erläutert.
- Durchführung: Die Teilnehmer setzen die Rollenvorgaben unter Beachtung der Spielregeln um. Sie versuchen den Verlauf des Spiels zu ihren Gunsten zu beeinflussen und die für sie positiven Entscheidungen zu treffen oder zu beeinflussen. Dabei läuft ein dynamischer Prozess von Informationsbeschaffung, Interessendefinition, Entscheidungsfindung und Neubewertung der sich ständig verändernden Spielsituation ab. Das Spiel endet mit der Lösung eines Konflikts, dem Treffen einer Entscheidung oder dem Erreichen eines bestimmten Handlungsziels.
- Auswertung: Der Spielverlauf wird rekapituliert, eventuell aufgetretene Schwierigkeiten werden analysiert. Das Spielergebnis (z.B. Lösung des Konflikts) wird sorgfältig und kritisch interpretiert. Erkenntnisse für die Wirklichkeit werden aus der simulierten Modellwelt abgeleitet.
  Am Ende sollte eine kritische Beurteilung der Grenzen und Möglichkeiten des Planspiels stehen.

Planspiel zu einem Konflikt um Wasser in der Region Euphrat/Tigris

1. Ziel des Spiels: Lösung des Konflikts um die Nutzung des Wassers der Flüsse Euphrat und Tigris durch die Anrainerstaaten Türkei, Syrien und Irak.
2. Bilden Sie Gruppen zu den Akteuren Türkei, Syrien, Irak und Vereinte Nationen (als Vermittler).
3. Die Konferenz beginnt damit, dass die einzelnen Akteure sich in die Problematik der Wasserverteilung und -nutzung insbesondere in der Region Euphrat/Tigris einarbeiten (M 1–M 6). Nutzen Sie auch die zusätzlichen Informationsquellen im Internet.
4. Dann sollten die Interessen der Akteure schriftlich formuliert werden. Sie beachten dabei folgenden Fragen:

– Wie ist die Wassersituation in meinem Land?
– Welche Probleme müssen aus meiner Sicht verbindlich geregelt werden?
– Wie kann ich meine Interessen glaubhaft begründen?

(Türkei: M 7 a) und c); Syrien: M 7 d); Irak: M 7e); UN-Vertreter: M 7 a) – e))

5. Konferenzsimulation: Jede Gruppe schickt einen Vertreter in die Konferenz. Die einzelnen Forderungen der Staaten werden erörtert. Die Vereinten Nationen drängen auf einen Kompromiss, der die Wasserverteilung in der Region in Anlehnung an die Vorgaben des „Übereinkommens zur nicht-schifffahrtlichen Nutzung von grenzüberschreitenden Wasserläufen" der Vereinten Nationen „ausgewogen" und „vernünftig" regelt.
6. Im Falle einer Einigung sollte ein schriftlicher Vertrag ausgearbeitet und feierlich unterzeichnet werden. Bestandteil des Vertrages könnte auch ein Lösungsmechanismus für zukünftige Konflikte sein.

AUFGABEN

1. **Mindmap.** Entwickeln Sie eine Mindmap zu allen Aspekten des Themas Wasser.
2. In M 2 können Sie die Fakten zum Wasser auch z.B. von Ihrem Nachbarn erraten lassen!
3. Entwerfen Sie in Zusammenarbeit mit dem Fach Erdkunde eine PowerPoint-Präsentation zur Geschichte des Südostanatolienprojektes (M 7).
4. Informieren Sie sich mit Hilfe des Internets über das „Übereinkommen zur nicht-schifffahrtlichen Nutzung von grenzüberschreitenden Wasserläufen" der Vereinten Nationen
5. **Projektvorschlag:** Wählen Sie einen weiteren Brennpunkt der Weltwasserkrise aus der Karte M 5 aus und stellen Sie in einem Projekt Ursachen, Verlauf, Folgen und Lösungsmöglichkeiten der Krise dar.

LINKS

www.dams.org (The World Commission on Dams, mit Fallstudien zu einzelnen Staudammprojekten)

www.thewaterpage.com (unabhängige Seite zur nachhaltigen Wassernutzung, Schwerpunkt Afrika)

www.wasseragenda.de (Seite des Umweltbundesamtes zur nachhaltigen Wasserwirtschaft)

Informationen und Zusammenhänge

Globale Umweltprobleme als Konfliktursache
M 2 - M 5

Die Veränderung der Umwelt als Folge des starken Bevölkerungswachstums und menschlicher Eingriffe in die Natur wird in Zukunft eine immer größere Rolle als Konfliktursache spielen. Zu den größten Gefahren ist dabei insbesondere die Veränderung des Weltklimas, die Übernutzung lebenswichtiger Ressourcen und zunehmende Bodendegradation zu zählen. Diese Probleme sind grenzüberschreitend, d.h. sie betreffen alle Staaten, und es ist schwer, sie auf einen Verursacher zurückzuführen.

Kooperationshindernisse

Verrechtlichung von Konflikten

Generell steht der Kooperation in der Umweltpolitik zunächst ein soziales Dilemma gegenüber, das sich folgendermaßen darstellt: Für jeden Staat erscheint es als rationale Strategie, so viel intakte Umwelt wie möglich zu konsumieren und die Kosten für die Erhaltung anderen Staaten aufzubürden. Dieses Dilemma kann durch dynamische internationale Verhandlungen und Verträge (Regime) wie zum Beispiel die Klimarahmenkonvention der Vereinten Nationen von 1992, ergänzt durch das Kyoto-Protokoll von 1997, überwunden werden. Solche Abkommen legen rechtliche Verpflichtungen für die einzelnen Staaten fest, bestimmte Ziele, z. B. beim Umweltschutz, innerhalb eines bestimmten Zeitraumes zu erreichen. Da es sich bei dieser Form des *Global Governance* (vgl. Kapitel 2.4) um Selbstverpflichtungen handelt, können erhebliche Probleme bei der Umsetzung und Überwachung (Verifikation) der Abkommen bestehen. So haben vor allem mächtige Staaten die Möglichkeit aus den Abkommen auszusteigen oder gegen Bestimmungen zu verstoßen, ohne Sanktionen erwarten zu müssen.

Probleme der Umweltkooperation

Ressourcenkonflikte als Verteilungskonflikte
M 6

Konflikte um lebenswichtige Ressourcen bergen ein größeres Konfliktpotenzial, da es sich um Verteilungskonflikte handelt, die in Regionen mit z.B. großer Wasserknappheit von großer strategischer Bedeutung sein können. Zusätzlich ist die Verschlechterung von Umweltbedingungen und die Verknappung lebenswichtiger Ressourcen eine Ursache von Migration, die regional destabilisierend wirken kann. Bereits heute schwelen zahlreiche Konflikte um die gerechte Verteilung von Wasser aus internationalen Flusssystemen, z.B. in der Region Euphrat-Tigris oder dem Jordan-Becken.
Diese Konflikte sind schwerer zu lösen, da sie oft zusätzlich von ungelösten politischen Konflikten überlagert werden und zwischen Oberanrainern und Unteranrainern der Flussläufe eine absolute Asymmetrie der Nutzungschancen besteht. Aber auch hier gibt es Bestrebungen, durch internationale Übereinkommen und Kooperation zu einer gerechten Verteilung der vorhandenen Ressourcen zu kommen.

3. Herausforderungen für die Weltgemeinschaft

3.4 Migration

M 1 Menschen auf der Flucht

Somalier fliehen vor Kämpfen nach Kenia

Ein Schiff nimmt deutsche Amerika-Auswanderer an Bord

Ruandische Flüchtlinge kehren in ihre Heimat zurück

Kosovo-Flüchtlinge in Blace (Mazedonien)

Zwei Männer fliehen am 8. April 1989 über den Grenzübergang Chausseestraße, Ostberlin

M 2

Flüchtlinge 1980–2002 in Millionen

	1980	1985	1990	1995	2000[1]	2002[1]
Afrika	3,7	3,5	5,6	6,7	3,5	4,17
Asien	2,3	5,7	7,9	5,0	4,8	8,85
Europa	0,6	0,7	0,9	1,8	2,6	4,86
Lateinamerika	0,2	0,3	1,2	0,1	0,061	0,77
Nordamerika	1,2	1,4	1,5	0,7	0,636	1,18
Ozeanien	0,3	0,1	0,1	0,05	0,064	0,081

1) zum 1. Januar

nach UNHCR-Angaben

M 3

Innerstaatliche und internationale Migration

Während grenzüberschreitende Migrationsbewegungen aufgrund der politischen Abwehrreaktionen, die sie inzwischen in aller Welt auszulösen pflegen, politische Brisanz erhielten, werden interne Wanderbewegungen eher als eine normale Begleiterscheinung von Entwicklungsprozessen betrachtet. Dabei wird häufig übersehen, dass die ganze Weltgeschichte eine Geschichte von Wanderungen ist und die politisch-kulturelle Weltkarte ohne Migration völlig anders aussehen würde. Das 20. Jahrhundert war das „Jahrhundert der Flüchtlinge“, aber im 19. Jahrhundert fanden die großen interkontinentalen Wanderungen statt.

Die Binnenmigration setzt mehr Menschen in Bewegung als die grenzüberschreitende Migration. In vielen Entwicklungsländern sind Millionen von Migranten auf der Suche nach Arbeit im eigenen Land unterwegs. Die VR China weist zwar in ihren amtlichen Statistiken nur eine jährliche Urbanisationsrate von 2,7 % aus, aber die Schätzungen über die Zahl von Migranten, die unter Kuli-Bedingungen Arbeit in den Städten und boomenden Küstenzonen suchen, schwanken zwischen 100 und 150 Millionen. Innerhalb Chinas sind also ungefähr so viele Migran-

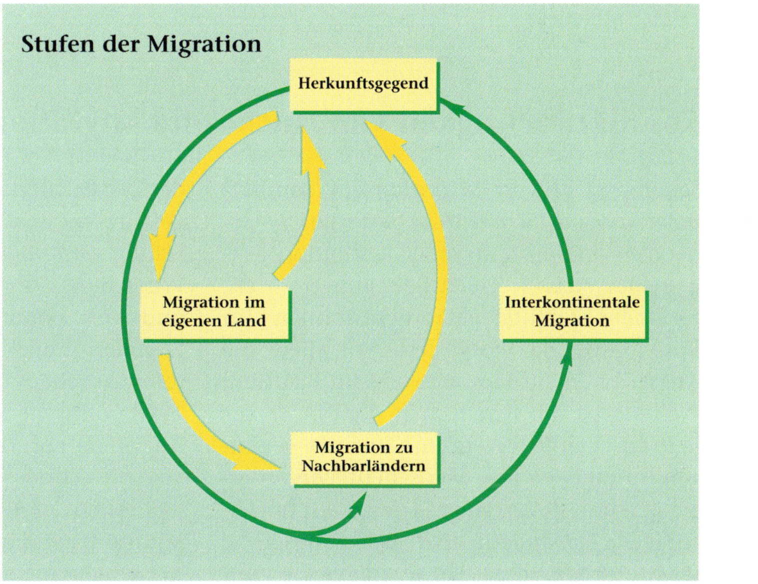

ten unterwegs wie weltweit zwischen Staaten.
[Migranten] versuchen ... viele Wege: von den Heimatgebieten in die Städte oder in andere Regionen, die Arbeit versprechen (teilweise auch wieder zurück, wenn die mit der Migration verbundenen Hoffnungen nicht erfüllt werden), oder in Nachbarländer, teilweise auch in entfernte Länder ...

Globale Trends 2000, hg. von Ingomar Hauchler/Dirk Messner/Franz Nuscheler, Frankfurt/M. 1999, S. 108, 113 f.

M 4 Zum Begriff: Flüchtlinge

Ungenauer Sammelbegriff für Personen, die durch politische (Zwangs-)Maßnahmen, Kriege oder existenzgefährdende Notlagen ihre Heimat vorübergehend oder auf Dauer verlassen. Grundlage des internationalen Flüchtlingsrechts ist die Genfer Flüchtlingskonvention vom 28.7.1951. Als politische Flüchtlinge gelten demnach nur Personen, die aus begründeter Furcht vor Verfolgung wegen ihrer Rasse, Religion, Nationalität, ihrer politischen Meinung oder der Zugehörigkeit zu einer bestimmten gesellschaftlichen Gruppe sich außerhalb des Landes befinden, dessen Staatsangehörigkeit sie besitzen. Keinen Flüchtlingsstatus haben demnach sog. „Wirtschaftsflüchtlinge“ aus Gebieten, in denen Massenelend herrscht oder Asylbewerber, deren Asylanträge zwar abgelehnt wurden, die jedoch aus humanitären Gründen nicht abgeschoben werden. Die Anerkennung von Personen als Flüchtlinge liegt im Ermessen des jeweiligen Staates. ...
Die Genfer Flüchtlingskonvention von 1951 definiert den Flüchtling als Person:
„... die sich aus begründeter Furcht vor Verfolgung wegen rassischer, religiöser und politischer Gründe, der Zugehörigkeit zu einer bestimmten sozialen Gruppe oder wegen ihrer Nationalität außerhalb ihres Heimatstaates befindet und nicht dessen Schutz genießen kann, oder wegen solcher Furcht sich dem Schutz dieses Landes nicht unterstellen will ...“

Schülerduden Politik und Gesellschaft, 4. Aufl., Mannheim u. a. 2001, S. 128

M 5 Konfliktträchtigkeit von Flucht und Migration

Selten war und ist Migration ein konfliktfreier Vorgang. Schon 1980 hatte die UN-Generalversammlung in einer Resolution festgestellt, dass Fluchtbewegungen die regionale Stabilität gefährden können. Im Kosovo-Konflikt mobilisierte vor allem die Angst vor einem Massenexodus in Richtung Westeuropa die Bereitschaft der NATO zur militärischen Intervention. Fluchtbewegungen resultieren aus Menschenrechtsverletzungen und stellen auch in den meist unfreiwilligen Zielländern eine Belastungsprobe für Menschenrechte dar. Je größer die Zahl der asylsuchenden Flüchtlinge ist, desto gefährdeter ist das Asylrecht.
Häufig sind Migranten die ersten Opfer von Wirtschafts- und politischen Systemkrisen und von populistischen Kampagnen, die Fremden- und Konkurrenzängste auszubeuten versuchen. In Indonesien tobten sich 1998 politische und soziale Frustrationen in Angriffen auf die chinesische Minderheit aus, die schon seit Generationen im Lande lebt. Auch der ASEAN[1]-Kooperationsverbund konnte nach dem Ausbruch der Asien-Krise Massenabschiebungen von Wanderarbeitern

aus Thailand, Malaysia und Singapur nicht verhindern.
Viele Staaten verschärften unter dem Druck von Wirtschafts- und Sozialkrisen ihre Asyl- und Ausländerpolitik. In Krisenzeiten wächst die Neigung, Zuflucht in nationalen und ethnischen Schutzräumen zu suchen und sie nach außen abzugrenzen. Die Globalisierung entgrenzt zwar die Staatenwelt für Kapital, Güter und Dienstleistungen, aber nicht für Menschen, wenn sie nicht als Funktionseliten zum global rotierenden Humankapital gehören. Warnungen vor „neuen Völkerwanderungen" aus dem Süden übersehen den Verlust an Humankapital (brain drain), den Entwicklungsländer durch die Abwanderung von Fachkräften erleiden. Andererseits erzielen viele Herkunftsländer durch Überweisungen von Migranten höhere Deviseneinkünfte als durch ihre Güterexporte.

Globale Trends 2000, hg. von Ingomar Huchler/Dirk Messner/Franz Nuscheler, Bonn 1999, S. 114

[1] *ASEAN: Association of Southeast Asian Nations*

M 6

Ursachen für Migration

Insgesamt bietet das weltweite Migrationsgeschehen somit ein komplexes und verwirrendes Bild, das sich zudem in ständiger Veränderung befindet und durch immer neue Phänomene gekennzeichnet ist. Eine gewisse Ordnung in das Geschehen bringt ein Blick auf die tiefer liegenden Ursachen, die sich allerdings ebenfalls in jedem konkreten Fall zu höchst unterschiedlichen Konstellationen verbinden. Unterscheidbar sind vor allem die folgenden vier großen Ursachenkomplexe:

- Von erheblicher Bedeutung sind die 30 bis 40 Kriege und Bürgerkriege in den neunziger Jahren, die überwiegend in Asien und Afrika stattfanden. Obwohl ihre Zahl gegen Ende des Jahrzehnts leicht zurückging, spricht wenig dafür, dass in absehbarer Zeit ein spürbarer Rückgang erfolgen könnte.

Denn die tieferen Ursachen sind inner- und zwischenstaatliche Konflikte um politische Macht und wirtschaftliche Ressourcen, die bei immer mehr der circa 120 seit 1945 neu entstandenen Staaten zu Tage treten. Ausgangspunkte von Massenfluchtbewegungen waren in den neunziger Jahren im europäischen Raum die in Kriegen und Bürgerkriegen zerfallene ehemalige jugoslawische Republik, im Mittleren Osten die Türkei, der Irak; in Afrika unter anderem der Sudan, Liberia, Sierra Leone und Kongo. Weitere Faktoren sind das Anwachsen von um die politische Macht und die Schaffung religiös-homogener Staaten kämpfender fundamentalistisch religiöser Bewegungen sowie Bestrebungen von Mittelmächten um die Erringung regionaler Hegemonie.

- Nicht minder bedeutsam sind die Probleme zahlreicher Staaten beim Aufbau tragfähiger Ökonomien. Ausdruck dafür ist die Zahl der weltweit in extremer Armut lebenden Menschen, die sich auch zu Beginn des neuen Jahrhunderts auf über eine Milliarde beläuft. Wie desolat die wirtschaftliche Situation vieler Entwicklungsländer auch am Ende des 20. Jahrhunderts noch immer war, zeigte eindringlich der „Bericht über die menschliche Entwicklung 1998". Er wies darauf hin, dass circa hundert Entwicklungs- und Reformländer in den vergangenen drei Jahrzehnten einen wirtschaftlichen Niedergang erlebten, der dazu führte, dass das Pro-Kopf-Einkommen niedriger lag als noch vor zehn, 15, 20 oder sogar 30 Jahren. Der Bericht dokumentierte außerdem, dass zwischen 1995 und 1997 von 124 nur 21 und von den 48 am wenigsten entwickelten Ländern nur sechs eine Wachstumsrate von drei Prozent oder mehr aufwiesen. Hinzu kommt bei vielen Ländern eine Schuldenlast, die jede Initiative zur Bewältigung ihrer wirtschaftlichen und sozialen Probleme lähmt. Die Entscheidung, aus dem Teufelskreis von Armut und Arbeitslosigkeit auszubrechen und die alte Heimat zu verlassen, ist unter diesen Bedingungen nur konsequent.
- Die ungünstigen politischen und wirtschaftlichen Rahmenbedingungen der Länder des Südens werden durch das anhaltende Bevölkerungswachstum wesentlich verschärft. Dies wird in den kommenden Jahren dazu führen, dass der Anteil der Entwicklungsländer an der Weltbevölkerung weiter zunimmt. Von den 9,4 Milliarden Menschen werden 2050 acht Milliarden in Entwicklungsländern leben. Allein in 75 dieser Länder wird es zur Verdopplung der Bevölkerung kommen, in 28 sogar zu einer Verdreifachung. Absehbare Folge sind intern eine weitere Zunahme der sozialen und ethnischen Konflikte, extern Kriege um Land, Wasser, Weidegrund und Fischfanggebiete – und damit eine weitere Militarisierung der betreffenden Gesellschaften.
- Unmittelbare Folge der demografischen Entwicklung ist weltweit eine weiter zunehmende Belastung der Umwelt: Übernutzung der Böden, Abholzung der Waldbestände, Senkung der Grundwasserspiegel durch wachsende Entnahmen für Landwirtschaft und Industrie sowie Zerstörung der Atmosphäre als Folgewirkung der auf der Grundlage von fossiler Energien durchgeführten Modernisierungsprozesse. Der „Bericht über die menschliche Entwicklung von 1998" schätzte die Zahl der Menschen, die in Gefahr sind, zu Umweltflüchtlingen zu werden, auf derzeit 135 Millionen. Ob die Zahlen nicht weit höher liegen, wird kontrovers diskutiert. Unbestritten ist dagegen, dass sie mit den prognostizierten Klimaveränderungen weiter ansteigen werden. Denn beide Folgewirkungen des Klimawandels – die Austrocknung von Großregionen sowie die Überflutung tiefgelegener Küsten und Flusstäler – werden Migrationsbewegungen größeren Umfangs auslösen, und diese Bewegungen werden nicht nur zur Destabilisierung vieler Länder, sondern auch größerer Regionen führen.

Peter J. Opitz, Internationale Migration, in: Informationen zur politischen Bildung 274, Internationale Beziehungen II, hg. von der Bundeszentrale für politische Bildung, Bonn 1/2002

M 7

Die Arbeit des UNHCR

Der Hohe Flüchtlingskommissar der Vereinten Nationen (UNHCR) schützt und unterstützt Flüchtlinge überall auf der Welt. Gegründet wurde UNHCR von der UN-Vollversammlung. Der Hauptsitz befindet sich in Genf. Im Jahre 1951 nahm UNHCR seine Arbeit auf, um Millionen von europäischen Flüchtlingen in der Folge des Zweiten Weltkrieges zu helfen. ...

Sichergestellt werden soll, dass die Menschenrechte von Flüchtlingen respektiert werden sowie ihr Recht, Asyl zu suchen und dass kein Flüchtling unfreiwillig in ein Land zurückkehren muss, wo er oder sie Verfolgung befürchten muss. UNHCR arbeitet deshalb ständig daran, dass internationale Vereinbarungen zu Gunsten von Flüchtlingen eine weite Verbreitung finden und diese von den Staaten auch respektiert werden. Die Organisation versorgt Flüchtlinge mit Nahrung, Wasser, Unterkunft und betreut sie medizinisch.

Eng verbunden mit dieser Aufgabe ist die Suche nach dauerhaften Lösungen für die Probleme von Flüchtlingen. Die UNHCR-Hilfsprogramme werden hauptsächlich durch freiwillige Beiträge von Regierungen, aber auch Nichtregierungsorganisationen und Privatpersonen finanziert.

www.uno.de/deutschland/unhcr.htm (20.11.2002)

AUFGABEN

1. Betrachten Sie die Fotos in M 1 und überlegen Sie, welche Gründe Menschen dazu bewegen könnten, ihre Heimat zu verlassen. Ermitteln Sie davon ausgehend weitere Ursachen von Migration mit Hilfe von M 6.
2. Erklären Sie, worin die Konfliktträchtigkeit von Flucht und Migration liegen könnte (M 5).
3. **Projektvorschlag:** Vielleicht kennen Sie im Verwandten- oder Bekanntenkreis Menschen, die aus Ihrer Heimat geflohen sind. Stellen Sie an Hand von biographischen Porträts dieser Personen dar, was Sie zur Flucht bewogen hat, was Sie auf der Flucht erlebt haben und was Heimat für sie bedeutet.

LINKS

www.unhcr.de (Homepage des UNHCR mit zahlreichen Infos)

www.proasyl.de (Menschenrechtsorganisation, die für die Rechte von Flüchtlingen eintritt, mit Verweisen auf andere Organisationen)

Informationen und Zusammenhänge

Ursachen von Flucht und Migration
M 6

Flucht- und Migrationsbewegungen entstehen durch die Verletzung von Menschenrechten, Vertreibung, religiöse und politische Verfolgung, Bürgerkrieg, Armut, Umweltzerstörungen und die individuelle Bereitschaft der Migranten, die Heimat zu verlassen.
Dabei wird zwischen Druckfaktoren, die im Abwanderungsland wirksam sind, und Sogfaktoren, die vom Zielland ausgehen, unterschieden. Zu den Sogfaktoren zählt vor allem die begründete Hoffnung, in der Zielregion bessere Existenzbedingungen, Schutz und Sicherheit vorzufinden.

Konfliktträchtigkeit von Migration
M 5

Massenmigration innerhalb von Staaten und über Staatsgrenzen hinweg kann zur Destabilisierung ganzer Regionen führen, wenn eine mangelnde Bereitschaft oder Fähigkeit der Zielländer besteht, die Flüchtlinge oder Migranten aufzunehmen. So wuchs beispielsweise im Kosovo-Konflikt die Bereitschaft der NATO zur Intervention, weil zahlreiche Flüchtlinge in die angrenzenden Staaten Mazedonien und Albanien flohen und dadurch die Destabilisierung der gesamten Region drohte (vgl. Kapitel 5.2).

Politische Flüchtlinge
M 4

Als politische Flüchtlinge (im Gegensatz zu Migranten) gelten gemäß der Genfer Flüchtlingskonvention von 1951 nur Personen, die aus begründeter Furcht vor Verfolgung wegen ihrer Rasse, Religion, Nationalität, ihrer politischen Meinung oder der Zugehörigkeit zu einer bestimmten gesellschaftlichen Gruppe sich außerhalb des Landes befinden, dessen Staatsangehörigkeit sie besitzen. Gleichwohl interpretieren die Staaten diese Definition unterschiedlich, weshalb sich die Praxis der Asylgewährung in den einzelnen Staaten zum Teil erheblich unterscheidet. Die Dauer des Asylverfahrens und Gestaltung der Lebensbedingungen während des Verfahrens obliegt dabei den Aufnahmeländern – die Genfer Flüchtlingskonvention gibt nur einen rechtlichen Rahmen vor.

Das UNHCR
M 7

Im Rahmen der Vereinten Nationen ist für die Betreuung von Flüchtlingen das Amt des Hohen Flüchtlingskommissars (UNHCR) entstanden. Internationaler Schutz der Flüchtlinge ist die Hauptaufgabe des UNHCR. In der Praxis bedeutet dies sicherzustellen, dass die Menschenrechte der Flüchtlinge respektiert werden und kein Flüchtling gegen seinen Willen in ein Land zurückgeschickt wird, wo er oder sie Verfolgung befürchten muss. UNHCR sucht langfristige oder „dauerhafte“ Lösungen und hilft darum Flüchtlingen bei der freiwilligen Rückkehr in die Heimat, wenn die Bedingungen dies zulassen oder unterstützt sie bei der Integration in ihrem Asylland oder bei der Weiterwanderung in Drittstaaten. UNHCR unterstützt dabei auch Menschen, die nicht formal als Flüchtlinge anerkannt wurden.

3.5 Grundfragen der internationalen Politik

Schlagzeilen

M 1

USA drohen dem Irak offen mit Krieg

USA und EU legen Stahlstreit bei

China neues WTO-Mitglied

Islamische Terroristen zünden Bombe in einer Diskothek auf Bali

Tankerkatastrophe vor der spanischen Küste

Deutsche Urlauber in Frankreich ausgeraubt

Vodafone übernimmt Mannesmann Mobilfunk

Türkei bemüht sich um Beitritt zur Europäischen Union

ATTAC protestiert gegen Folgen der Globalisierung

IWF gewährt der Türkei umfangreiche Kredite

Zum Begriff: internationale Politik/internationale Beziehungen

M 2

1. Der Begriff der internationalen Politik bezieht sich auf die Interaktionsprozesse[1], die zwischen mindestens zwei ... Akteuren in der internationalen Umgebung stattfinden. Die Untersuchung der internationalen Politik begreift die einzelnen Handlungen jedes dieser Akteure allein als (Teil-)Aspekt eines größeren Interaktionsmusters ... Entscheidendes Kriterium ist ... (die) Orientierung auf einen wie auch immer definierten politischen Gehalt.

2. Demgegenüber ist der Bedeutungsumfang des Begriffs „internationale Beziehungen" weiter gefasst. Er bezieht sich auf alle grenzüberschreitenden Aktionen und Interaktionen, die zwischen unterschiedlichen internationalen Akteuren – seien es nun internationale Organisationen, Staaten, gesellschaftliche Gruppierungen, Individuen oder juristische Personen – stattfinden können ...

Die internationale Politik stellt eine Teilmenge der Gesamtmenge der internationalen Beziehungen dar und wird aus dieser Gesamtmenge durch das für sie charakteristische Element – nämlich ihren politischen Kernbezug – ausgegliedert.

Reinhard Meyers, Internationale Beziehungen/ Internationale Politik, in: Andreas Boeckh (Hg.), Internationale Beziehungen, Pipers Wörterbuch zur Politik, Bd. 5, München 1984, S. 229 f.

[1] Interaktion: Wechselbeziehung und wechselseitige Orientierung im Handeln mehrerer Beteiligter

M 3 Das Grundproblem: die Anarchie der Staatenwelt ...

Es gibt zwei Ordnungsprinzipien für politische Systeme: Hierarchie und Anarchie.
Die einzelnen staatlich organisierten politischen Systeme sind zentralistisch und hierarchisch geordnet, insbesondere hinsichtlich des Gewaltmonopols. Das internationale System dagegen ist dezentral und anarchisch geordnet: „National politics is the realm of authority, of administration, and of law. International politics is the realm of power, of struggle, and of accommodation. (...) Formally, each is the equal of all the others. None is entitled to command; none is required to obey." Anarchie bedeutet also in den internationalen Beziehungen das Fehlen einer übergeordneten Regelungs- und Sanktionsinstanz. Unter der Voraussetzung der Anarchie, in der niemand die Sicherheit der einzelnen Staaten garantieren kann, wird das Überleben zur Grundlage und Voraussetzung für die Realisierung aller weiteren Ziele. Die (zentralen) Eigenschaften der Staaten im internationalen System sind funktional nicht differenziert; sie müssen sich vorrangig um ihre Sicherheit kümmern: „States are alike in the tasks they face, though not in their abilities to perform them."
Das Hauptproblem, das sich aus der Anarchie im internationalen System ergibt, ist das Risiko der Gewalt. Da immer einige Staaten zur Gewaltanwendung bereit sind, müssen sich alle anderen darauf einstellen, selbst gewaltbereit zu sein – oder sich dem Willen ihrer mächtigeren Nachbarn unterwerfen.

Gert Krell, Weltbilder und Weltordnung, Baden-Baden 2000, S. 111 f., Zitate von Kenneth Waltz

Vokabelerklärungen: realm = Bereich/Raum; accomodation = Anpassung; tasks = Ziele; abilities = Fähigkeiten

M 4 ... und das Sicherheitsdilemma

John Herz, 1908 in Düsseldorf geboren, ... hat seinen intellektuellen Weg als „Idealist" begonnen; freilich wurde auch er über die Enttäuschungen der dreißiger Jahre, den Aufstieg der Nazis, das Scheitern der westlichen Appeasement-Politik und den Zweiten Weltkrieg zum Realisten. Aber die theoretische Begründung für den Realismus ist bei John Herz eine ganz andere. Herz hält sich nämlich nicht lange bei der menschlichen Natur auf. Ob die gut oder böse ist, sie ist wahrscheinlich beides, interessiert ihn gar nicht. Seine zentrale Kategorie ist auch nicht das Interesse an Macht, sondern das Sicherheitsdilemma. Ich zitiere ausführlich die entscheidende Stelle:
„Die tragische Lage, in der sich eine zwiegespaltene und mit Atombomben gesegnete Welt derzeit befindet (der Text stammt aus dem Jahre 1950, G. K.), spiegelt lediglich in äußerster Zuspitzung ein Dilemma wider, mit dem sich menschliche Gesellschaften von Anbeginn ihrer Geschichte auseinanderzusetzen hatten. Das Dilemma entspringt einer grundlegenden Sozialkonstellation, derzufolge eine Vielzahl miteinander verflochtener Gruppen politisch letzte Einheiten darstellen, d. h. nebeneinander bestehen, ohne in ein noch höheres Ganzes integriert zu sein. Wo und wann auch immer eine solche „anarchische" Gesellschaft existiert hat – und in den meisten Epochen der uns bekannten Geschichte hat sie das auf irgendeiner Ebene –, ergab sich für Menschen, Gruppen, Führer eine Lage, die sich als „Sicherheitsdilemma" bezeichnen lässt. Gruppen oder Individuen, die in einer derartigen, eines Schutzes „von oben" entbehrenden Konstellation leben, müssen um ihre Sicherheit vor Angriffen, Unterwerfung, Beherrschung oder Vernichtung durch andere Gruppen oder Individuen fürchten, eine

Besorgnis, die sich aus der Sachlage selber ergibt. Und in dem Streben nach Sicherheit vor solchen Angriffen sehen sie sich gezwungen, immer mehr Macht zu akkumulieren, nur um der Macht der anderen begegnen zu können. Dies wiederum macht die anderen unsicherer und zwingt sie, sich auf „das Schlimmste" vorzubereiten. Da sich in einer Welt derart konkurrierender Einheiten niemand je ganz sicher fühlen kann, ergibt sich ein Wettlauf um die Macht, und der Teufelskreis von Sicherheitsbedürfnis und Machtanhäufung schließt sich."

Gert Krell, Weltbilder und Weltordnung, Baden-Baden 2000, S. 108

Weltordnungsmodelle

M 5

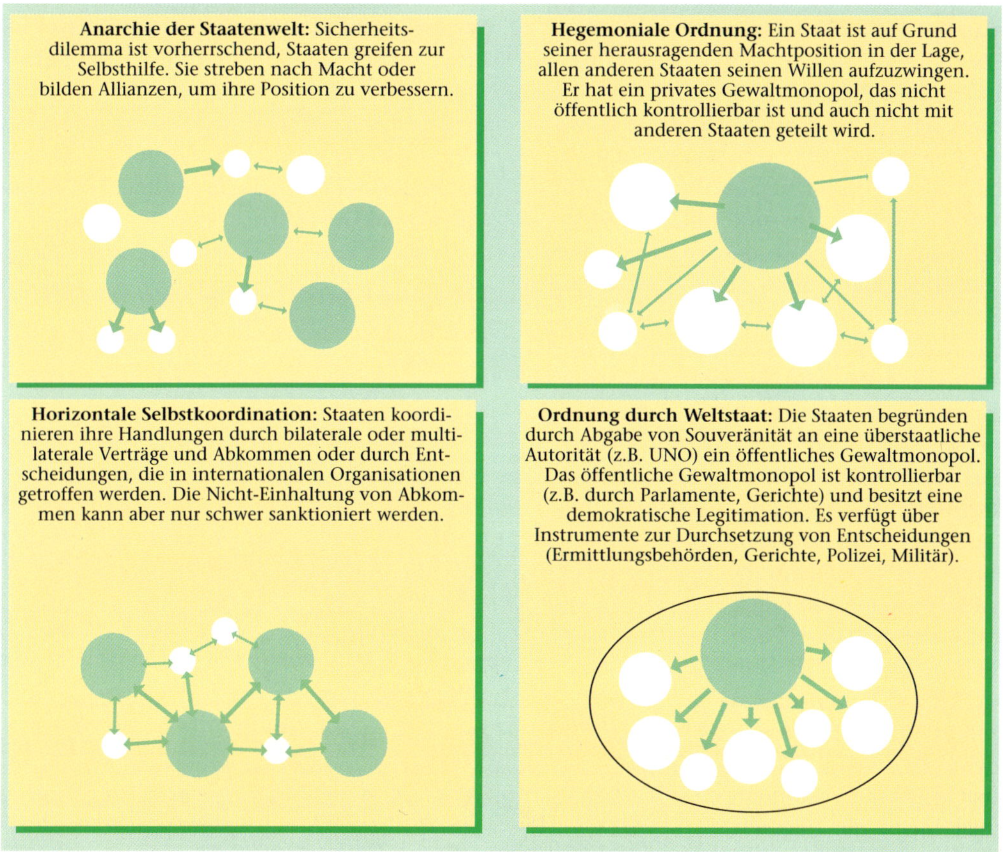

in Anlehnung an: Ingomar Hauchler/Dirk Messner/Franz Nuscheler (Hg.), Globale Trends 2000, Frankfurt/M. 1999, S. 381

M 6 Die veränderte Rolle der Nationalstaaten

Die Staaten bleiben die Hauptakteure der internationalen Politik. Sie allein können Völkerrecht setzen und haben das letzte Sagen in allen Streitfragen, falls sie sich nicht – wie die Mitgliedstaaten der EU – supranationalen Entscheidungsmechanismen unterworfen haben. Aber sie können nicht mehr schalten und walten wie auf dem Wiener Kongress und Politikfelder steuern, die sich durch Globalisierungsprozesse der einzelstaatlichen Kontrolle entziehen ... , ihre Rolle in der Weltpolitik verändert sich.

Die Nationalstaaten bleiben zuständig für autoritative Entscheidungen, für die Umsetzung der auf internationaler Ebene getroffenen Entscheidungen und für die Koordination der verschiedenen Akteursgruppen auf nationaler und internationaler Ebene ... Ihre Eingliederung in das System „geteilter Souveränitäten" stellt deshalb keinen Verzicht auf politische Gestaltung, sondern vielmehr eine Bedingung zur Sicherung der politischen Gestaltungs- und Steuerungsfähigkeit unter den Bedingungen der Globalisierung dar.

Das traditionelle Billardkugel-Modell der internationalen Politik, das noch immer die Wahrnehmungen der Staatenwelt prägt, wurde längst durch ein Spinnweben-Modell von vielfältigen Vernetzungen jenseits der Diplomatie zwischen den Staaten abgelöst. ... Der Nationalstaat bleibt die tragende Säule der Global Governance-Architektur[1], aber er verliert ohne weitere Stützpfeiler und netzwerkartige Verstrebungen mit der Wirtschafts- und Gesellschaftswelt an Handlungsfähigkeit. ...

Eine Kardinalfrage bleibt, wie angesichts der Auslagerung wichtiger Entscheidungen aus der nationalstaatlichen Regelungskompetenz und ihrer Verlagerung auf internationale Bürokratien das Demokratie- und Legitimationsproblem gelöst werden kann. Abhilfe kann weder die Einbindung von Nichtregierungsorganisationen in Konsultationsmechanismen noch eine „Demokratisierung" von internationalen Organisationen schaffen, die sich in einer breiteren Repräsentation von Staaten erschöpft. Vorschläge, den Versammlungen von Staatenvertretern „Volksvertretungen" zur Seite zu stellen, sind mit Organisations- und Effizienzproblemen konfrontiert. Deshalb bleibt die Demokratisierung des Multilateralismus ein zentrales Problem von Global Governance.

Globale Trends 2000, hg. von Ingomar Huchler/Dirk Messner/Franz Nuscheler, Bonn 1999, S. 387

[1] *vgl. dazu Kapitel 2.5*

Die Permeabilität[2] des Staates im Zeitalter der Globalisierung

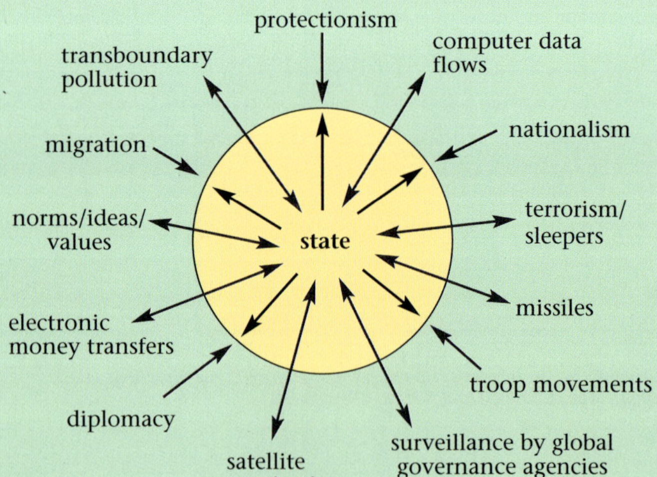

nach: John Baylis/Steve Smith (Hg): The Globalization of World Politics, 2. Aufl., Oxford/New York 2001, S.22

[2] *Durchlässigkeit*

Akteure und Handlungsebenen der internationalen Politik

M 7

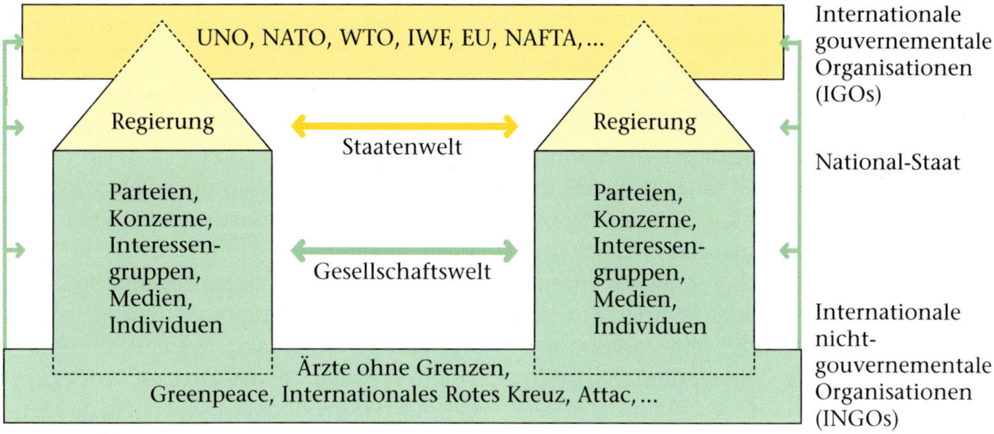

Autorengrafik

Die Machtverteilung im internationalen System

M 8

Um die Einordnung Deutschlands in das internationale System unter dem Aspekt des Gleichgewichts (mit seinen kooperativen und integrativen Varianten) diskutieren zu können, muss man sich der globalen Grundfiguration[1] vergewissern, die nach dem revolutionären Zusammenbruch der bipolaren Welt in den neunziger Jahren evolutionär entstanden ist. Manche Autoren haben argumentiert, das neue System sei durch eine unipolare Machtverteilung gekennzeichnet und werde in absehbarer Zukunft unipolar bleiben. Andere Autoren (auch der Autor dieses Beitrags) haben darauf verwiesen, dass die Unipolarität in der Machtverteilung zugunsten der USA keineswegs so uneingeschränkt und eindeutig ist, wie es den Anschein hat. Die weltpolitische Grundkonfiguration ist eher durch eine Kombination aus unipolarer und multipolarer Machtverteilung zu verstehen. Unipolar ist das Weltsystem, wenn man auf die Quantität und Qualität der militärischen Potenziale der USA abhebt und zudem in Rechnung stellt, dass die USA durch ihre Truppenstationierungen auch eine europäische und asiatische Macht sind und dadurch sowie durch das Netz von Stützpunkten, durch Flottenpräsenz auf allen Weltmeeren und durch Satellitenaufklärung als einzige Großmacht die Fähigkeit besitzen, weltweit Machtprojektionen vorzunehmen. Im nuklearen militärischen Bereich ist formal die Parität mit Russland durch die rüstungskontrollpolitischen Vereinbarungen (START I und II) fortgeschrieben worden, aber der wirtschaftliche Niedergang Russlands und die amerikanischen Innovationen (vor allem die Entwicklung eines ABM-Systems) fördern die rüstungspolitische Asymmetrie zugunsten der USA. Immerhin bedeutet jedoch die Existenz unabhängiger atomarer Machtpotenziale in Russland, Großbritannien, Frankreich und China (sowie die Existenz neuer regionaler Nuklearmächte, nämlich Indien und Pakistan und informell Israel) eine Beschränkung der amerikanischen Macht. Denn Nuklearwaffen sind ja politische Waffen der Abschreckung. Zudem haben die großen Nuklearmächte als ständige Mitglieder des UN-Sicherheitsrates eine gleichberechtigte Veto-Möglichkeit bei der Verhängung von UN-Zwangsmaßnahmen.

Eindeutig besteht eine voll ausgeprägte Multipolarität im geoökonomischen Bereich; genauer gesagt eine Tripolarität, denn die ökonomischen Potenziale konzentrieren sich auf die drei Regionen Nordamerika, Europa und Südostasien mit den großen Wirtschaftsmächten USA, EU und Japan als Kernmächten, zwischen denen eine ungefähre Balance besteht (beim Welthandel rangiert die EU sogar vor den USA). China dürfte demnächst ebenfalls zu einer führenden Wirtschaftsmacht werden. Im Zuge der „Globalisierung" (die im Kern eine Regionalisierung ist) wird der „neue Regionalismus", die Vitalisierung schon bestehender Integrationsverbände (wie die EG/EU) und die Entstehung neuer Regionalorganisationen, flächendeckend zu einem strukturierenden Prinzip der neuen geoökonomischen Weltordnung und diese Regionalorganisationen verstärken die Tendenz zur Multipolarität und zur Organisation interregionaler Beziehungen, wodurch sich die Triade-Regionen gegenseitig in einem kooperativen interregionalen Gleichgewichtssystem ausbalancieren.

In der Zusammenschau ergibt sich, dass – gesamtpolitisch betrachtet – die USA, Russland, China, Japan und die EU (mit den Führungsmächten Frankreich, Deutschland, Großbritannien) eine Spitzengruppe bilden. Diese gesamtpolitische Konfiguration der Fünf kann am besten dadurch bildlich veranschaulicht werden, dass man (statt der üblichen pentagonalen Figur) die USA in der Mitte eines Vierecks aus Russland, China, Japan und der EU einzeichnet (wie es von dem chinesischen Politikwissenschaftler Feng Zhong Lin angeregt wurde). Ein solches Bild macht die zentrale, herausragende Position der USA und die multipolare Gesamtstruktur augenfällig. In diesem gesamtpolitischen Zusammenhang ist das Dreieck USA-EU-Japan mit der geoökonomischen Triade identisch, in der die USA eine balancierende Mit-Führungsmacht sind. Indes, nur die USA sind in allen Teildreiecken vertreten. Sie sind die herausragende globale Zentralmacht in der Spitzengruppe, aber ihre Position wird relativiert durch die politische und ökonomische Multipolarität.

Werner Link, Deutschland im multipolaren Gleichgewicht der großen Mächte und Regionen, in: Aus Politik und Zeitgeschichte, Nr. 24 / 9.6.2000, S. 16

[1] Grundfigurationen: i.S.v. Grundstrukturen der Machtverteilung

M 9 Kontrovers diskutiert: Grundannahmen über die internationalen Beziehungen

a) Realistische Prämisse

Die Staaten sind die einzigen bedeutenden Akteure der internationalen Beziehungen. Zu erforschen sind daher ihre Motive und Verhaltensweisen – oder genauer: die Motive und Verhaltensweisen der sie nach außen vertretenden politischen Entscheidungsträger. Anderen internationalen Akteuren kommt allein in ihrer Funktion als Mittel, Agenten oder Auftragnehmern der Staaten Bedeutung zu.

b) Globalistische Gegenposition

Staaten sind nicht die einzigen bedeutenden Akteure der internationalen Beziehungen. Manche internationalen Transaktionen und deren Resultate können nur im Hinblick auf die Motive und Verhaltensweisen internationaler gouvernementaler bzw. nichtgouvernementaler Organisationen oder Bürokratien, längerfristig bestehender oder ad hoc gebildeter transnationaler Koalitionen von Entscheidungsträgern und Beamten, multinationalen Konzernen, transnationalen gesellschaftlichen Gruppierungen oder anderen in der staatenzentrischen Sicht für bedeutungslos gehaltenen Akteure erklärt werden.

Internationale Beziehungen sind das Ergebnis einzelstaatlicher außenpolitischer (Inter-)Aktionen, die das Ziel der Erhaltung der in Kategorien militärischer Macht sowie territorialer und/ oder weltanschaulicher Herrschaft definierten nationalen Sicherheit (sog. „high politics") verfolgen. Andere Ziele werden als „low politics" definiert und belegen im Ziel- und Wertinventar der Staaten einen nachrangigen Stellenwert.	Internationale Beziehungen sind das Ergebnis von grenzüberschreitenden Aktionen internationaler Akteure, die das Ziel der Wahrung oder Verbesserung ihres Wohlstandes verfolgen. Die Bedeutung, die nationale Regierungen derartigen Zielen zumessen, und die innenpolitischen Folgen, die mit der Verwirklichung oder Nichtverwirklichung dieser Ziele verknüpft sind, lassen sie als „high politics" erscheinen.
Die internationalen Beziehungen sind ein Nullsummenspiel; der (Macht- und Status-) Gewinn eines Akteurs im internationalen System geht zu Lasten eines/ mehrerer/ aller anderen Mitspieler. Der Austragungsmodus des Spiels ist der Konflikt; (militärische) Gewalt dient latent oder offen als Konfliktentscheidungsmittel.	Die internationalen Beziehungen sind ein Nicht-Nullsummenspiel; Gewinne der Akteure resultieren aus einer kontinuierlich durch die Verbesserung der internationalen Arbeitsteilung vermehrten Gesamtmenge gesellschaftlicher Ressourcen. Austragungsmodus des Spiels ist die Kooperation. Alle wesentlichen Spielergebnisse nehmen die Form der Verteilung von Belohnungen unter den kooperierenden Akteuren an.
Internationaler Einfluss resultiert aus dem Einsatz von oder der Drohung mit dem Einsatz von Macht, definiert als aktuelle oder potenzielle militärische und/ oder wirtschaftliche Handlungsbefähigung.	Internationaler Einfluss resultiert aus dem gekonnten Umgang mit den Banden der Interdependenz, die die Akteure des internationalen Systems miteinander verknüpfen. Die Überzeugung anderer dient als Hilfsmittel bei der Erringung von Einfluss.

aus: Wichard Woyke (Hg.), Handwörterbuch Internationale Politik, 8. Aufl., Opladen 2000, S. 438

AUFGABEN

1. Überlegen Sie, ob die in M 1 genannten Schlagzeilen unter den Begriff internationale Politik oder internationale Beziehungen fallen.
2. Untersuchen Sie, ob und gegebenfalls wie die in M 5 beschriebenen Ordnungen geeignet sind, das in M 4 geschilderte Sicherheitsdilemma zu überwinden.
3. Beschreiben Sie unter Zuhilfenahme von M 6 die veränderte Rolle der Nationalstaaten in der internationalen Politik.
4. Begründen Sie, welche der in M 9 genannten Annahmen über die internationalen Beziehungen Sie für wirklichkeitsnäher halten.

LINKS

www.udintersowi.de/aktuelle_mat_if_6.htm (private Seite mit einer tollen Sammlung von Materialien zur internationalen Politik)

www.glasnost.de (Dokumentationssystem für Geschichte und Politik, viele Quellentexte)

www.weltpolitik.net (Portal zur internationalen Politik)

Informationen und Zusammenhänge

Internationale Beziehungen/Politik
M 2

Als internationale Beziehungen bezeichnet man alle grenzüberschreitenden Interaktionen, die zwischen zwei oder mehr internationalen Akteuren stattfinden. Als internationale Politik werden allerdings nur jene grenzüberschreitenden Handlungszusammenhänge bezeichnet, mit denen *verbindliche* Entscheidungen in einem bestimmten Sachbereich (Sicherheit, Wirtschaft, Umwelt, ...) durchgesetzt, getroffen oder beeinflusst werden sollen.

Realistische Theorie
M 9

Anarchie der Staatengewalt
M 3, M 5

Bei der Beschreibung und Analyse der internationalen Beziehungen lassen sich ganz allgemein zwei Theorien unterscheiden. Die Vertreter der Realisten/Neorealistischen betrachten die Staaten als einheitliche und wichtigste Akteure des internationalen Systems. Internationale Organisationen oder NGOs haben ihrer Ansicht nach keinen oder nur sehr begrenzten Einfluss auf das Verhalten der einzelnen Staaten. Realisten/Neorealisten betonen ein Grundproblem der internationalen Beziehungen, das sie als verhaltensbestimmend für die einzelnen Staaten ansehen: die anarchische Verfasstheit der Staatenwelt und das daraus resultierende Sicherheitsdilemma. Während nämlich innerhalb der (rechtsstaatlich verfassten) Staaten der Konfliktaustrag verrechtlicht ist und nur der Staat allein mit Hilfe von Gerichten und Ermittlungsbehörden zur Anwendung von Gewalt und zur Durchsetzung des Rechts befugt ist (staatliches Gewaltmonopol), fehlt in den zwischenstaatlichen Beziehung eine solche übergeordnete Sanktionsinstanz.

Sicherheitsdilemma
M 4

Aus dieser Abwesenheit des internationalen Gewaltmonopols resultiert das Sicherheitsdilemma. Zur Sicherung der eigenen Existenz greifen Staaten deshalb gezwungenermaßen zur Selbsthilfe. Sie streben nach Macht, um sich zu schützen. Die Anhäufung von Macht (z.B. in Form militärischer Rüstung) zwingt aber auch die andern Staaten dazu, sich zu schützen und ihrerseits Macht zu erwerben, was die vermeintliche Bedrohungslage verstärkt. Der Rüstungswettlauf des Kalten Krieges oder Rüstungsanstrengungen in Indien, China und Pakistan haben hierin ihren Ursprung. Auf jede Änderung der Machtverteilung reagieren die Staaten sehr empfindlich (balancing).

Integrationstheorien
M 6, M 7

Diese pessimistische Sicht internationaler Politik erfasst allerdings nicht die ganze Realität. So betont die integrationstheoretische Schule (liberaler Institutionalismus/Globalismus) die vor allem im Zuge der Globalisierung weiter zunehmende Abhängigkeit der Staaten voneinander (komplexe Interdependenz) und die Vielzahl gemeinsamer Interessen der Staatengemeinschaft (z.B. wirtschaftliche Interessen und Überlebensinteressen). Staaten sind weder einheitliche noch die einzigen wichtigen Akteure in den internationalen Beziehungen. Internationale Organisationen und Regime haben eine wichtige Funktion bei der Überwindung des Sicherheitsdilemmas und anderer Kooperationshemmnisse. Beispiele hierfür sind Konfliktregelungen durch die UNO, die Entwicklung der Europäischen Union oder die Errichtung des Internationalen Strafgerichtshofs. Genauso können gesellschaftliche Akteure wie die NGOs durch die Mobilisierung der (Welt-) Öffentlichkeit oder gezielte Informationen politische Entscheidungen beeinflussen.

4 Wie kann der Friede gesichert werden?

Im Jahr 2002 wurden auf der Welt mehr als 35 Kriege oder gewaltsame Konflikte ausgetragen. Die Vereinten Nationen haben sich als einzige globale Organisation in Art. 1 der VN-Charta zum Ziel gesetzt, den Weltfrieden und die internationale Sicherheit zu wahren. Mit welchen Mitteln versuchen die Vereinten Nationen dieses Ziel zu erreichen und warum ist es den VN mehr als 55 Jahre nach ihrer Gründung noch immer nicht gelungen ist, ein umfassendes System der Friedenssicherung zu entwickeln? Kapitel 5.1 fragt, woher die Schwierigkeiten der VN bei der Erfüllung ihrer Kernaufgabe herrühren und welche Reformen möglich und notwendig sind.

Seit dem Ende des Kalten Krieges ist die NATO auf der Suche nach einem neuen Selbstverständnis. Welche Aufgaben soll die NATO in der veränderten weltpolitischen Sicherheits- und Bedrohungslage übernehmen? Welche Strategie und welche Fähigkeiten sind erforderlich, um Frieden und Stabilität zu gewährleisten? Kapitel 5.2 versucht, darauf eine Antwort zu finden und geht abschließend der Frage nach, welche sicherheitspolitische Bedeutung die USA und die EU der NATO zukünftig noch beimessen.

Die sich rapide wandelnde sicherheitspolitische Lage bleibt natürlich nicht ohne Auswirkungen auf die Außen- und Verteidigungspolitik Deutschlands. Gegenwärtig sind ca. 10 000 Soldaten im Auftrag der Vereinten Nationen, der NATO oder der ESVP im Einsatz. Auch die Bundeswehr, die als reine Verteidigungsarmee konzipiert wurde, ist daher auf der Suche nach einem neuen Selbstverständnis. Kapitel 5.3 beschreibt dieses neue Selbstverständnis, stellt die rechtlichen Grundlagen des Auftrags der Bundeswehr dar und fragt, ob angesichts der veränderten Anforderungen an eine moderne Armee die Aufrechterhaltung der Wehrpflicht noch sinnvoll ist.

Kapitel 5.4 öffnet schließlich den Blickwinkel und zeigt, was über die unmittelbare Lösung von gewaltsamen Konflikten hinaus gegeben sein muss, um eine zivile, nachhaltige und gerechte Friedensordnung zu ermöglichen.

4.1 Die Rolle der Vereinten Nationen bei der Friedenssicherung

M 1 Blauhelmsoldaten im Einsatz

M 2 Die Vereinten Nationen – Ziele und Aufgaben

Die Organisation der Vereinten Nationen (UNO) ist eine internationale Einrichtung, in der sich derzeit 189 Staaten in der Absicht und gegenseitigen Verpflichtung zusammengeschlossen haben, den Weltfrieden zu bewahren und humane Lebensbedingungen für die Völker der Welt zu gewährleisten. Im Verlauf von fünfeinhalb Jahrzehnten hat die Organisation ihren Mitgliederbestand von den 51 Gründungsstaaten des Jahres 1945 fast vervierfacht. Auch die beiden weltweit einzigen Staaten, Schweiz und Vatikanstadt, die der UNO bislang nicht formell angehören, arbeiten als „aktive Nichtmitglieder" in vielfältiger und konstruktiver Weise mit der Organisation zusammen. Die Vereinten Nationen sind damit die einzige Organisation, welche die universelle Akzeptanz und Gültigkeit ihrer Ziele und Grundsätze für sich in Anspruch nehmen kann. Sie sind aber auch und vor allem eine Organisation von Staaten, so dass der Regelungsanspruch ihrer Normen häufig mit den nationalen Eigeninteressen der Mitglieder kollidiert. Die auf Konsens- bzw. Kompromisssuche ausgerichtete politische Praxis der UN gestaltet sich vor diesem Hintergrund häufig schwierig und langsam.

Das Allgemeine Gewaltverbot des Artikels 2, Ziffer 4 der oft und mit einigem Recht als globale Verfassung bezeichneten Charta der Vereinten Nationen bildet eine der grundlegenden Normen des Völkerrechts überhaupt. Es entzieht den Staaten das Recht, zur Verwirklichung ihrer nationalen Ziele und Interessen Gewalt anzuwenden oder auch nur anzudrohen.

Von diesem Gewaltverbot gibt es nach dem bestehenden Völkerrecht nur zwei in der Charta verankerte Ausnahmen: Nach Artikel 51 darf sich ein angegriffener Staat selbst verteidigen bzw. zur kollektiven Verteidigung auch andere Staaten um Hilfe bitten. Die zweite Ausnahme bildet eine Ermächtigung durch den UN-Sicherheitsrat gemäß den Bestimmungen des Kapitels VII der Charta. Diesem wichtigsten Entscheidungsorgan der Vereinten Nationen haben die Mitgliedstaaten die vorrangige Verantwortung für den Frieden und die internationale Sicherheit übertragen. Im Falle eines Bruches oder einer Bedrohung des Weltfriedens kann der Sicherheitsrat Zwangsmaßnahmen gegen den Friedensstörer bis hin zur Anwendung militärischer Gewalt beschließen.

Den Friedensbemühungen der Vereinten Nationen liegt die Auffassung zu Grunde, dass Frieden mehr ist als die bloße Abwesenheit von Krieg. Die Charta enthält daher ein ganzes Bündel von Regelungen, nach denen die Vereinten Nationen Spezial- und Nebenorgane schaffen bzw. die Kooperationsbeziehungen mit anderen Organisationen eingehen können, die sie für die Gewährleistung eines positiven, das heißt grundlegende Standards für menschenwürdiges Leben umfassenden Friedens für notwendig erachten. Kaum eines der in diesem Zusammenhang immer drängenderen globalen Probleme vom internationalen Umweltschutz über die Achtung der Menschenrechte bis hin zur weltweiten Verbesserung der wirtschaftlichen und sozialen Lage kann durch die Staaten bearbeitet werden, ohne dass die Vereinten Nationen den hierfür geeigneten institutionellen Rahmen bilden würden.

Doch obwohl die globale Verantwortung der Vereinten Nationen bei der ganz überwiegenden Zahl ihrer Mitgliedstaaten unbestritten ist, sieht sich die Organisation seit rund einem Jahrzehnt mit erheblichen Schwierigkeiten bei der Wahrnehmung dieser Verantwortung gerade in ihrem Kernaufgabengebiet – der internationalen Friedenssicherung – konfrontiert.

Sven Bernhard Gareis, in: Informationen zur politischen Bildung 274, Internationale Beziehungen II, hg. von der Bundeszentrale für politische Bildung, Bonn 2002

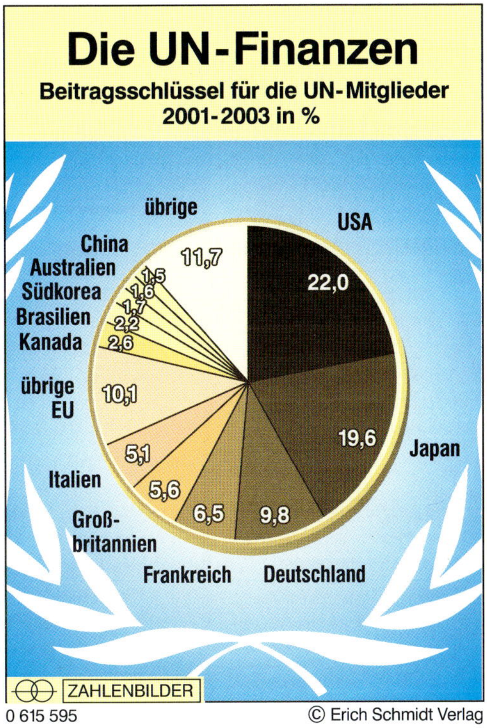

M 3

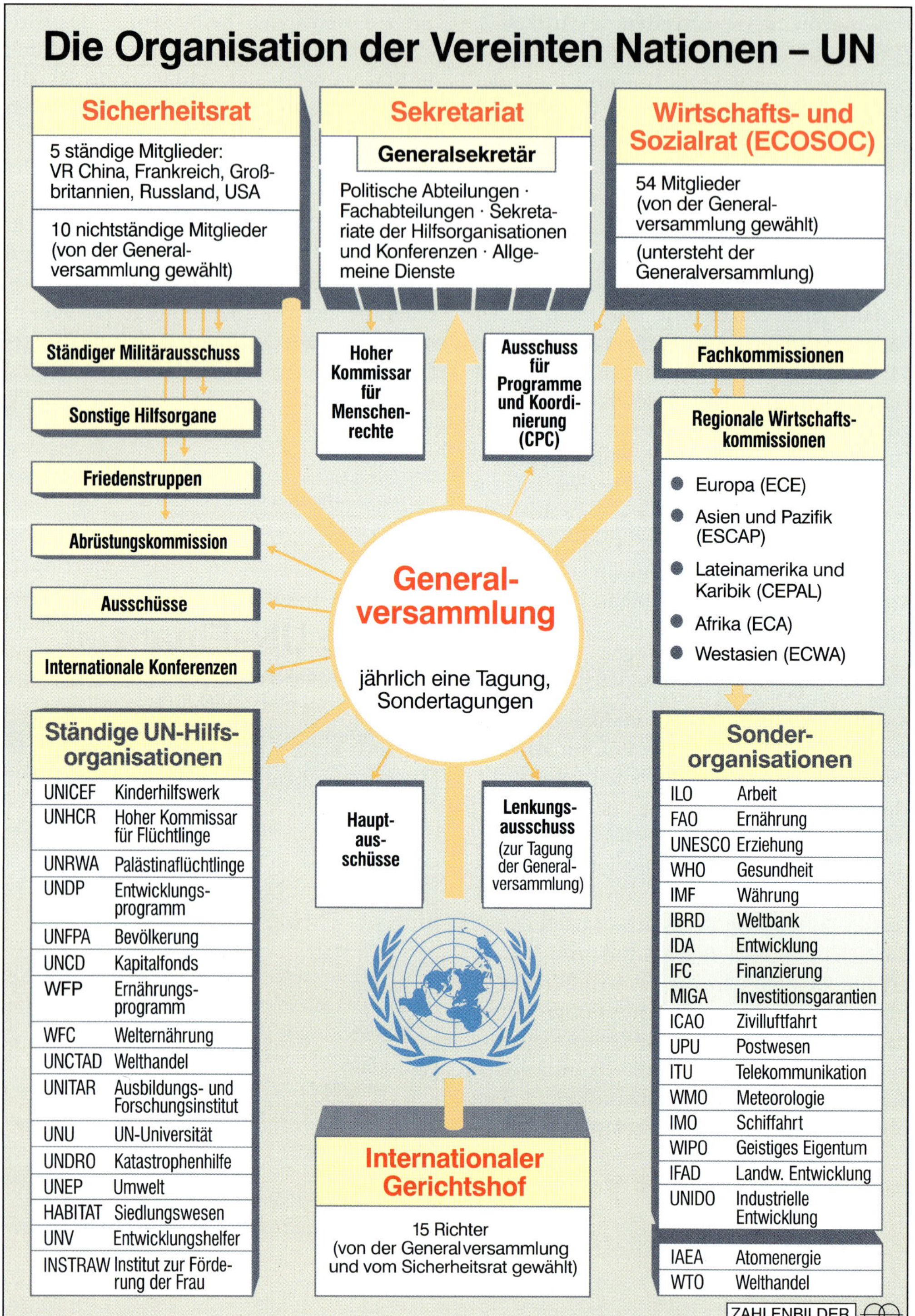
Die Organisation der Vereinten Nationen – UN
Sicherheitsrat
5 ständige Mitglieder: VR China, Frankreich, Großbritannien, Russland, USA
10 nichtständige Mitglieder (von der Generalversammlung gewählt)
Sekretariat
Generalsekretär
Politische Abteilungen · Fachabteilungen · Sekretariate der Hilfsorganisationen und Konferenzen · Allgemeine Dienste
Wirtschafts- und Sozialrat (ECOSOC)
54 Mitglieder (von der Generalversammlung gewählt)
(untersteht der Generalversammlung)
Ständiger Militärausschuss
Sonstige Hilfsorgane
Friedenstruppen
Abrüstungskommission
Ausschüsse
Internationale Konferenzen
Hoher Kommissar für Menschenrechte
Ausschuss für Programme und Koordinierung (CPC)
Fachkommissionen
Regionale Wirtschaftskommissionen
Europa (ECE)
Asien und Pazifik (ESCAP)
Lateinamerika und Karibik (CEPAL)
Afrika (ECA)
Westasien (ECWA)
Generalversammlung
jährlich eine Tagung, Sondertagungen
Ständige UN-Hilfsorganisationen
UNICEF Kinderhilfswerk
UNHCR Hoher Kommissar für Flüchtlinge
UNRWA Palästinaflüchtlinge
UNDP Entwicklungsprogramm
UNFPA Bevölkerung
UNCD Kapitalfonds
WFP Ernährungsprogramm
WFC Welternährung
UNCTAD Welthandel
UNITAR Ausbildungs- und Forschungsinstitut
UNU UN-Universität
UNDRO Katastrophenhilfe
UNEP Umwelt
HABITAT Siedlungswesen
UNV Entwicklungshelfer
INSTRAW Institut zur Förderung der Frau
Hauptausschüsse
Lenkungsausschuss (zur Tagung der Generalversammlung)
Internationaler Gerichtshof
15 Richter (von der Generalversammlung und vom Sicherheitsrat gewählt)
Sonderorganisationen
ILO Arbeit
FAO Ernährung
UNESCO Erziehung
WHO Gesundheit
IMF Währung
IBRD Weltbank
IDA Entwicklung
IFC Finanzierung
MIGA Investitionsgarantien
ICAO Zivilluftfahrt
UPU Postwesen
ITU Telekommunikation
WMO Meteorologie
IMO Schiffahrt
WIPO Geistiges Eigentum
IFAD Landw. Entwicklung
UNIDO Industrielle Entwicklung
IAEA Atomenergie
WTO Welthandel
ZAHLENBILDER

615 120

Die Generalversammlung und der Sicherheitsrat

M 4

Die Generalversammlung

Die Generalversammlung bildet das organisatorische Zentrum der Vereinten Nationen. In ihr sind als einzigem Hauptorgan alle Mitgliedstaaten der Organisation nach dem Prinzip „ein Staat – eine Stimme" gleichberechtigt vertreten. ... Der häufigen Verwendung dieses Begriffes zum Trotz ist die Generalversammlung alles andere als ein Weltparlament, sondern vielmehr ein Forum intergouvernementaler Konsultation und Kooperation. ... Entscheidungen der Generalversammlung bedürfen in der Regel der einfachen Mehrheit, für wichtige Fragen (die in Art. 18, Abs. 2 aufgezählt sind) wie die Wahl nichtständiger Mitglieder ist eine Zwei-Drittel-Mehrheit vorgeschrieben. Gegenüber den förmlichen Abstimmungen hat sich in den vergangenen Jahren die Zahl der im Konsens bzw. durch Akklamation angenommenen Resolutionen stark vergrößert, so dass über die überwiegende Zahl der Beschlüsse ohne formale Abstimmung im Konsensverfahren entschieden wird. Bezüglich der politischen Arbeit der Generalversammlung können interne und externe Kompetenzen unterschieden werden. Während die Generalversammlung in die Organisation hinein quasi als „Gesetzgeber" wirkt und verbindliche Entscheidungen treffen kann, die andere Hauptorgane (z. B. das Sekretariat) und die subsidiären Organe binden (etwa im Bereich Haushalt), fehlt ihr bezüglich ihrer externen Zuständigkeit eine derartige Befugnis. Die Empfehlungen erzeugen keine völkerrechtlich verbindliche Wirkung und haben somit keinen Anspruch auf Befolgung durch die Mitgliedstaaten. ... Die Ermächtigung in Art. 10 erlaubt jedoch der Generalversammlung unter Berücksichtigung einer Reihe von Spezifikationen in nachfolgenden Artikeln, sich mit praktisch jeder Frage von internationaler Bedeutung zu befassen. Die wichtige Einschränkung des Art. 12, nach der die Generalversammlung keine Empfehlungen abgeben darf, solange der Sicherheitsrat mit einer Angelegenheit befasst ist, hat allerdings in der Praxis an Bedeutung verloren. Auch wenn der Generalversammlung harte Instrumente wie Sanktionen fehlen, bedeutet dies nicht, dass ihre Entscheidungen und Erklärungen ohne Wirkung bleiben. Öffentlicher Druck hat zusammen mit der politischen und moralischen Autorität der Weltgemeinschaft zahlreichen Erklärungen und Empfehlungen der Generalversammlung zu universeller Akzeptanz verholfen und die Entwicklung politischer und rechtlicher Standards weltweit vorangebracht.

Der Sicherheitsrat

Der Sicherheitsrat ist das mit Abstand mächtigste der sechs Hauptorgane der Vereinten Nationen und auch im gesamten Bereich der internationalen Politik ein einzigartiges Instrument. Die Charta weist ihm die Hauptverantwortung für den Weltfrieden und die internationale Sicherheit (Art. 24) zu und verleiht ihm weitreichende Kompetenzen bei der Wahrnehmung dieser Verantwortung. So kann er im Rahmen der friedlichen Beilegung von Streitigkeiten (Kapitel VI der Charta) jede Situation untersuchen (Art. 34) und in jedem Stadium einer Streitigkeit Empfehlungen zu deren friedlicher Erledigung aussprechen (Art. 36 ff.). Unter den Vorzeichen des Kapitels VI bleibt die Rolle des Sicherheitsrates beratend bzw. moderierend. Kapitel VII der Charta regelt dagegen die Ausübung von Zwang durch den Sicherheitsrat. Hierzu muss er nach Art. 39 feststellen, ob eine Situation eine Bedrohung oder einen Bruch des Friedens bzw. eine Aggressionshandlung darstellt. Gelangt der Sicherheitsrat zu einer solchen Feststellung, kann er geeignete Maßnahmen zur zwangsweisen Durchsetzung seiner Beschlüsse ergreifen. Nach Art. 41 kann es sich dabei in einem stufenförmigen Verfahren um nichtmilitärische

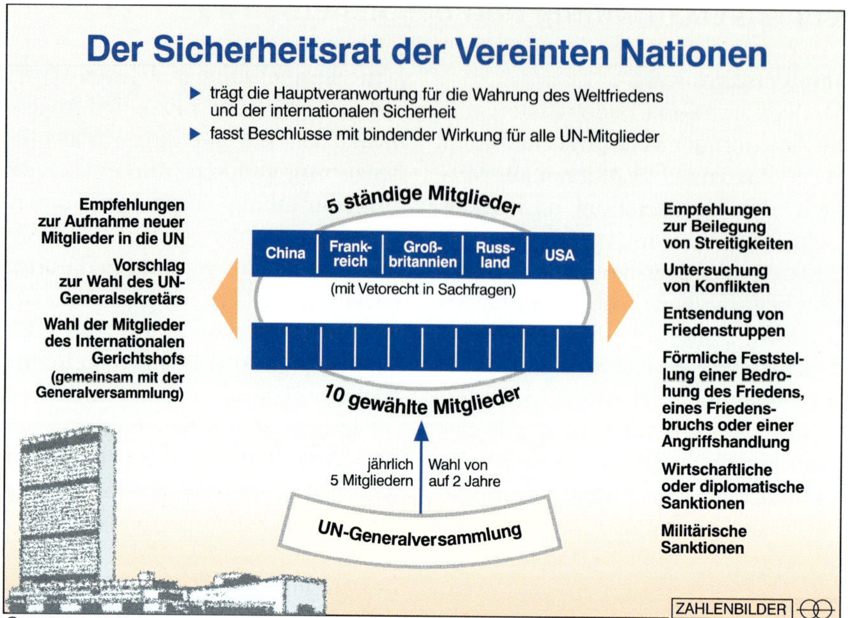

615 124

– vor allem wirtschaftliche – Sanktionen handeln, nach Art. 42 können auch militärische Maßnahmen zur Friedenserzwingung angeordnet werden. Für die Durchführung von Zwangsmaßnahmen unter seiner Autorität kann der Sicherheitsrat regionale Abmachungen wie etwa die OSZE in Anspruch nehmen (Kapitel VIII, Art. 53). Gemäß Art. 25 müssen alle Mitgliedstaaten der Vereinten Nationen die Beschlüsse des Sicherheitsrates annehmen und umsetzen. Die besondere Stellung des Sicherheitsrates kommt auch durch seine Befugnisse innerhalb der Organisation zum Ausdruck, durch die eine Reihe wichtiger Entscheidungen vor allem der Generalversammlung an ein vorangehendes Votum des Rates gebunden wird. Dies betrifft vor allem die Aufnahme und den Ausschluss von Mitgliedern sowie die Wahl des Generalsekretärs und der Richter des Internationalen Gerichtshofes.

Muss bereits die aus ständiger Ratsmitgliedschaft und Veto-Recht resultierende doppelte Privilegierung von fünf Staaten überaus problematisch für den Grundsatz der souveränen Gleichheit aller VN-Mitglieder betrachtet werden, hat die Ausübung des Veto-Rechts zu einer jahrzehntelangen faktischen Lähmung des Sicherheitsrates geführt, so dass es zeitweilig zu Kompetenzkonflikten mit der Generalversammlung und für einen langen Zeitraum zu einer Gleichgewichtsverlagerung hin zu dieser kam. Erst als sich mit der Ost-West-Annäherung Mitte der achtziger Jahre und dem Ende der bipolaren Weltordnung zu Beginn der 1990er Jahre die Kooperationsbereitschaft zwischen den Ständigen Mitgliedern deutlich verbesserte, erlangte der Sicherheitsrat seine Handlungsfähigkeit zurück. Formale Vetos wurden zur seltenen Ausnahme. Obwohl die Drohung mit einem Veto in den Konsultationen des Sicherheitsrates weiterhin zur Normalität gehört, konnte der Sicherheitsrat auch in neuen und schwierigen Situationen wie beispielsweise in Bürgerkriegsfällen Entscheidungen treffen und sein Instrumentarium weiterentwickeln.

Sven Bernhard Gareis/ Johannes Varwick, Die Vereinten Nationen, Aufgaben, Instrumente und Reformen, 2. Aufl., Opladen 2002, S. 48 ff.

M 5

Klassisches Peace-Keeping

[P]arallel und in Anlehnung an die Charta [entstand] das VN-Peacekeeping, also die Friedenssicherung durch Blauhelme. Peacekeeping stellt in seiner klassischen Version ein Verfahren der militärischen Friedenssicherung dar, das jedoch nicht auf Zwang beruht. Durch die Fortentwicklung dieser Konzeption in der Praxis der Vereinten Nationen ist deren Charta quasi durch ein informelles „Kapitel sechseinhalb“ ergänzt worden, angesiedelt zwischen den konsensorientierten Verfahren der friedlichen Streitbeilegung und dem Einsatz von Militär.

Für das „klassische“ VN-Peacekeeping wurden die folgenden Prinzipien entwickelt, die als grundsätzliche Leitideen aber auch Missionen neueren Typs prägen:

- Konsens der Konfliktparteien: Klassische Blauhelmmissionen können ihrem Wesen nach nicht gegen den Willen eines Staates disloziert werden. Vielmehr müssen alle Parteien im Zuge einer Konfliktbeendigung durch Waffenstillstand oder Friedensvertrag einen Konsens über das Ob und das Wie einer Friedenssicherung durch Blauhelme finden. ...
- Verantwortung der Vereinten Nationen: Im Gegensatz zu Militäreinsätzen wie in Korea, dem Golfkrieg oder in jüngerer Zeit auf dem Balkan werden VN-Peacekeeping-Operationen nicht nur durch den Sicherheitsrat autorisiert, sondern auch unter der politischen und operativen Verantwortung des VN-Generalsekretärs durchgeführt. Im VN-Sekretariat wurde für die Planung und Durchführung von Friedensmissionen eine entsprechende Hauptabteilung, das Department of Peacekeeping Operations (DPKO), geschaffen ...
- Unparteilichkeit: Mit dem Konsensprinzip unauflöslich verbunden ist der Grundsatz der Unparteilichkeit der eingesetzten Frie-

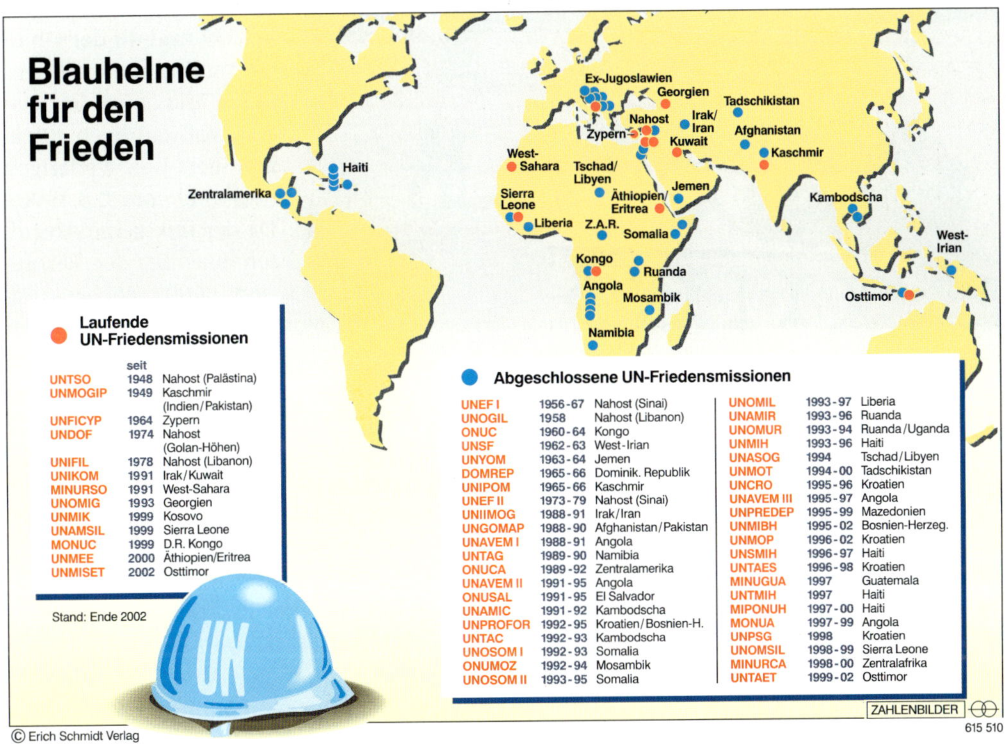

Laufende UN-Friedensmissionen

	seit	
UNTSO	1948	Nahost (Palästina)
UNMOGIP	1949	Kaschmir (Indien/Pakistan)
UNFICYP	1964	Zypern
UNDOF	1974	Nahost (Golan-Höhen)
UNIFIL	1978	Nahost (Libanon)
UNIKOM	1991	Irak/Kuwait
MINURSO	1991	West-Sahara
UNOMIG	1993	Georgien
UNMIK	1999	Kosovo
UNAMSIL	1999	Sierra Leone
MONUC	1999	D.R. Kongo
UNMEE	2000	Äthiopien/Eritrea
UNMISET	2002	Osttimor

Stand: Ende 2002

Abgeschlossene UN-Friedensmissionen

UNEF I	1956-67	Nahost (Sinai)
UNOGIL	1958	Nahost (Libanon)
ONUC	1960-64	Kongo
UNSF	1962-63	West-Irian
UNYOM	1963-64	Jemen
DOMREP	1965-66	Dominik. Republik
UNIPOM	1965-66	Kaschmir
UNEF II	1973-79	Nahost (Sinai)
UNIIMOG	1988-91	Irak/Iran
UNGOMAP	1988-90	Afghanistan/Pakistan
UNAVEM I	1988-91	Angola
UNTAG	1989-90	Namibia
ONUCA	1989-92	Zentralamerika
UNAVEM II	1991-95	Angola
ONUSAL	1991-95	El Salvador
UNAMIC	1991-92	Kambodscha
UNPROFOR	1992-95	Kroatien/Bosnien-H.
UNTAC	1992-93	Kambodscha
UNOSOM I	1992-93	Somalia
ONUMOZ	1992-94	Mosambik
UNOSOM II	1993-95	Somalia
UNOMIL	1993-97	Liberia
UNAMIR	1993-96	Ruanda
UNOMUR	1993-94	Ruanda/Uganda
UNMIH	1993-96	Haiti
UNASOG	1994	Tschad/Libyen
UNMOT	1994-00	Tadschikistan
UNCRO	1995-96	Kroatien
UNAVEM III	1995-97	Angola
UNPREDEP	1995-99	Mazedonien
UNMIBH	1995-02	Bosnien-Herzeg.
UNMOP	1996-02	Kroatien
UNSMIH	1996-97	Haiti
UNTAES	1996-98	Kroatien
MINUGUA	1997	Guatemala
UNTMIH	1997	Haiti
MIPONUH	1997-00	Haiti
MONUA	1997-99	Angola
UNPSG	1998	Kroatien
UNOMSIL	1998-99	Sierra Leone
MINURCA	1998-00	Zentralafrika
UNTAET	1999-02	Osttimor

denstruppen. Klassischerweise bilden die Blauhelme eine Pufferzone zwischen den entflochtenen Streitkräften der Konfliktparteien und beugen so einer Wiederaufnahme von Kampfhandlungen vor. ...

- Waffeneinsatz nur zur Selbstverteidigung: Während Beobachtungsmissionen in der Regel durch unbewaffnete Militärexperten durchgeführt werden, verfügen die Angehörigen von Friedenstruppen über leichte Handwaffen. Diese Waffen sind zur Selbstverteidigung vorgesehen, doch kann sich diese auch auf die Durchsetzung des erteilten Mandates beziehen. Allerdings sind die Bedingungen für den Waffeneinsatz durch Blauhelme bis in die neunziger Jahre immer äußerst eng gefasst worden, um Konfliktparteien keinen Vorwand für eine Einbeziehung der Blauhelme in die Kampfhandlungen zu bieten. In den komplexen Konflikten der neunziger Jahre sind Friedenstruppen gleichwohl zwischen die Fronten geraten, wodurch eine Veränderung ihrer Einsatzdoktrin hin zu einem robusten Mandat zwingend erforderlich wurde.

Sven Berhard Gareis, Der Wandel der Friedenssicherung durch die Vereinten Nationen, in: Aus Politik und Zeitgeschichte B27–28/8.7.2002, S. 21 f.

M 6 Der Sicherheitsrat in einem zwischenstaatlichen Krieg: der 2. Golfkrieg

US-Soldaten vor einer brennenden Ölquelle im Irak 1991

Nach dem militärischen Überfall des Irak auf Kuwait am 2. August 1990 setzten sich die VN umgehend für die Wiederherstellung der territorialen Unversehrtheit und politischen Unabhängigkeit Kuwaits ein. Die Annexion eines Mitgliedstaats der VN durch einen anderen war bislang beispiellos. Ein krasserer Verstoß gegen die Rechtsprinzipien der VN-Charta, v. a. gegen das Gewaltverbot, ist nicht denkbar. Da auch die Sowjetunion als ein bis dahin Verbündeter des Irak dessen Invasion Kuwaits verurteilte, konnte der Sicherheitsrat noch am Tag der Invasion, gestützt auf die Art. 39 und 40 der Charta, den Einmarsch verurteilen und den sofortigen und vollständigen Rückzug des Irak verlangen (Res. 660 vom 2.8.1990). Da der Irak keine Anstalten machte, der Resolution 660 nachzukommen, verhängte der Sicherheitsrat ein Wirtschaftsembargo (Res. 661 vom 6.8.1990). Zu dessen Durchsetzung autorisierte er kurz darauf Zwangsmaßnahmen in Form der Aufbringung von Schiffen, die im Persisch-Arabischen Golf den irakischen Hafen Basra anlaufen wollten (Res. 665 vom 25.8.1990). Das Wirtschaftsembargo wurde in den Resolutionen 666 vom 13.9.1990 und 670 vom 25.9.1990 weiter verschärft und um ein Luftverkehrsembargo ergänzt. Die Implementation[1] der Sanktionen übertrug der Rat einem (mit Resolution 661 eingesetzten und bis heute tätigen) Sanktionsausschuss des Sicherheitsrats, in dem alle Mitglieder des Sicherheitsrats vertreten sind. Insgesamt bemühte sich somit der Sicherheitsrat zunächst, den Irak durch eindringliche Aufforderungen und die Verhängung nichtmilitärischer Zwangsmaßnahmen zum Rückzug aus Kuwait zu bewegen.

Für den Fall, dass sich der Irak den Resolutionen des Sicherheitsrats nicht bedingungslos beugen würde, bereiteten die USA zeitgleich einen militärischen Feldzug gegen den Irak vor. Auf Bitten der sich bedroht fühlenden saudi-arabischen Regierung verlegten die USA bereits ab dem 7. August 1990 Flugzeuge und Truppen nach Saudi-Arabien. Bei Kriegsbeginn im Januar 1991 befanden sich ca. 500.000 US-Soldaten und ca. 280.000 Soldaten aus weiteren 25 Staaten in Saudi-Arabien und auf Schiffen im Persisch-Arabischen Golf. Zwar versuchten auch die USA, den Konflikt mit diplomatischen Mitteln beizulegen, ... [g]leichzeitig setzten sie freilich die übrigen Sicherheitsratsmitglieder mit dem von ihr organisierten militärischen Aufmarsch unter Entscheidungsdruck. Am 29. November 1990 erhielten „Kuwait und die mit Kuwait kooperierenden Staaten" in der Resolution 678 vom Sicherheitsrat die pauschale Ermächtigung, den Irak „mit allen erforderlichen Mitteln", d. h. gewaltsam zur Befolgung aller bisherigen Aufforderungen, insbesondere zum Rückzug aus Kuwait zu zwingen. Diese Resolution gab den USA und ihren Verbündeten einen Freibrief für die Durchführung militärischer Gegenmaßnahmen zur Befreiung Kuwaits. Die kriegsbereite Staatenkoalition wurde lediglich „ersucht ..., den Sicherheitsrat regelmäßig über den Stand der ... ergriffenen Maßnahmen" zu unterrichten. Am 16. Januar 1991 begannen sechs Wochen anhaltende Luftangriffe der unter US-Oberkommando operierenden Streitkräfte gegen den Irak, denen eine fünftägige Bodenoffensive folgte. Erst nach der Kapitulation des Irak trat der Sicherheitsrat wieder in Erscheinung und formulierte in seiner Resolution 686 vom 2. März 1991 die Bedingungen für eine Fortdauer der Waffenruhe, denen der Rat in der Resolution 687 vom 3. April 1991 detaillierte Waffenstillstandsbedingungen folgen ließ. Mit der irakischen Annahme dieser Bedingungen noch am selben Tag trat nach Ziff. 33 der Resolution 687 der Waffenstillstand in Kraft.

aus: Volker Rittberger/Martin Mogler/ Bernhard Zangl, Vereinte Nationen und Weltordnung, Opladen 1997, S. 27 ff.

[1] *Umsetzung*

Der Sicherheitsrat in einem innerstaatlichen Krieg: Somalia

M 7

Anders als im irakisch-kuwaitischen Krieg griffen die VN in Somalia in einen innerstaatlichen Krieg ein. Einer Intervention der VN in Bürgerkriegen steht allerdings die Hürde des Art. 2 Abs. 7 ChVN im Weg. Diese Bestimmung schließt die Einmischung der VN in „innere Angelegenheiten" von Mitgliedstaaten aus. Sie kann vom Sicherheitsrat allerdings dann überwunden werden, wenn er einen Bürgerkrieg als eine Bedrohung der internationalen Sicherheit und des Weltfriedens gemäß Art. 39 ChVN auffasst.

Nach dem Sturz des seit 1969 herrschenden somalischen Diktators Siad Barre im Januar 1991 flaute der seit 1988 in Somalia während Bürgerkrieg zunächst ab. Im Herbst des gleichen Jahres entbrannte freilich der Kampf um Barres Nachfolge. ... Vor dem Hintergrund des Bürgerkriegs stürzte eine Reihe von Missernten das Land in eine schwere Hungersnot, die 1992 mindestens 350.000 Somalis das Leben kostete und fast eine Million Menschen zur Flucht in die Nachbarstaaten trieb. Die ausländische Nah-

Amerikanische Soldaten sichern die Verteilung von Hilfsgütern in Somalia

rungsmittelhilfe wurde indessen seit Ende 1991 zunehmend von den Bürgerkriegsparteien, die (nach Einschätzung des VN-Generalsekretärs) bis zu 80 Prozent der Hilfsgüter konfiszierten, selbst verbraucht. Insbesondere der seit Anfang 1991 amtierende, aus Ägypten stammende VN-Generalsekretär Boutros Boutros-Ghali suchte die Aufmerksamkeit der Welt und des Sicherheitsrats auf die sich abzeichnende Katastrophe in Somalia zu lenken. Nachdem die USA frühere Versuche, Somalia auf die Tagesordnung des Sicherheitsrats zu setzen, verhindert hatten, stellte der Rat am 23. Januar 1992 in seiner Resolution 733 eine Bedrohung des Weltfriedens und der internationalen Sicherheit fest und verhängte ein Waffenembargo gegen Somalia. ... Da die Bemühungen des Generalsekretärs und verschiedener Regionalorganisationen um eine Konfliktregelung keinen dauerhaften Waffenstillstand hervorbrachten, genehmigte der Sicherheitsrat in seiner Resolution 751 am 24. April 1992 die Entsendung einer VN-Friedensmission für Somalia (United Nations Operation in Somalia, UNOSOM I) mit ca. 500 Soldaten, die unter Aufsicht des Generalsekretärs die Waffenruhe in der Hauptstadt Mogadischu sicherstellen sollten ... Trotz wiederholter Aufforderungen des Sicherheitsrats an die Konfliktparteien, ihre Kämpfe einzustellen und die Tätigkeit der Hilfsorganisationen nicht zu behindern, verschlimmerte sich die Notlage der Bevölkerung dramatisch. Die wenigen „Blauhelmsoldaten“ vor Ort sahen sich zunehmend Angriffen durch die Bürgerkriegsparteien ausgesetzt, worauf UNOSOM auf bis zu 3.000 Mann verstärkt wurde (Resolution 775 vom 28.8.1992). Unter dem Druck internationaler Hilfsorganisationen und der durch Medienberichte aufgerüttelten Weltöffentlichkeit erklärten sich die USA, die in Somalia keine offensichtlichen strategischen Interessen verfolgte, schließlich bereit, zwei Drittel einer ca. 35.000 Mann starken multinationalen Streitkraft (Unified Task Force, UNITAF) anzuführen, deren Ziel es war, „... ein sicheres Umfeld für die humanitären Hilfsmaßnahmen in Somalia zu schaffen“. ... Der Sicherheitsrat akzeptierte den amerikanischen Oberbefehl über diese Operation ... Der UNITAF gelang es zwar weitgehend, die Auslieferung und Verteilung der Hilfsgüter an die Not leidende Bevölkerung sicherzustellen. Ihre darüber hinausgehenden Bemühungen zur Entwaffnung der Bürgerkriegsmilizen stießen aber auf deren Widerstand und forderten zahlreiche Tote und Verwundete auf beiden Seiten. Vor allem aber sah sich die UNITAF dem Vorwurf der Parteinahme ausgesetzt, da sich ihre Aktivitäten zunehmend gegen die von General Aidid geführte Bürgerkriegspartei richteten. Angesichts des somalischen Widerstands strebte die US-Regierung, erneut unter innenpolitischem Druck, einen raschen Rückzug der US-amerikanischen Truppen an. Bereits im März 1993 übernahm die mit weiteren (ab Juli auch deutschen) Einheiten verstärkte

UNOSOM II die Aufgaben der UNITAF (Resolution 814 vom 26.3.1993). ... Als im Oktober 1993 erneut mehrere US-Soldaten Opfer bewaffneter Auseinandersetzungen wurden, waren die USA nicht länger bereit, ihre Truppen zum Zwecke einer gewaltsamen Befriedung in Somalia zu belassen. Sie leiteten den vollständigen Rückzug ihrer Truppen ein. Dieser war bis März 1994 abgeschlossen. Andere westliche Länder, darunter Deutschland, folgten. Im März 1995 wurde das Mandat der UNOSOM II beendet.

aus: Volker Rittberger/Martin Mogler/ Bernhard Zangl, Vereinte Nationen und Weltordnung, Opladen 1997, S. 34 ff.

Die Reform der Friedenssicherung

M 8

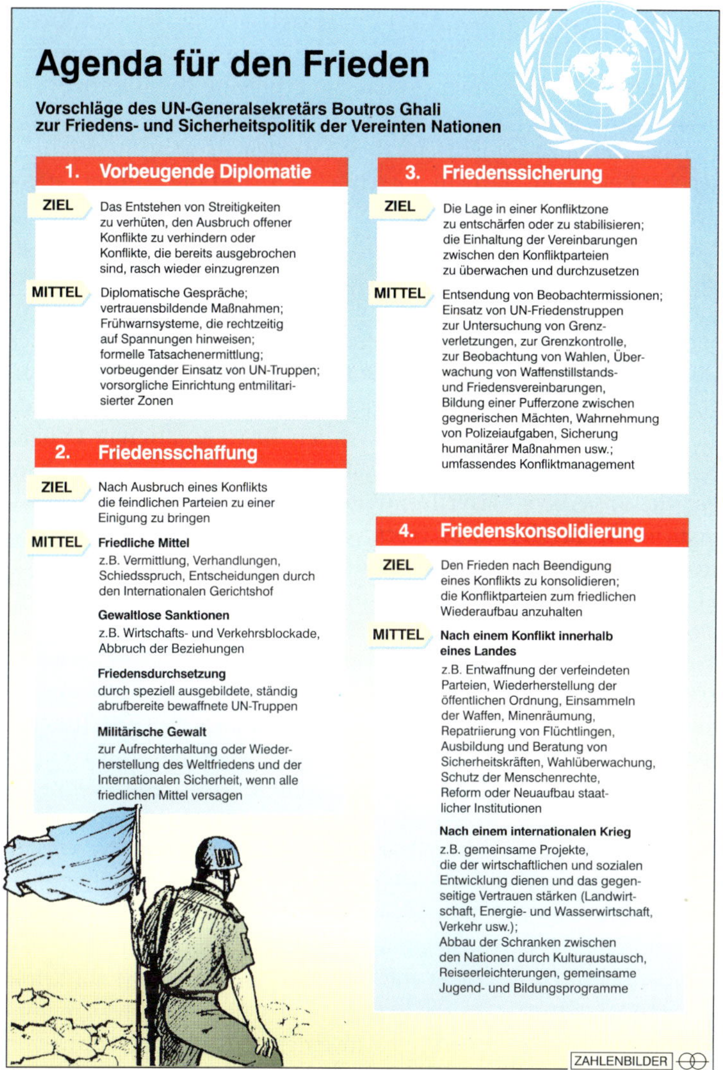

Im Juni 1992 legte Generalsekretär Boutros Boutros-Ghali mit der „Agenda für den Frieden" eine neue Konzeption für die Handlungsmöglichkeiten der Vereinten Nationen auf dem Gebiet der Friedenssicherung vor. Diese Agenda hat, nicht zuletzt durch die Klärung zentraler Begrifflichkeiten, maßgeblich ein neues Verständnis von Friedenssicherung mitgeprägt und ist der bis heute gültige konzeptionelle Rahmen jeglicher Reformbemühungen geblieben.

M 9 Die Rolle der Vereinten Nationen im 21. Jahrhundert

Welche Rolle werden nun die VN in der Welt des 21. Jahrhunderts spielen? Zunächst sei daran erinnert, dass es „die" Vereinten Nationen nicht gibt. Sie haben vielmehr in verschiedenen Politikbereichen spezifische Werkzeuge zur Verfügung, die unterschiedlich wirksam sind und mit denen ganz unterschiedliche Ziele erreicht werden sollen. Diese Verknüpfung im Rahmen einer universalen Organisation bietet enorme Chancen, es gilt aber ebenfalls die Grenzen zu beachten.

Es ist offenkundig, dass ein erhebliches Gefälle zwischen dem Potenzial der aus der VN-Charta ableitbaren Handlungsnormen und dem tatsächlichem Verhalten der Mitgliedstaaten bzw. den realen Gegebenheiten im internationalen System besteht. So steht der formalen souveränen Gleichheit aller Mitgliedstaaten ein ausgeprägtes Machtgefälle zwischen Staaten und Regionen entgegen, der Erfüllung der mit der VN-Charta übernommenen Verpflichtungen steht die Verweigerung von Beiträgen und Leistungen je nach nationaler Interessenlage gegenüber. Die Verpflichtung zur friedlichen Streitbeilegung und die Beachtung des allgemeinen Gewaltverbots kontrastieren mit dem praktizierten Recht einzelner Staaten auf unilaterale Gewaltanwendung, und die Bewahrung des Weltfriedens sowie der internationalen Sicherheit als kollektive Aufgabe aller Mitgliedstaaten stehen in der Praxis die Interessendominanz der Industriestaaten und „vergessene" Konflikte in Entwicklungsländern gegenüber.

Was bedeutet dies nun für die Rolle der Vereinten Nationen in der internationalen Politik des 21. Jahrhunderts? ...

Erstens wird es darauf ankommen, was die Mitgliedstaaten aus ihren Vereinten Nationen machen. Eine internationale Organisation nach dem intergouvernementalen Bauplan kann immer nur in dem Maße agieren, wie es die sie tragenden Mitgliedstaaten zulassen. Eine solche Organisation kann zwar den Rahmen bieten, in dem sich Interessen, Absichten und Strategien der Staaten modifizieren und einander annähern können, diese Lernprozesse müssen aber die Staaten selbst vollziehen.

Zweitens gilt es, das Gefälle zwischen den vollmundigen Ankündigungen und den oft sehr viel weniger ambitionierten praktischen Verhaltensweisen der Mitgliedstaaten zu verringern. Würden die in Artikel 1 der Charta aufgelisteten Ziele der VN sowie die in Artikel 2 zugesagten Grundsätze als Richtschnur des staatlichen Verhaltens genommen, wären die Probleme der internationalen Politik weitaus geringer. ...

Drittens ... ist in den vergangenen Jahren nicht ausschließlich, aber doch unter tätiger Mitwirkung der Vereinten Nationen ein Milieu entstanden, in dem die Bestimmungen und Normen der Charta Referenzpunkt geworden sind. Sie werden zwar nicht immer eingehalten, der Rechtfertigungsdruck im Falle der Regelverletzung hat aber enorm zugenommen. Selbst große Mächte können sich diesem durch die internationale Öffentlichkeit verstärkten Druck kaum entziehen. Der Trend dürfte also in die Richtung gehen, dass Normverletzer – die es immer geben wird – isoliert werden.

Viertens gilt es, sich von unrealistischen Erwartungen an die Vereinten Nationen zu verabschieden. Es ist zwar davon auszugehen, dass die Bedeutung multilateraler Arrangements in einer unübersichtlicher werdenden, interdependenten und komplexen Welt zunehmen wird, eine Weltregierung ist aber nicht in Sicht. Sie wäre nicht einmal erstrebenswert, weil auf diese Weise wohl weder eine demokratisch kontrollierbare, noch eine effektive Art des Regierens zu erzielen wäre. Die Problembereiche, die sich nicht mehr national mit Aussicht auf Erfolg lösen lassen, haben aber derart zugenommen, dass in einer zunehmenden Zahl von Politikbereichen (von der Friedenssicherung

über die Einhaltung der Menschenrechte bis zu Welthandels-, Entwicklungs- und Umweltfragen) gemeinsame Lösungsansätze erforderlich sind. Ein zentraler Ort für diese gemeinsamen Lösungsansätze können die Vereinten Nationen sein.
Fünftens müssen die Vereinten Nationen in Zukunft insbesondere darüber entscheiden, welche Prioritäten sie setzen wollen, und dann die Mitgliedstaaten davon überzeugen, für die ihr übertragenen Aufgaben auch die notwendigen Mittel bereitzustellen. ...
Der anhaltende Reformbedarf der Weltorganisation sollte aber nicht den Blick dafür verstellen, dass die Vereinten Nationen für die Stabilität des internationalen Systems unverzichtbar sind. Tragfähige Antworten auf die zentralen Menschheitsprobleme sind im 21. Jahrhundert allenfalls multilateral zu geben, und in dem Geflecht multilateraler Regime und Organisationen spielen die Vereinten Nationen eine herausragende Rolle.

Johannes Varwick/Wilhelm Knelangen, Die Rolle der Vereinten Nationen in der Internationalen Politik, in: Aus Politik und Zeitgeschichte, B27–28/8.2.2002, S. 9 f.

AUFGABEN

1. Beschreiben Sie die unterschiedlichen Tätigkeiten der Blauhelmsoldaten in M 1. Beurteilen Sie deren Bedeutung für die Friedenssicherung.
2. Erarbeiten Sie unter Zuhilfenahme von M 2 – M 4 einen „Steckbrief" der Vereinten Nationen. Er sollte die wichtigsten Informationen über Aufgaben, Ziele und Aufbau der Organisation enthalten (vgl. Methodentraining Kapitel 2.1).
3. Seit Bestehen des Sicherheitsrates wird über eine umfassende Reform dieses Gremiums nachgedacht. Entwickeln Sie in Gruppen Reformvorschläge, die auf eine verbesserte Handlungsfähigkeit des Sicherheitsrates und eine gerechtere Repräsentation der Mitglieder zielen. Beurteilen Sie anschließend die Chancen für eine Realisierung der einzelnen Vorschläge.
4. **Gruppenpuzzle.** Bilden Sie Stammgruppen zu den einzelnen Möglichkeiten der Friedenssicherung durch die Vereinten Nationen (M 5, M 6, M 7). Beschreiben Sie die einzelnen Möglichkeiten der Friedenssicherung durch die Vereinten Nationen und zeigen Sie, welche Probleme sich jeweils ergaben/ergeben könnten. Gehen Sie anschließend in die Expertengruppe und tauschen Sie ihre Ergebnisse aus. Beantworten Sie nun im Expertengespräch unter Zuhilfenahme von M 8 folgende Fragen: Wie könnte die Friedenssicherung der Vereinten Nationen umfassend gestärkt und effizienter gestaltet werden? Welche Voraussetzungen müssten dafür gegeben sein? Berichten Sie das Ergebnis in der Stammgruppe und diskutieren Sie die unterschiedlichen Vorschläge.

LINKS

www.un.org (Homepage der Vereinten Nationen)

www.dgvn.de (Deutsche Gesellschaft für die Vereinten Nationen, mit Zugriff auf die Zeitschrift *Vereinte Nationen* und andere Publikationen)

www.uno.de (Vereinte Nationen, Informationszentrum Bonn, mit Links zu sämtlichen UNO-Vertretungen in Deutschland)

Informationen und Zusammenhänge

Die Gründung der VN

Vor dem Hintergrund der verheerenden Folgen des 2. Weltkrieges wurde mit der Gründung der Vereinten Nationen der Versuch unternommen, ein auf der souveränen Gleichheit der Staaten und der Anerkennung des Völkerrechts basierendes, dauerhaftes System der kollektiven Sicherheit zu etablieren. Die Charta der Vereinten Nationen trat am 24. Oktober 1945 in Kraft. Den Vereinten Nationen gehörten bei der Gründung 51 Staaten an, 2002 sind es 189. Sie sind also die einzige Organisation, die für sich in Anspruch nehmen kann, nahezu alle Staaten der Welt zu repräsentieren.

Ziele und Grundsätze der Charta
M 2

Um das Hauptziel der Charta, die Wahrung des Weltfriedens und der internationalen Sicherheit (Art. 1), zu verwirklichen, werden die Mitgliedstaaten in Art. 2 zur Anerkennung folgender Grundsätze verpflichtet: souveräne Gleichheit der Mitglieder, friedliche Streitbeilegung, Verbot der Androhung oder Anwendung von Gewalt (außer zur individuellen oder kollektiven Selbstverteidigung), Unterstützung von Maßnahmen der VN, Nichteinmischung in die inneren Angelegenheiten der Staaten (außer humanitäre Intervention).

Das System der VN
M 3

Im Zentrum des komplexen „Systems" der Vereinten Nationen stehen der Sicherheitsrat und die Generalversammlung. Zu den Hauptorganen der VN zählen ferner das Sekretariat mit seinem Generalsekretär, der Wirtschafts- und Sozialrat, der Treuhandschaftsrat und der Internationale Gerichtshof. Der Generalversammlung sind zahlreiche Hilfs- und Spezialorgane zugeordnet, die sie bei der Wahrnehmung spezieller Aufgaben unterstützen sollen (z.B. UNICEF, UNHCR, ...) Darüber hinaus besteht eine Vielzahl von weiteren Sonderorganisationen mit eigener Mitgliedschaft und Haushalt (z.B. FAO, ILO, IMF, ...). Sie sind durch Abkommen mit dem Wirtschafts- und Sozialrat verbunden. Autonome Organisationen im System der Vereinten Nationen sind die WTO und die IAEA. Problematisch ist die Überschneidung der Tätigkeitsfelder und das oft unkoordinierte Nebeneinander dieser zahlreichen Organisationen.

Der Sicherheitsrat
M 4

Der Sicherheitsrat ist das mächtigste Organ der VN. Er besteht aus 15 Mitgliedern, darunter sind fünf ständige Mitglieder (USA, Russland, China, England, Frankreich), die mit einem Vetorecht ausgestattet sind. Die Beschlüsse des Sicherheitsrates bedürfen der Zustimmung von neun Mitgliedern, einschließlich der fünf ständigen. Die Resolutionen sind für alle Mitglieder der VN völkerrechtlich verbindlich.

Maßnahmen zur Friedenssicherung
M 6, M 7

Dem Sicherheitsrat obliegt die Hauptverantwortung für die Wahrung des Weltfriedens und der internationalen Sicherheit (Art. 24). So kann er jede Streitigkeit untersuchen und Empfehlungen zur friedlichen Streitbeilegung aussprechen (Kapitel VI der Charta). Stellt der Sicherheitsrat eine Bedrohung oder einen Bruch des Weltfriedens fest, so kann er nach Kapitel VII der Charta Zwangsmaßnahmen zur Durchsetzung seiner Beschlüsse ergreifen. Zwangsmaßnahmen beinhalten nicht-militärische Maßnahmen wie z.B. Wirtschaftssanktionen (Art. 41) bis hin zur militärischen Friedenserzwingung durch den Einsatz von Waffengewalt (Art. 42).

Blauhelme
M 5

Die UN-Blauhelmsoldaten, die zur Stabilisierung eines Waffenstillstandes (peace-keeping) entsendet werden, sind eigentlich in der Charta nicht vorgesehen. Unter den Bedingungen des Kalten Krieges konnte aber eine Entscheidung über ihre Entsendung leichter erzielt werden.

Die Generalversammlung
M 4

In der Generalversammlung sind alle Mitgliedsstaaten gleichberechtigt repräsentiert (one state, one vote). Sie kann alle Angelegenheiten, die in die Zuständigkeit der Charta fallen, erörtern (sofern der Sicherheitsrat nicht damit befasst ist) und Empfehlungen abgeben, die allerdings völkerrechtlich nicht verbindlich sind. Sie entscheidet über die Zusammensetzung der anderen Hauptorgane und übt Kontrolle über den Haushalt und die Verwaltung der VN.

Der Generalsekretär

Der Generalsekretär ist der höchste Verwaltungsbeamte der Organisation. Er kann nach Art. 99 der Charta die Aufmerksamkeit des Sicherheitsrates auf eine Angelegenheit richten, die seiner Meinung nach eine Gefahr für den Weltfrieden darstellt und erstattet der Generalversammlung jährlich Bericht.

Reformbedarf
M 9

Trotz der Leistungen der Vereinten Nationen besteht ein internationaler Konsens über den Reformbedarf der Organisation, insbesondere des Sicherheitsrates und der Friedenssicherung. So verstößt die Privilegierung der ständigen Sicherheitsratsmitglieder durch das Vetorecht gegen den Grundsatz der souveränen Gleichheit der Staaten. Aufgrund des Vetorechts ist außerdem die Funktionsfähigkeit des Systems der kollektiven Sicherheit eingeschränkt. Sie ist immer vom Konsens und damit der oft sehr unterschiedlichen nationalen Interessenlage der fünf ständigen Mitglieder abhängig. Da die in der Charta der VN vorgesehenen „Sonderabkommen" zur permanenten Bereitstellung von Truppen durch die Mitgliedstaaten nie abgeschlossen wurden, sind die Vereinten Nationen zur Friedenserzwingung auf die Bereitschaft der Staaten angewiesen, jeweils ad hoc nationale Truppen zur Verfügung zu stellen. Diese Bereitschaft hängt allerdings vor allem im Fall der fünf Vetomächte wiederum von der nationalen Interessenlage der Staaten ab, sodass mit einigem Recht vom Versuch einer Instrumentalisierung der Vereinten Nationen durch die Großmächte gesprochen werden kann.

Die Agenda für den Frieden
M 8

Mit der Agenda für den Frieden des ehemaligen Generalsekretärs Boutros Boutros-Ghali liegt zwar seit langem ein überzeugendes Konzept zur Reform der Friedenssicherung vor, dessen Umsetzung scheiterte aber bislang am mangelnden Willen der Mitgliedsstaaten.

4.2 Die Zukunft der NATO

M 1 Der Kosovo-Konflikt – Präzedenzfall für die neue NATO-Strategie?

a) Albaner auf der Flucht aus dem Kosovo

b) Chronologie des Kosovo-Konfliktes

1990–1998	Im Kosovo haben die Serben seit 1990 ein Regime errichtet, das zunehmend die Bevölkerungsmehrheit unterdrückt: Der albanischsprachige Unterricht wird untersagt, rund 150.000 Kosovo-Albaner werden aus dem öffentlichen Dienst und aus den staatlichen Unternehmen entlassen. Milosevic verhängt ein Kriegsrecht über die Provinz, alle Machtbefugnisse werden auf die Belgrader Regierung übertragen. Die serbische Polizei patrouilliert auf den Straßen, zunehmend gibt es auch gewalttätige Übergriffe. Doch die Republik lässt sich zunächst nicht vom gewaltsamen Aufstand an den anderen Rändern Jugoslawiens anstecken. Ibrahim Rugova und seine Parallelregierung leisten nur passiven Widerstand. Man arrangiert sich, lebt im Verborgenen und versucht dabei, die eigene Kultur zu erhalten. Bis 1995 bleibt das System der Apartheid stabil. Mit dem Auftreten der radikalen Befreiungsarmee des Kosovo, der UCK, eskaliert der Konflikt. Denn die UCK-Kämpfer, die sich offen mit anderen Terrororganisationen vergleichen, beginnen einen Untergrundkampf gegen Serbien. Im Kosovo bricht die öffentliche Ordnung zusammen. Serbien schickt zunehmend Militär und Polizei in die Region, 1997 herrschen hier bürgerkriegsähnliche Zustände. Die UCK organisiert sich stärker und beginnt mit der „Eroberung" von Straßenzügen und Dörfern. Viele Kämpfe enden in Massakern. Alte, Frauen und Kinder sterben bei Großoffensiven der Serben und erbitterten „Befreiungsaktionen" der UCK.

Ethnien im ehemaligen Jugoslawien
(Die Angaben in der Karte beruhen auf einer Volkszählung aus dem Jahr 1981)

01.04.98	Die Vereinten Nationen verhängen gegen die Bundesrepublik Jugoslawien ein Waffenembargo, um die jugoslawische Regierung zum Einlenken im Kosovo-Konflikt zu bewegen. Alle Sicherheitsratsmitglieder stimmen der Resolution zu, nur China enthält sich der Stimme. Die mehrheitlich von Albanern bewohnte jugoslawische Provinz Kosovo strebt mehr Unabhängigkeit von Belgrad an.
03.06.98	Die serbische Polizei greift Städte und Dörfer im Kosovo an und treibt mehr als 50 000 Menschen in die Flucht. Daraufhin droht die NATO der jugoslawischen Regierung mit Luftangriffen, falls die Übergriffe nicht eingestellt werden.
23.09.98	Mit Resolution 1199 vom September 1998 hat der Sicherheitsrat der Vereinten Nationen den „exzessiven Einsatz von Gewalt“ mit der Folge massiver Menschenrechtsverletzungen und dem Ziel der ethnischen Vertreibungen im Kosovo seitens der serbischen Sicherheitskräfte und der Armee verurteilt. Diese Situation, so der Sicherheitsrat, sei eine Bedrohung des Friedens („threat to peace“). Er hat sich allerdings zugleich dagegen entschieden, Maßnahmen zu ergreifen, wozu ihn die Charta der Vereinten Nationen (UN-Charta) berechtigt hätte. Russland und China hatten mit einem Veto gedroht, falls die UNO die NATO zum militärischen Eingreifen ermächtigen würde.
20.10.98	Ungeachtet eines NATO-Ultimatums zum Truppenabzug aus dem Kosovo beziehen serbische Panzer Stellungen in der Provinz. Die NATO warnt auch die Kosovo-Befreiungsarmee UCK vor weiteren Angriffen auf serbische Einheiten.

07.02.99	In Schloss Rambouillet bei Paris beginnen Verhandlungen zur Beilegung des Kosovo-Konflikts, der sich seit Ende 1998 wieder verschärft hatte. Grundlage für die unter französischem und britischen Vorsitz durchgeführte Kosovokonferenz war ein von der Balkan-Kontaktgruppe (USA, Großbritannien, Frankreich, Deutschland, Italien und Russland) vorgelegter 10-Punkte-Plan. Er sah eine „substanzielle Autonomie“ für die serbische Provinz Kosovo bei Gewährung von Minderheitsrechten für die Serben im Kosovo vor. Dabei sollte die territoriale Integrität Jugoslawiens gewahrt bleiben. Eine internationale Friedenstruppe sollte die Umsetzung der Vereinbarungen sicherstellen. Die näheren Regelungen der Rechte dieser Friedenstruppe erklärte die jugoslawische Delegation für unannehmbar, die Verhandlungen scheiterten daraufhin.
24.03.99	Nachdem sämtliche Versuche einer friedlichen Einigung gescheitert sind, erteilen die NATO-Staaten NATO-Generalsekretär Solana den Einsatzbefehl für Luftangriffe, obwohl keine Ermächtigung durch den UN-Sicherheitsrat vorliegt. Zunächst werden rein militärische, dann auch wirtschaftlich wichtige zivile Ziele in Serbien, im Kosovo und auch in Montenegro bombardiert. Dies ist die erste militärische Intervention in der Geschichte der NATO. Zum ersten Mal seit 1945 befinden sich deutsche Soldaten in einem Kriegseinsatz – deutsche Tornadoflugzeuge sind v.a. für die Ausschaltung der serbischen Luftabwehr zuständig. Während der 73 Tage dauernden Luftangriffe fliegt die NATO rund 35 000 Einsätze.
10.06.99	Die NATO beendet ihre Luftangriffe. Jugoslawien hatte am 3. Juni einem Friedensplan der G-8-Staaten formell zugestimmt. Dieser bildete die Grundlage für die UN-Resolution 1244 , die der Sicherheitsrat bei Enthaltung der VR China annimmt. Die zentralen Punkte der UN-Resolution sind: – zeitlich unbegrenzte Stationierung einer internationalen Friedenstruppe – Einsetzung einer Übergangsverwaltung für den Kosovo durch die UN – Rückzug aller militärischen, polizeilichen und paramilitärischen Kräfte der Serben aus dem Kosovo – Demilitarisierung der albanischen Befreiungsarmee UÇK – Zuständigkeit des Internationalen Tribunals für Verbrechen im früheren Jugoslawien in Den Haag für Kriegsverbrechen im Kosovo – Hilfe beim Wiederaufbau im Kosovo durch die internationale Staatengemeinschaft.

nach: www.stmuk.bayern.de/blz/web/archiv/welt98/europa.html, ergänzt durch den Bearbeiter

M 2 Joschka Fischer vor der NATO-Intervention im Kosovo

Es war einer der traurigsten Tage in meinem politischen Leben, als der Rambouillet - Prozess endgültig gescheitert war. ... Was wäre die Alternative gewesen? ... Die politischen Karten waren nun, weiß Gott, ausgereizt. Sich vor Milosevic beugen heißt nicht, auf Gewalt zu verzichten, sondern heißt, Gewalt hinzunehmen. ... Es gibt in dieser Sache keine unschuldige Position – wer handelt, zu Gewalt greift, übernimmt eine schwere Verantwortung, aber wer es nicht tut, übernimmt aufgrund der mörderischen Gewaltbereitschaft der Verantwortlichen in Belgrad mindestens eine so schwere Verantwortung. ... Ich habe nicht nur „nie wieder Krieg“ gelernt, sondern auch „nie wieder Auschwitz“.

Auswärtiges Amt, Informationen zum Kosovo, 7.4.1999

Analyse internationaler Konflikte

a) Der Konfliktzirkel

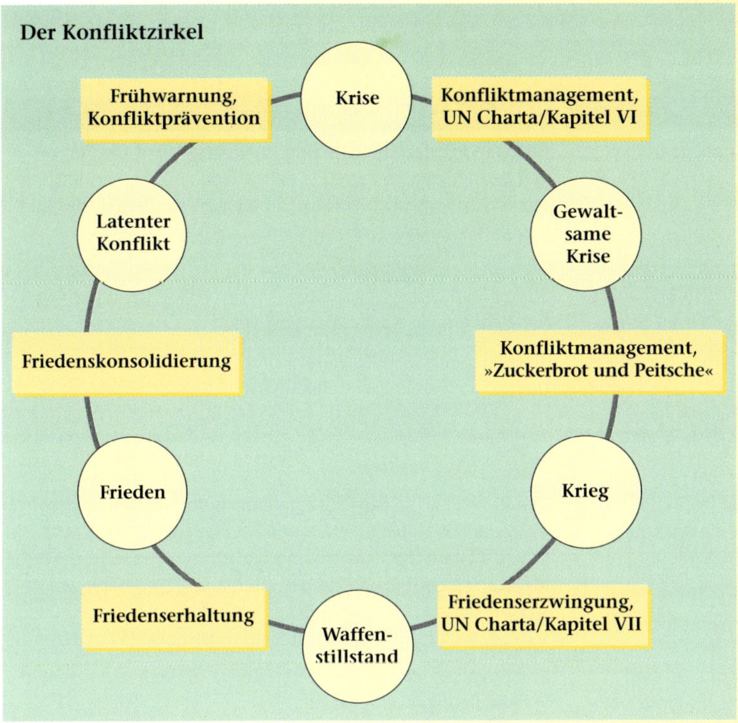

aus: Frank Pfetsch/Christoph Rohloff, Global Trends of Conflicts 1945–1995, London 1999, o. S.

b) Konfliktlösungsmodelle

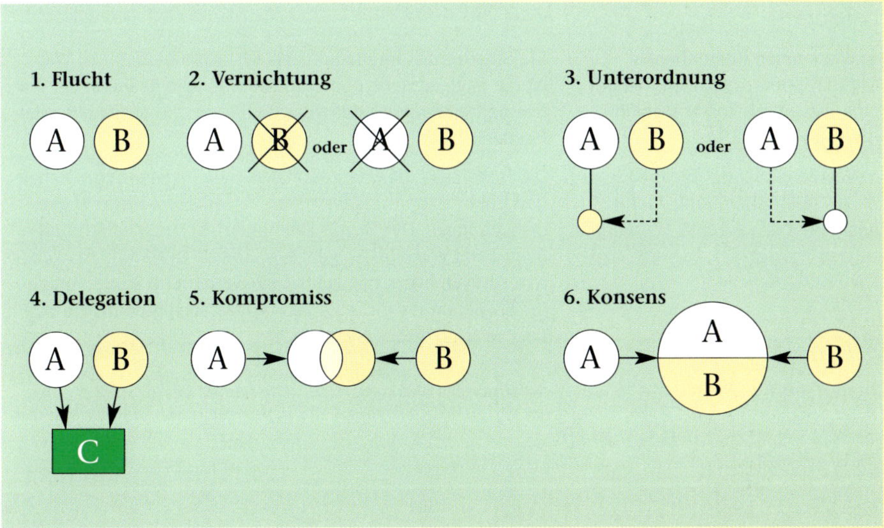

Gerhard Schwarz, in: Sicherheit – eine Aufgabe von gestern?, hg. v. Forum Zukunft e.V., Ottobrunn 1992, S. 9

METHODENTRAINING

METHODENTRAINING

c) Leitfragen

Die Fragen zielen im Regelfall auf aktuelle Konflikte, die politisch noch nicht entschieden sind, so dass im Unterricht nicht das Konfliktergebnis, sondern nur die Möglichkeiten bearbeitet werden können, die die Konfliktparteien haben, sich politisch durchzusetzen. Im 5. Schritt wird auch eine Schlüsselfrage gestellt, die sich auf abgeschlossene Konflikte/ Kriege bezieht.

Fragen	Tipps und Überlegungen
1. Wer sind die Konfliktparteien, und worum wird politisch/ militärisch gestritten?	Bestimmung der Konflikte und Konfliktparteien: Die Frage – wer ergreift welche Partei? – zielt sowohl auf die Parteinahme von Staaten als auch auf die Situation in der Klasse/ Kurs und in der Gesellschaft insgesamt.
2. Wie ist der Konflikt entstanden, und welche Argumente und Interessen liegen miteinander im Streit?	Die Vorgeschichte betrachten und die Positionen der Konfliktparteien erklären: Eine knappe Vorgeschichte ist in der Regel hilfreich, um die Konfliktparteien verstehen zu können.
3. Welche Mittel haben die Konfliktparteien, ihre Interessen durchzusetzen, und welche Folgen ergeben sich daraus für die Konfliktlösung?	Machtverhältnisse einschätzen und Folgen abschätzen: z. B: politische, ökonomische, militärische Stärke
4. Wie reagiert die internationale Gemeinschaft auf diesen Konflikt?	Den Konflikt in seinem Zusammenhang mit Problemfeldern internationaler Politik sehen und beurteilen: Dieser Schritt schafft Distanz zum konkreten Konflikt, denn er lenkt die Aufmerksamkeit auf Probleme der internationalen Politik, die sich im Hintergrund der jeweiligen Konflikte abzeichnen und auf die die Interessen der Konfliktparteien bereits verweisen.
5.1 Welche Kompromisse sind möglich, und wie sind diese politisch zu beurteilen?	Kompromisse suchen und beurteilen: z. B. Verhandlungen, Verständigung, Kooperation
5.2 Welches Ergebnis wurde erzielt, und wie ist dieses politisch zu beurteilen?	Ergebnisse beschreiben und Entwicklungstendenzen der internationalen Politik beurteilen: z. B. Verträge, Boykott, Krieg
6. Wie können internationale Organisationen aussehen, die auf eine Prävention von Weltgefährdungen zielen?	Die Struktur des internationalen Systems überdenken: Was ist die angemessene politisch-institutionelle Reaktion auf die Internationalisierung der wirtschaftlichen und soziokulturellen Probleme?
7. Was folgt aus der Bearbeitung dieses politischen Konflikts für mich und mein eigenes Verhalten?	Die Frage zielt auf eine Rationalisierung eigener Betroffenheit und dokumentiert das Bemühen, Theorie und Praxis zusammenzubringen. Der Begriff „Verhalten“ ist pragmatisch und umfassend gemeint: Es geht um Konsequenzen für das weitere Lernverhalten, das zukünftige Sozial- und Alltagsverhalten sowie um mögliche Folgen für das eigene politische Handeln oder politische Nichthandeln.

angeregt durch Bernd Janssen, Methodenorientierter Politikunterricht, Düsseldorf 1992, S. 32 ff. und Dieter Senghaas/Michael Zürn, Kernfragen für die Friedenspolitik der neunziger Jahre, in: Vierteljahresschrift, 33 Jg. (1992) Heft 3, S. 455 ff.

Kontrovers diskutiert: Wurde Völkerrecht gebrochen? M 3

a) Die Entscheidung der NATO, ohne UN-Mandat im Kosovo militärisch einzugreifen, ist völkerrechtlich noch immer umstritten. Der Amerikaner Andrew B. Denison, Publizist und Dozent im Bereich der Außen- und Sicherheitspolitik, meint:

Im Falle Kosovo, wie auch anderswo, wird das Völkerrecht zum Opfer seiner eigenen Widersprüche. Auf der einen Seite stehen die Menschenrechte, die – dem Völkerrecht nach (UNO-Charta, Menschenrechtserklärung, Genozidkonvention) – zu achten sind. Auf der anderen Seite: das Nichteinmischungsgebot, ja auch das Gewaltverbot der UNO-Charta. Schon dieser Widerspruch bedeutet, dass es für bestimmte, gerade auch gravierende internationale Probleme keine eindeutigen Antworten im Völkerrecht gibt. Darüber hinaus, und besonders auch im Rahmen der UNO, steht das Völkerrecht vor einem fundamentalen Dilemma: Seine Durchsetzung ist auch von der Zustimmung solcher Staaten abhängig, die weder Menschenrechte noch Demokratie respektieren. Diese Widersprüche des Völkerrechts bedeuten, dass die eigenen Interessen – ob humanitäre, strategische oder sonstige – sowie die Interessen der engsten Partner weiterhin wichtigste Basis der Entscheidungsfindung für Staaten wie Deutschland sein müssen – gerade auch in Krisenfällen wie Kosovo.

... Welches Präzedenz[1] will man schaffen? Dass Regierungen Menschen vertreiben und vernichten können, solange eine Vetomacht im Sicherheitsrat[2] bereit ist, dies zu dulden? Oder, dass solche gravierenden Verletzungen von Frieden und Freiheit – vor allem solche vor der eigenen Haustür – nicht ohne Weiteres von den umliegenden Staaten hingenommen werden? Wenn man über Präzedenzfälle redet, dann nicht nur über die völkerrechtlichen.

... Das Völkerrecht, die UNO und die Prinzipien, die dahinter stehen, werden nur geschwächt, wenn sich in den stärksten Rechtsstaaten dieser Welt die Meinung verbreitet, dass das Völkerrecht zum Haupthindernis geworden ist bei dem Versuch, eindeutig Recht brechenden Staaten wie Jugoslawien, Irak oder Nordkorea Grenzen zu setzen. In unserer unvollkommenen Welt wird das Völkerrecht eher dadurch gestärkt, dass man nicht darauf besteht, es auch dann streng anzuwenden, wenn es im eklatanten Widerspruch zum Schutz der Menschenrechte und zu den unmittelbaren Interessen der etablierten Rechtsstaaten steht.

b) Der stellvertretende Direktor des Instituts für Friedensforschung und Sicherheitspolitik an der Universität Hamburg, Reinhard Mutz, schreibt:

Soll ein Staat, der das Recht bricht, durch Zwang von außen zur Ordnung gerufen werden, muss es eine Ordnung sein, die alle Staaten in gleicher Weise bindet. Die Charta und die Konventionen der Vereinten Nationen konstituieren eine solche Ordnung. Oder die Dokumente der Organisation für Sicherheit und Zusammenarbeit in Europa, nicht aber Bündnisverträge oder Gremienbeschlüsse militärischer Bündnisse. ...

Der höhere moralische Standard und der größere Respekt vor den Menschenrechten, so wird behauptet, verleihe der westlichen Welt ein besonderes Interventionsprivileg. Nun ist Moral eine auslegbare Größe. Und Menschenrechte haben etwas mit Menschenbildern zu tun, die von Kultur zu Kultur variieren. Sollte einer weltanschaulich geprägten Gruppe von Staaten – der westlichen – erlaubt sein, nach Ermessen gegen Dritte Gewalt zu gebrauchen, wie wäre dann anderen Staaten – z. B. den islamischen – derselbe Anspruch zu bestreiten? ... Jahrhunderte verfassungspolitischer Anstrengung haben Europa die Demokratie und den Rechtsstaat beschert. Sie schützen den Bürger vor despotischer Herrschaft. Demselben Ziel dient auf der internationalen Ebene das

Völkerrecht. Es ist ein ebenso kostbares Gut und erfordert denselben Respekt. Der Westen legt die Axt an das Fundament seiner eigenen Zivilisation, wenn er es bewusst untergräbt. Wo der Zweck die Mittel nicht heiligt, schänden die Mittel den Zweck. Unzulängliche Normen müssen geändert werden. Dazu existieren vereinbarte Verfahren. Das gilt wiederum für das innerstaatliche wie für das internationale Recht.

Beide Texte aus: Blätter für deutsche und internationale Politik 43. Jg., 1998, H. 12, S. 1457 f. und 1466 f.

[1] *Beispiel gebender Musterfall*

[2] *Am Veto Russlands und der VR China scheiterte das UN-Mandat für ein militärisches Eingreifen der Staatengemeinschaft im Kosovo-Konflikt.*

M 4 Rückblick: die Entstehung der NATO

Nachdem verschiedene Versuche zur Aufrechterhaltung der internationalen Ordnung allein im 20. Jh. gescheitert waren, z. B. Kollektive Sicherheit, Völkerbund und UNO (Vereinte Nationen), bildeten sich nach dem Zweiten Weltkrieg Regionalpakte, die gemäß Art. 51 der UN-Charta das Recht zur kollektiven Selbstverteidigung besitzen. Stellvertretend für die UNO haben solche Pakte in ihrer jeweiligen Region die Funktion der Friedenserhaltung übernommen. Der Nordatlantikpakt (bzw. Nordatlantische Verteidigungsgemeinschaft, auch: Atlantische Allianz; North Atlantic Treaty Organization, NATO) ist insbesondere nach dem Zusammenbruch des Warschauer Pakts – nicht zuletzt aufgrund seines politischen, ökonomischen und militärischen Potenzials – der bedeutendste Pakt.

Nachdem bereits die BENELUX-Staaten, Frankreich und Großbritannien im März 1948 den Brüsseler Vertrag geschlossen hatten, unterzeichneten am 4.4.1949 in Washington folgende Staaten den NATO-Vertrag: Großbritannien, Frankreich, BENELUX-Staaten, Norwegen, Dänemark, Island, Portugal, Italien sowie USA und Kanada. 1952 traten Griechenland und die Türkei der NATO bei, und schließlich wurde im Mai 1955 die Bundesrepublik Deutschland NATO-Mitglied und erhielt damit gleichzeitig die lange ersehnte Souveränität. Spanien trat 1982 dem politischen Bündnis der NATO bei. Nach dem Ende des Ost-West-Konflikts 1989/90 dauerte es noch zehn Jahre, ehe mit Polen, Ungarn und der Tschechischen Republik die ersten ehemaligen Warschauer Pakt-Staaten im Frühjahr 1999 die jüngsten Mitglieder wurden.

Auf dem NATO-Gipfel in Prag im Herbst 2002 wurde die Erweiterung um weitere sieben Staaten beschlossen (vgl. M 7).

Wichard Woyke, NATO, in: Wichard Woyke (Hg.), Handwörterbuch Internationale Politik, 8. Aufl., Opladen 2000, S. 317, aktualisiert durch den Bearbeiter

Das Selbstverständnis der NATO: der NATO-Vertrag

M 5

Präambel

Die vertragschließenden Staaten bestätigen ihren Glauben an die Ziele und Prinzipien der Charta der Vereinten Nationen und ihren Wunsch, mit allen Völkern und mit allen Regierungen in Frieden zu leben.
Sie sind entschlossen, die Freiheit, das gemeinsame Kulturerbe ihrer Völker, gegründet auf die Prinzipien der Demokratie, auf die Freiheit des Einzelnen und die Grundsätze des Rechts, sicherzustellen.
Sie sind bestrebt, die Stabilität und Wohlfahrt im nordatlantischen Gebiet zu fördern. Sie sind entschlossen, ihre Bemühungen um eine gemeinsame Verteidigung und um die Erhaltung von Frieden und Sicherheit zu vereinigen.
Daher sind sie übereingekommen, diesen Nordatlantikpakt zu schließen.

Artikel 1

Die vertragschließenden Staaten verpflichten sich, gemäß den Bestimmungen der Charta der Vereinten Nationen jeden internationalen Streitfall, an dem sie beteiligt sein mögen, durch friedliche Mittel in der Weise zu regeln, dass Frieden, Sicherheit und Gerechtigkeit unter den Völkern nicht gefährdet werden, und sich in ihren internationalen Beziehungen jeglicher Drohung oder Gewaltanwendung zu enthalten, die in irgendeiner Weise mit den Zielen der Vereinten Nationen nicht vereinbar ist.

Artikel 4

Die Parteien werden einander konsultieren, wenn nach Auffassung einer von ihnen die Unversehrtheit des Gebietes, die politische Unabhängigkeit oder die Sicherheit einer der Parteien bedroht ist.

Artikel 5

Die vertragschließenden Staaten sind darüber einig, dass ein bewaffneter Angriff gegen einen oder mehrere von ihnen in Europa oder Nordamerika als ein Angriff gegen sie alle betrachtet wird und infolgedessen kommen sie überein, dass im Falle eines solchen bewaffneten Angriffs jeder von ihnen in Ausübung des in Artikel 51 der Charta der Vereinten Nationen anerkannten Rechts zur persönlichen oder gemeinsamen Selbstverteidigung den Vertragsstaat oder die Vertragsstaaten, die angegriffen werden, unterstützen wird, indem jeder von ihnen für sich und im Zusammenwirken mit den anderen Vertragsstaaten diejenigen Maßnahmen unter Einschluss der Verwendung bewaffneter Kräfte ergreift, die er für notwendig erachtet, um die Sicherheit des nordatlantischen wiederherzustellen und aufrechtzuerhalten.
Jeder derartige bewaffnete Angriff und alle als dessen Ergebnis ergriffenen Maßnahmen sollen dem Sicherheitsrat unverzüglich gemeldet werden. Diese Maßnahmen sind zu beenden, sobald der Sicherheitsrat die zur Wiederherstellung und Aufrechterhaltung des Völkerfriedens und der internationalen Sicherheit notwendigen Maßnahmen getroffen hat.

Auszug aus dem NATO-Vertrag vom 4. April 1949, zit. nach: Otto Freundl, Dokumente zur Friedens- und Sicherheitspolitik der Bundesrepublik Deutschland, Band 1, München 1984, S. 89 f.

M 6 Die Organisationsstruktur des NATO-Bündnisses

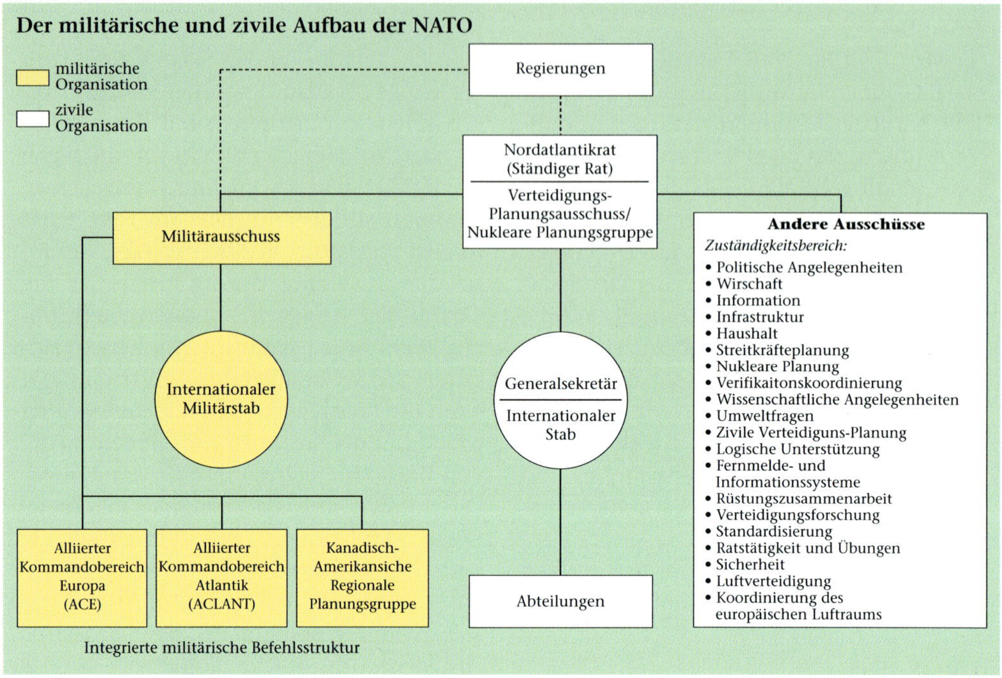

M 7 Die NATO der Zukunft nimmt Gestalt an

Osterweiterung der NATO

Am 21. und 22. November 2002, auf dem Gipfel in Prag, haben die NATO-Mitgliedsländer die Weichen für eine größere Allianz gestellt, die sich auf die neue sicherheitspolitische Lage in der Welt einstellt.

Auf dem Gipfel in Prag hat die NATO die zweite und größte Erweiterung in der Geschichte der Allianz beschlossen. Generalsekretär George Robertson gab am 21. November die Entscheidung der NATO offiziell bekannt: Bulgarien, Estland, Lettland, Litauen, Rumänien, die Slowakei und Slowenien haben Beitrittsreife erreicht.

Von den ursprünglich zehn Bewerberstaaten wurden Mazedonien, Kroatien und Albanien von der Allianz als noch nicht beitrittsreif betrachtet. Die NATO hatte sich vor drei Jahren erstmals für Staaten des ehemaligen Warschauer Paktes geöffnet und Polen, Ungarn und Tschechien aufgenommen. Mit den sieben neuen Mitgliedern vergrößert sich die Allianz nun auf 26 Staaten. ...

Russland hatte Bedenken gegen einen Beitritt der früheren Sowjetrepubliken Estland, Lettland und Litauen geäußert.[1]

Die zukünftigen NATO-Staaten sollen im Frühling 2003 die Mitgliedsprotokolle unterzeichnen. Danach wird der Prozess der Ratifizierung in den einzelnen Ländern beginnen. Beim nächsten NATO-Gipfel im Mai 2004 soll die Erweiterung dann formal abgeschlossen sein. NATO-Generalsekretär George Robertson sagte, die Tür der Allianz stehe auch nach Prag weiteren Kandidaten offen.

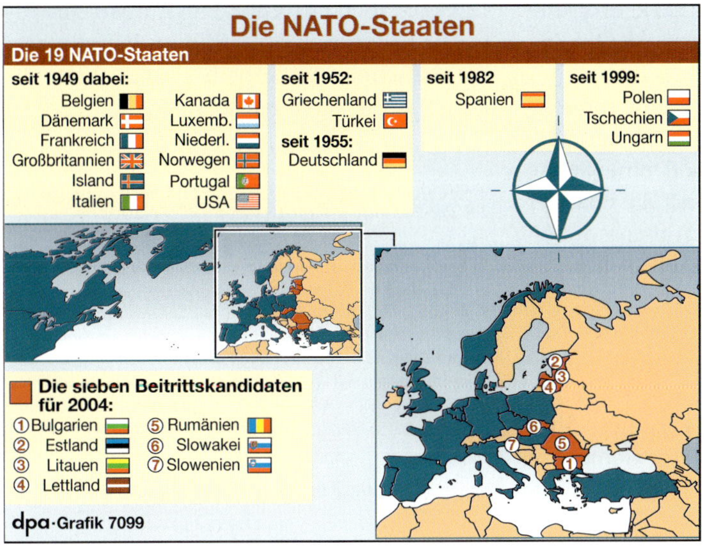

Fähigkeiten der NATO stärken

Die tragischen Ereignisse des 11. Septembers haben die NATO veranlasst, ein umfassendes Maßnahmepaket zu billigen, das die militärischen Fähigkeiten des Bündnisses stärken wird. In der Prager Gipfel-Erklärung heißt es: „Wir unterstreichen, dass unsere Anstrengungen zur Umgestaltung und Anpassung der NATO von keinem Land und keiner Organisation als eine Bedrohung anzusehen sind, sondern vielmehr als Zeichen unserer Entschlossenheit, unsere Bevölkerung, unser Territorium und unsere Streitkräfte vor jedem bewaffneten Angriff zu schützen, der aus dem Ausland geführt wird, auch vor Terroranschlägen."

Deutschland habe auf dem NATO-Gipfel noch einmal seine Haltung bekräftigt, dass der internationale Terrorismus nicht nur mit militärischen Mitteln zu bekämpfen sei, sagte der Kanzler in der Abschlusspressekonferenz. Es müsse vielmehr ein umfassendes Krisenlösungskonzept greifen, welches die Entwicklung der Zivilgesellschaften in den oft armen Ländern unterstützt.

Die Initiative „Prague Capabilities Commitment" wurde auf dem Gipfel beschlossen. Sie setzt Prioritäten für den Ausbau der militärischen Fähigkeiten der NATO-Mitgliedstaaten. Dazu gehören: der Schutz vor Massenvernichtungswaffen, die Verbesserung der Führungsfähigkeit, die Verlegefähigkeit sowie die Mobilität von Kräften. ...

Der Gipfel in Prag hat die Weisung erteilt, ein umfassendes Konzept für NATO-Reaktionskräfte zu schaffen. Die erste Stufe ihrer Einsatzfähigkeit soll sobald wie möglich,

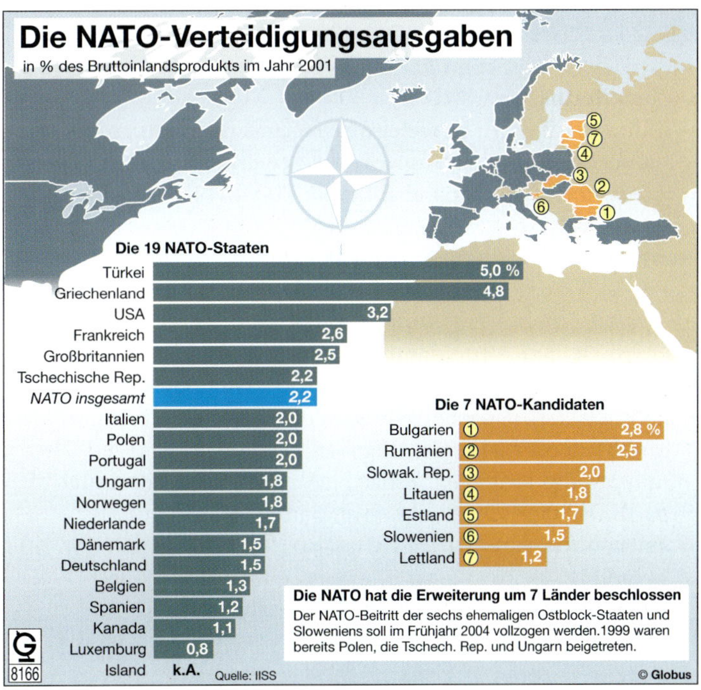

spätestens aber bis Oktober 2004, und ihre volle Einsatzfähigkeit bis spätestens Oktober 2006 erreicht sein.

Die USA hatten vorgeschlagen, eine schnelle Eingreiftruppe, NATO-Response Force (NRF) zu schaffen. Diese Truppe soll eine Stärke von 21.000 Mann haben und ab Oktober 2006 voll einsatzfähig sein. Außerdem soll im Krisenfall die Einsatzfähigkeit in fünf bis 37 Tagen hergestellt sein.

Auch die räumlichen Grenzen für einen NATO-Einsatz sind neu zu bedenken. Angesichts der Bedrohungen durch den internationalen Terrorismus hat es keinen Sinn mehr, Einsätze auf das NATO-Gebiet zu beschränken.

Das Vorhaben muss mit dem Aufbau europäischer Krisenreaktionskräfte im Rahmen der europäischen Sicherheits- und Verteidigungspolitik vereinbar sein.

www.bundesregierung.de/index-,413.450244/Die-NATO-der-Zukunft-nimmt-Ges.htm (22.11.2002)

[1] Um Russlands Zustimmung zu erhalten wurde am 28.Mai 2002 in Rom im Rahmen des Gipfeltreffens der Staats- und Regierungschefs der NATO und des russischen Präsidenten Putin der neue NATO-Russland-Rat gegründet. Im neuen Rat werden die NATO-Mitglieder und Russland in verschiedenen Themengebieten wie Terrorbekämpfung, Krisenmanagement, Nichtverbreitung von Massenvernichtungswaffen, Rüstungskontrolle und Katastrophenschutz gleichberechtigt mitentscheiden. Ein Vetorecht soll es allerdings nicht geben, obwohl die NATO nach Expertenmeinung nur im äußersten Fall gegen russische Vorbehalte entscheiden können wird.

M 8 Konkurrenz oder Ergänzung? Die schnelle Eingreiftruppe der EU

Nachdem die NATO der Europäischen Union am 13. Dezember 2002 „grünes Licht" für eine schnelle Eingreiftruppe gegeben hat, kann jetzt die Umsetzung der EU-Gipfel Beschlüsse von Kopenhagen (12. und 13. Dezember 2002) in Angriff genommen werden. Erste Schritte wurden bereits beim formellen Treffen der EU-Verteidigungsminister im November unternommen. Die Europäische Union kann jetzt auf Geräte und Planungskapazitäten der NATO zurückzugreifen.

Grundlage der Schaffung einer europäischen Eingreiftruppe ist der Beschluss des Europäischen Rates in Helsinki von 1999. Diese Kräfte in Form einer europäischen Eingreiftruppe sollen für gemeinsame Einsätze der EU unabhängig von der NATO zur Verfügung stehen. Dabei wird die EU-Eingreiftruppe in jedem

Schnelle Eingreiftruppen

„Responce Force" im Rahmen der NATO

- Aufgaben: Einsatz im Rahmen von Artikel 5, NATO-Vertrag, dem "Verteidigungsfall"
- militärische Kraft: flexible, mobile und nachhaltige Einheit von bis zu 21.000 Mann zu Land, See und Luft
- Zeitrahmen: Übungen ab Oktober 2004, volle Einsatzbereitschaft ab Oktober 2006
- Einsatzentscheidung: NATO-Rat

„Rapid Reaction Mechanism" im Rahmen der Europäischen Sicherheits- und Verteidigungspolitik (ESVP)

- Aufgaben: Konfliktverhütung und Krisenbewältigung im Rahmen der "Petersberg Aufgaben" – vor allem humanitäre und friedenserhaltende Aufgaben
- militärische Kraft: Korpsstärke (60.000 Mann), darunter bis zu 18.000 deutsche Soldaten zu Land, See und Luft
- Zeitrahmen: Einsatzbereitschaft ab 2003, innerhalb von 60 Tagen bis zu einem Jahr
- Einsatzentscheidung: Rat der Außenminister

EU-Nachrichten Nr. 42, 28.11.2002, S.4

Fall mit der geplanten NATO-Response-Force kompatibel sein. Die gemeinsame Truppe der EU ist ein zentraler Bestandteil der gemeinsamen Außen- und Sicherheitspolitik der Europäischen Union (GASP). Die Verbesserung ihrer kollektiven militärischen Fähigkeiten soll es der EU ermöglichen, in Krisensituationen angemessen reagieren und einen eigenen Beitrag zur dauerhaften Befriedung von Krisenregionen leisten zu können. Die Eingreiftruppe soll im Ernstfall innerhalb von 60 Tagen verfügbar sein und einen Umfang haben, der deutlich über dem der geplanten NATO-Response-Force liegt. Bislang stand der Umsetzung der Streit zwischen Griechenland und der Türkei im Weg. Die Türkei, die NATO-Mitglied, aber nicht Mitglied der EU ist, verlangte für die Zustimmung zum Rückgriffsrecht von der EU ein Mitspracherecht. Dies lehnte NATO- und EU-Mitglied Griechenland bislang ab. Die Türkei erhält jetzt ein Mitspracherecht für Einsätze der EU in ihrem Einflussbereich.

Regierung-online, 16.12.2002 (www.regierung-online.de/Themen-A-Z/Europaeische-Union-,5867.455021/Gruenes-Licht-fuer-schnelle-Ei.htm)

Die neue NATO-Strategie

M 9

Die normative Basis für militärische Konfliktregelung durch die NATO ist ihr im April 1999 verabschiedetes neues Strategisches Konzept. Es umfasst unterschiedliche Optionen militärischer Konfliktregelung. Alle diese Optionen spiegeln Konfliktlagen wider, deren Bewältigung oder Eindämmung die NATO in den neunziger Jahren als Aufgabe übernommen hatte:

- Kampfeinsätze im Rahmen eines Mandats des Sicherheitsrats der Vereinten Nationen. Als Beispiel ist der zweite Golfkrieg gegen den Irak 1991 zu nennen, an dem eine Reihe von NATO-Staaten unter Führung der USA (und unter Beteiligung weiterer Staaten) teilnahmen, sowie die Luftangriffe gegen serbische Stellungen in Bosnien-Herzegowina 1994/95.
- Peace-keeping-(Blauhelm-)Einsätze, d. h. friedenssichernde Maßnahmen, im Rahmen eines UNO-Mandats zur Absicherung einer zwischen den Konfliktparteien (und eventuell Dritten) erreichten Einigung. Solche Einsätze führte die NATO schon mit den IFOR- und SFOR-Einsätzen nach dem Dayton-Abkommen vom Dezember 1995 sowie mit dem KFOR-Einsatz durch. Letzterer wurde möglich durch ein Abkommen aufgrund des Waffenstillstandes und durch politische Vereinbarungen mit der jugoslawischen Regierung nach dem Kosovo-Krieg (März bis Juni 1999).
- Von der UNO nicht mandatierte Peace-keeping-Einsätze aufgrund eines von einer Regierung bzw. den Konfliktparteien ausgesprochenen Ersuchens an die NATO. Diese Option wurde etwa durch den Makedonien-Einsatz ab August 2001 – zuerst „Essential Harvest“, dann „Amber Fox“ – umgesetzt.
- Militärische Einsätze aufgrund eines als von außen gewerteten Angriffs auf eines der Bündnismitglieder, wie sie nach den Terroranschlägen in New York und Washington im Beschluss der NATO vom 2. Oktober 2001 impliziert sind, den Bündnisfall nach Art. 5 zu erklären.
- Selbstmandatierte militärische Einsätze zur Erzwingung eines politischen Verhaltens. In diese Kategorie fällt der schon genannte Kosovo-/Jugoslawien-Krieg von März bis Juni 1999. ...

Mit der Festlegung, dass out of defence, out of area sowie out of United Nations agiert werden könne, erteilt sich die NATO mit dem Strategischen Konzept von 1999 selbst die Befugnis zur militärischen Konfliktregelung, wenn sie dies für notwendig hält. Das Konzept benennt als Motive, die die Allianz zur militärischen Konfliktregelung veranlassen können, ein ganzes Spektrum von Tatbeständen: vom Völkermord bis zur schwer wiegenden Beeinträchtigung von „Sicherheitsinteressen" der NATO-Staaten. Damit hängt die eventuelle Selbstmandatierung von der jeweiligen Definition einer solchen Beeinträchtigung bzw. von der jeweiligen politischen Konstellation in der NATO bzw. von den wichtigsten Mitgliedsländern ab.

August Pradetto, Funktionen militärischer Konfliktregelung durch die NATO,in: Aus Politik und Zeitgeschichte B 24/14.6.2002, S 12 f.

M 10 Kontrovers diskutiert: die Zukunft der NATO

a) Die Zukunft der NATO liegt überall

Statt Agonie herrscht plötzlich Euphorie unter den Nato-Strategen, die am heutigen Donnerstag in Prag aufmarschieren. Begonnen hat der Aufschwung vor neun Wochen. Da veröffentlichte die Führungsmacht in Washington ihre neue Nationale Sicherheitsstrategie, die gegen die Bedrohungen des 21. Jahrhunderts unter anderem „präventive Aktionen" als Mittel der Selbstverteidigung propagiert.

Welche Rolle die Allianz im Rahmen dieser „Bush-Doktrin" spielen sollte, das reichte das US-Verteidigungsministerium in einem vierseitigen Papier nach: Eine schlagkräftige, 21.000 Mann starke Kampftruppe müsse her, ausgestattet mit den besten Kräften, die Europas Verbündete zu bieten haben.

Die Transatlantiker in Brüssel bejubelten diese „Wiederentdeckung des Bündnisses" durch den Hegemon. Die Aushebung der Nato Response Force (NRF) wird nun in Prag beschlossen. Sie soll, gleichsam als militärischer Kern der „Neuen Nato", die Antwort geben auf das strategische Vakuum, das zuvor so viele Nato-Experten verspürten. ...

Aber Generalsekretär Robertson hat in den vergangenen Wochen klar gemacht, was Verteidigung heute bedeutet: Die Nato könne die Mitgliedstaaten „nicht länger an ihren Grenzen" schützen, schließlich lauere die Gefahr „ganz woanders".

Ergo sei die Allianz „eine globale Organisation". Die tradierte Diskussion um alliierte Einsätze out of area, also außerhalb des Vertragsgebiets, scheint damit erledigt zu sein. Schon im Mai haben die Nato-Außenminister in Reykjavik ja verkündet, die eigenen Soldaten müssten an die Front, „wo immer sie gebraucht werden". Das heißt: Die Zukunft der Nato liegt überall.

Christian Wernicke, Süddeutsche Zeitung, 21.11.2002

b) Keine Zukunft für die NATO

Es gibt deutliche Parallelen zwischen der Verwandlung eines Menschen in einen Käfer und einer Gruppe von Staaten in ein schlecht funktionierendes Bündnis. Diese Verwandlung der Nato und vor allem die Deformation der Westeuropäer in ihr ist ein schon lange währender Prozess, der mit dem Niedergang des Warschauer Pakts begonnen hatte. Er kann mit dem Prager Gipfel als abgeschlossen betrachtet werden, weil sich nun eine neue Sicherheitsallianz herausbildet, die so gar nicht nach der Vorstellung der EU-Europäer ist.

Keine Frage, die neue Nato kann stark sein, weil die Supermacht an ihrer Spitze stark ist. Im Umkehrschluss aber gilt: Noch nie war so scharf zu beobachten, dass die Allianz ihre Bedeutung, ihr militärisches und ihr politisches Gewicht abhängig gemacht hat von der Zuwendung aus den USA. Zwar waren diese USA schon immer die dominierende Nation im Bündnis, schon immer ließ sich die Allianz nicht bewegen, wenn in Washington gebremst wurde. Aber in Prag wurde der vorläufige Höhepunkt dieser Ent-

wicklung erreicht: Ohne die USA ist die Nato nichts, nur mit ihr kann sie alles sein. Die Nato ist im Kern ein Bündnis für die USA, nicht nur eine Allianz mit den USA. ...
Erstens: die Erweiterung. Die nahende Mitgliedschaft der sieben Staaten – unter anderem aus früherem sowjetischem Territorium – trägt zu Recht das Attribut historisch. Stabilität wird weit projiziert, der Werte-Kanon des alten Westens findet begeisterten Zuspruch auch im neuen Osten. Faktisch aber handelt es sich um ein Zuschuss-Geschäft der alten Nato: Das Bündnis gibt, wird dadurch aber nicht stärker – vor allem nicht bei seiner Entscheidungsfindung, in seiner Beschlusskraft, im Bemühen, das innere Machtgefälle auszugleichen. Die militärische Lücke zwischen High-Tech und Habenichtsen ist nun einfach zu groß, und wenn es um die Sicherheit geht, kann ein Streitkräfte-Bündnis nicht nach der alten EU-Regel arbeiten, wonach das langsamste Schiff das Tempo des Geleitzuges bestimmt.
Dass die USA keine Rücksicht üben wollen, haben sie mit den Beschlüssen zwei und drei klar gemacht: Nato-Krisentruppe und neue Struktur der Hauptquartiere. Die Krisentruppe ist das wohl in kürzester Zeit durchgesetzte militärische Großprojekt in der jüngeren Geschichte der Nato. Es dient dazu, die säumigen Mitglieder zur überfälligen technologischen Nachrüstung zu zwingen und den USA den viel besungenen Werkzeugkasten für alle möglichen Handwerkereinsätze zur Verfügung zu stellen.

Demonstration gegen den NATO-Gipfel in Prag, November 2002

Stefan Kornelius, Süddeutsche Zeitung, 22.11.2002

AUFGABEN

1. Diskutieren Sie in einer Pro-und-Kontra-Diskussion die moralische und völkerrechtliche Legitimation der NATO-Intervention (M1 - M 3).
2. Erläutern Sie Organisation und Funktionsweise der NATO (M 5, M 6).
3. Beurteilen Sie unter Berücksichtigung der Materialien M 5 - M 10, ob die NATO-Osterweiterung und die Beschlüsse des NATO-Gipfels in Prag eine Schwächung oder eine Stärkung der NATO bedeuten.
4. Überlegen Sie, welche Motive die EU dazu veranlasst haben könnte, im Rahmen der Europäischen Sicherheits- und Verteidigungspolitik (ESVP) eine eigene Eingreiftruppe aufzubauen und welche Konsequenzen dies für das europäisch-amerikanische Verhältnis haben könnte (M 8, M 10).

LINKS

www.nato.int (Homepage der NATO)

www.auswaertiges-amt.de (Infos zur Außenpolitik Deutschlands)

www.osce.org (Organisation für Sicherheit und Zusammenarbeit in Europa)

Informationen und Zusammenhänge

NATO – Entstehung
M 4

Die NATO (North Atlantic Treaty Organisation, Nordatlantisches Verteidigungsbündnis) wurde am 4.4. 1949 in Washington als regionales Verteidigungsbündnis gegründet, nachdem das VN-System der kollektiven Sicherheit unter den Bedingungen des Kalten Krieges (Blockade des Sicherheitsrates) seine Wirkung nicht entfalten konnte. Die Bundesrepublik Deutschland trat im Mai 1955 bei. Mittlerweile gehören der NATO 26 Staaten an.

Aufgaben und Selbstverständnis der NATO
M 5

Die wichtigste Aufgabe des Bündnisses ist der Schutz aller Bündnismitglieder gegen eine mögliche Aggression von außen. Ein bewaffneter Angriff gegen eines der Mitglieder wird als Angriff gegen alle Mitglieder betrachtet, wobei allerdings keine automatische militärische Beistandspflicht besteht. Es bleibt den Staaten überlassen, die Maßnahmen unter Einschluss von Waffengewalt zu ergreifen, die sie für notwendig erachten (Artikel 5 NATO-Vertrag). Charakteristisch für die NATO ist auch ihre politische Ausrichtung. Alle Staaten anerkennen grundlegende Werte (Prinzipien der Demokratie), die sie für verteidigungswürdig erachten. Das Militär untersteht der politischen Führung.

Aufbau der NATO
M 6

Oberstes politisches Entscheidungsgremium der NATO ist der NATO-Rat. Gemäß dem Prinzip der intergouvernementalen Zusammenarbeit sind die Mitgliedstaaten gleichberechtigt und entscheiden im Konsens, d.h. einstimmig. Der Generalsekretär vertritt die NATO nach außen. Höchste militärische Instanz ist der Militärausschuss (MC), dem die einzelnen Kommandobereiche unterstehen. Er empfiehlt die erforderlichen Verteidigungsmaßnahmen für das Bündnisgebiet und berät den NATO-Rat in militärischen Fragen.

Entwicklung der NATO
M 7

Die Entwicklung der NATO war und ist geprägt durch den Wandel der sicherheitspolitischen Lage und den damit einhergehenden Wandel der NATO-Verteidigungsstrategie. Ursprünglich unter den Bedingungen des Kalten Krieges als reines Verteidigungsbündnis konzipiert, das die nukleare Abschreckung in den Mittelpunkt ihrer Sicherheitspolitik stellte, befindet sich die NATO seit dem Ende des Ost-West-Konfliktes auf der Suche nach einer neuen Identität. Hier zeichnen sich drei wesentliche Entwicklungen ab:

- Expansion nach Osteuropa, inkl. Integration Russlands (noch) unterhalb der Vollmitgliedschaft
- Neues Strategisches Konzept mit einer Vielzahl von Einsatzmöglichkeiten (out of area, out of defense, out of UN)
- Entwicklung einer europäischen Verteidigungsidentität innerhalb der NATO.

Osterweiterung
M 7, M 10

Mit dem Zusammenbruch des Warschauer Paktes wurden aus ehemaligen Gegnern potenzielle Bündnismitglieder der NATO. In einer ersten Osterweiterungsrunde wurden Polen, Tschechien und Ungarn aufgenommen, auf dem NATO-Gipel in Prag im November 2002 sieben weitere osteuropäische Staaten. Das Bündnisgebiet umfasst nun nahezu das gesamte Europa einschließlich der Türkei. Der Widerstand Russlands gegen diese Ausweitung des Bündnisgebietes bis an seine Grenzen konnte durch die Einbindung in den NATO-Russland-Rat überwunden werden, der Russland ein weitgehendes Mitspracherecht unterhalb der Vollmitgliedschaft ermöglicht. Aus der Sicht der NATO ist die Aufnahme der neuen Mitglieder primär Ausdruck der endgültigen und unwiderruflichen Zugehörigkeit dieser Staaten zur pluralistischen Staatenwelt des euro-atlantischen Raumes und damit Teil ihrer langfristigen Sicherheitsstrategie. Die neuen Mitglieder sehen in der NATO einen „Stabilitätsanker" und versprechen sich von ihr die Garantie ihrer äußeren Sicherheit.

Neue Strategie
M 9, M 10

Aufgrund der veränderten Sicherheitslage in der Welt hat die NATO 1999 in Washington eine neue Strategie beschlossen. Sie beinhaltet eine Differenzierung ihrer militärischen Handlungsmöglichkeiten. Dazu gehört das ganze Spektrum militärischer Konfliktregelung von der kollektiven Selbstverteidigung zur Friedenserhaltung (peace-keeping) und Friedenserzwingung (peace-enforcement) bis hin zur Friedenskonsolidierung (peace-building), innerhalb und außerhalb des Bündnisgebietes, mit oder ohne Mandat der Vereinten Nationen. Entsprechend dieser Strategie haben die NATO-Mitglieder in Prag 2002 die Schaffung einer mobilen Eingreiftruppe (Nato Response Force, NRF) mit ca. 21 000 Mann und die Verbesserung ihrer militärischen Fähigkeiten beschlossen. Uneinigkeit besteht aber nach wie vor über die Notwendigkeit eines VN-Mandats für Einsätze außerhalb des Bündnisgebietes, über die Kernfunktionen der Allianz, die Bedeutung der Nuklearwaffen im Rahmen der neuen Strategie und die interne Differenzierung der NATO.

Differenzierung
M 8, M 10

Besonders der Kosovo-Konflikt hatte den Europäern verdeutlicht, dass sie ohne die USA nicht in der Lage gewesen wären, Krieg und Völkermord mit militärischer Gewalt zu verhindern. Dies und der schwindende Wille der USA, sich in Europa zu engagieren, hat die Anstrengungen der EU, im Rahmen der Gemeinsamen Außen- und Sicherheitspolitik (GASP) auch eine eigene Sicherheits- und Verteidigungspolitik (ESVP) auszubilden, beschleunigt. Dazu hat die EU eine eigene Eingreiftruppe (Rapid Reaction Mechanism) mit 60 000 Mann aufgestellt, die ab 2003 einsatzbereit ist. Sie soll unabhängig von der NATO agieren, aber auf die militärischen Strukturen und Planungskapazitäten der NATO zurückgreifen können.

Zukunft der NATO
M 10

Ob die NATO als Militärbündnis noch eine Zukunft hat, bleibt umstritten. Die USA sind aufgrund ihrer überlegenen militärischen Fähigkeiten nicht mehr auf das Bündnis angewiesen und werden ihre Koalitionen in Zukunft flexibler definieren. So hat die NATO trotz des erstmaligen Eintretens des Bündnisfalles im Afghanistan-Krieg keine Rolle gespielt. Gleichzeitig bedeutet die Erweiterung um zahlreiche Mitgliedstaaten eine Schwächung der Entscheidungsfähigkeit ohne nennenswerte Stärkung des militärischen Potenzials. Die EU ist auf dem Wege, eine eigene Sicherheitspolitik mit militärischer Komponente zu entwickeln. Diese Tendenzen lassen einen Wandel der NATO hin zu einer stärker politisch ausgerichteten Organisation vermuten.

4.3 Die Bundeswehr – eine Armee im Umbruch

M 1

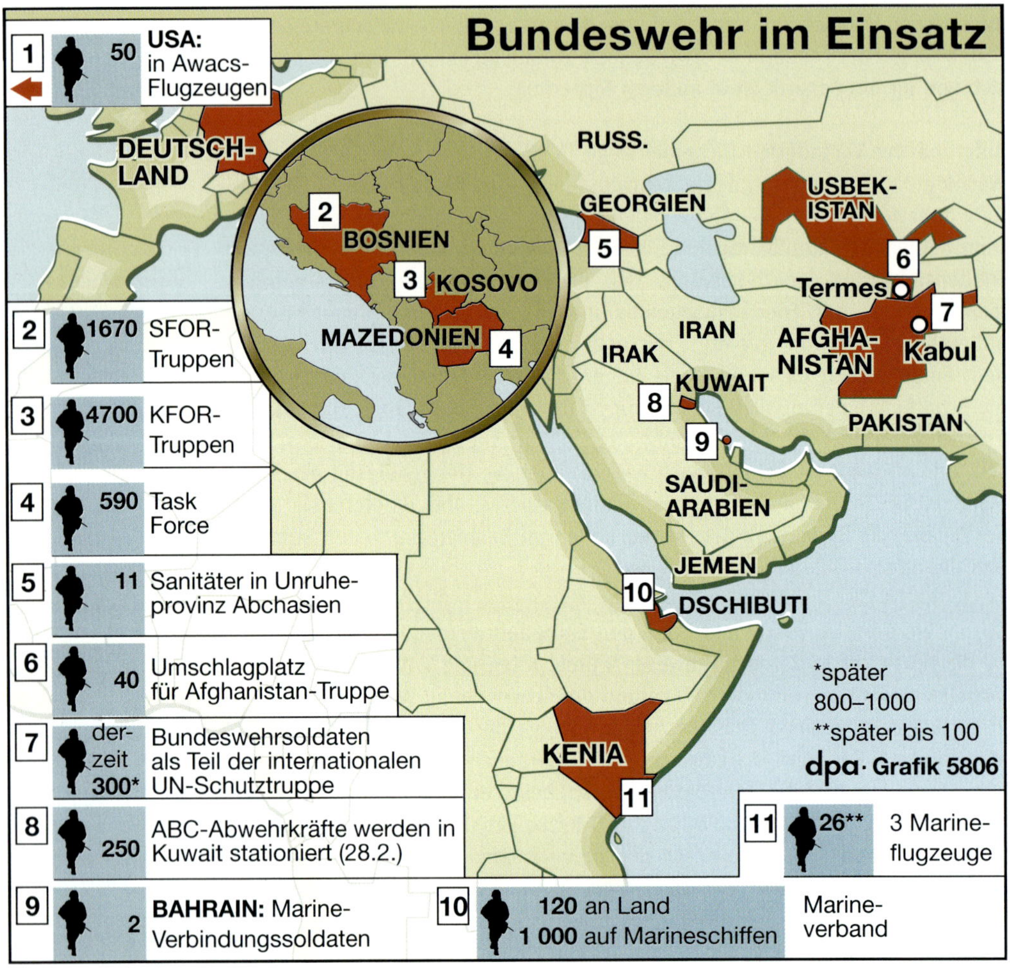

M 2

Die veränderte Sicherheitslage und die neue Rolle der Bundeswehr

Dr. Peter Struck, Bundesminister der Verteidigung in der Regierungserklärung und Debatte zur Lage der Bundeswehr / 250. Sitzung des Deutschen Bundestages am 25. Juli 2002.

Wir befinden uns zurzeit in einem Prozess der Anpassung unserer Sicherheitspolitik an die aktuelle Bedrohungslage, die uns der 11. September auf brutalste Weise vor Augen geführt hat. Das gilt im nationalen, im europäischen, im transatlantischen und auch im globalen Rahmen. Die Aufgabe, weltweite Sicherheit zu gewährleisten, stellt sich zu Beginn unseres Jahrhunderts unter veränderten Parametern: Die sicherheitspolitische Lage ist zunächst durch eine Vervielfachung der Akteure gekennzeichnet. Neben die staatlichen Kräfte treten nicht staatliche, transnationale Kräfte, die auch von Regierungen und staatlichen Strukturen unterstützt werden. Sie können infolge der enormen Fortschritte in den Bereichen Technologie und Kommunikation eine weltpolitische, dabei aber auch eine zerstörerische Rolle spielen, sodass man mit Recht von einer Privatisierung der Gewalt sprechen kann.

Mit der Art und der Anzahl der Beteiligten haben sich auch die möglichen Erscheinungsformen von Krisen und Konflikten nachhaltig verändert. Der klassische zwischenstaatliche Krieg ist zu Beginn des 21. Jahrhunderts unwahrscheinlicher geworden. Innerstaatliche Konflikte und Bürgerkriege haben an Bedeutung gewonnen. Gleichzeitig sind Formen der asymmetrischen Kriegsführung in den Vordergrund gerückt. ...

Ein weiterer Aspekt kommt hinzu: Auf gesamtpolitischer Ebene hat eine Verschiebung der Problemachsen stattgefunden. Der Ost-West-Konflikt ist beendet; Europa wächst zusammen. ... Die Nord-Süd-Dimension der globalen Aufgaben und Probleme wird demgegenüber immer stärker sichtbar. Russland entwickelt sich zu einem strategischen Partner der Europäer und der USA. Daraus ergeben sich neue Perspektiven zum gemeinsamen Engagement für den Frieden. In diesem Gesamtkontext muss eine zeitgemäße Sicherheitspolitik mehr als Abschreckung und Verteidigung leisten.

Deshalb ist die Politik der Bundesregierung von einem erweiterten Verständnis von Sicherheit geprägt, das im Kern drei Elemente umfasst:

Erstens verstehen wir Sicherheit in einem umfassenden Sinn. Wir berücksichtigen ihre politische, ökonomische, ökologische, soziale und kulturelle Dimension. Wir richten unsere Politik auf die tieferen Ursachen und Erscheinungsformen von Krisen und Konflikten aus. Gerade auf dem Balkan und in Afghanistan hat sich gezeigt: Die Gefahr der militärischen Eskalation von Konflikten ist groß, wenn man nicht umfassend an die Wurzeln dieser Konflikte herangeht. Der Versuch einer allein militärischen Lösung politischer Konflikte führt in aller Regel nicht zu nachhaltiger Stabilität, sondern trägt nur den Keim weiterer Auseinandersetzungen in sich.

Zweitens haben wir die Prävention in den Mittelpunkt unserer Außen-, Sicherheits-, Wirtschafts- und Entwicklungspolitik gestellt, um durch eine vorausschauende Politik Krisen zu entschärfen ...

Bundeswehrsoldaten als Teil der UN-Schutztruppe ISAF auf Patrouille in Kabul

Drittens haben wir erkannt, dass die Gefährdungen des 21. Jahrhunderts vor keiner Grenze – auch nicht vor einer Weltmacht – Halt machen. Dies haben uns die Terroranschläge auf die USA vor Augen geführt.

Es sind gemeinsame Risiken, die gemeinsame Antworten erfordern. Sicherheit und Stabilität sind zu einer gemeinsamen Aufgabe geworden. Aufgrund des politischen, wirtschaftlichen und sicherheitspolitischen

Potenzials Deutschlands wird von uns – mehr als früher – gefordert, mehr Verantwortung für die internationale Friedenssicherung in Europa und darüber hinaus zu übernehmen. ...

Wir stehen nicht mehr unter Hinweis auf unsere Geschichte abseits, wenn unsere Sicherheitsinteressen betroffen sind und wenn andere auf unseren Beitrag setzen. Dies schließt die Bereitschaft zu militärischen Beiträgen und zur Beteiligung an militärischen Operationen ein. Unsere Geschichte begründet für das wiedervereinigte Deutschland geradezu eine Verpflichtung zur Solidarität, zur Wahrnehmung von Verantwortung und zur Unterstützung derer, die auf uns bauen.

Dabei hat sich die Bundesregierung zu Recht einer konsequenten Politik des Interessenausgleichs und des Multilateralismus verschrieben. Das heißt, wir sind gefordert, wenn sich die NATO, die Europäische Union und die Vereinten Nationen zur Abwehr von Gefahren und zur Sicherung des Friedens engagieren. Vor diesem Hintergrund ist die internationale Rolle Deutschlands nicht von einem transatlantischen Bündnis, das für Sicherheit und Stabilität des euro-atlantischen Raumes von zentraler Bedeutung ist, und von der Stärkung der außen- und sicherheitspolitischen Handlungsfähigkeit Europas zu trennen.

NATO und Europäische Union haben einen Kurs der konsequenten Anpassung an die skizzierten neuen Rahmenbedingungen und an die neuen Erfordernisse eingeleitet. Sie verbessern zielgerichtet ihre Fähigkeiten zur Bewältigung der neuen Herausforderungen. ...

Der Prager Gipfel im November des Jahres 2002 wird ein Meilenstein werden, um die fortdauernde Anpassung des Bündnisses an das veränderte Umfeld weiter voranzutreiben. Das strategische Konzept von 1999 bietet hierfür weiterhin eine sehr solide Grundlage. Doch es ist klar, dass die NATO in der Lage sein muss, die vitalen Sicherheitsinteressen ihrer Mitglieder dort zu verteidigen, wo sie berührt werden: innerhalb und außerhalb Europas. Das ändert nichts daran, dass die NATO ein regionales Bündnis bleibt und der Washingtoner Vertrag unverändert Gültigkeit hat.

Die Europäische Union entwickelt sich zu einer starken, umfassenden politischen Union. Mit der europäischen Sicherheits- und Verteidigungspolitik eröffnet sie sich neue Möglichkeiten zur Durchführung militärischer und ziviler Krisenmanagementaufgaben und neue Perspektiven, um an der Friedenssicherung in Europa und darüber hinaus mitzuwirken. ...

Die Bundesregierung bekennt sich zur Bundeswehr als unverzichtbarem Element einer umfassend verstandenen Außen- und Sicherheitspolitik. Hierfür war die Bundeswehr mit ihren übernommenen Strukturen des Kalten Krieges nicht ausgerichtet. ... Wir sind auf dem besten Wege, Auftrag, Aufgaben, Organisation, Ausrüstung und Mittel in ein neues Gleichgewicht zu bringen. Damit führen wir die Bundeswehr zu einer neuen Stufe ihrer Leistungsfähigkeit: Die Bundeswehr der Zukunft wird über ein Kontinuum von Fähigkeiten verfügen, das das gesamte Einsatzspektrum abdeckt. Dies reicht von kollektiver Verteidigung über Einsätze in der Konfliktverhütung und Krisenbewältigung bis hin zu Einsätzen zur Unterstützung humanitärer Aktionen, Hilfeleistung bei Katastrophen und Rettung aus Notlagen.

Die Reform der Bundeswehr ist kein Selbstzweck. Sie hätte bereits viel früher begonnen werden müssen. Ich gebe gerne zu, dass viele von uns zu Beginn der 90er-Jahre geglaubt haben, die Verteidigungsanstrengungen zurückfahren zu können. Das Ende des Kalten Krieges hat Hoffnungen geweckt, die nur wenige Jahre später zurechtgerückt werden mussten. Seitdem ist die Bundeswehr im Einsatz. Kambodscha, Somalia und IFOR waren Signale, die zu einer Kurskorrektur Anlass gegeben hätten ...

Wir haben neben den Investitionen in die

Menschen der Bundeswehr auch die Struktur der Bundeswehr Schritt für Schritt umgebaut. Nur so ist es möglich, dass heute rund 10000 deutsche Soldatinnen und Soldaten für die NATO, für die Vereinten Nationen und für unser Land mithelfen, den Frieden sicherer zu machen und dem Terrorismus wirksam zu begegnen.

Deutscher Bundestag und Bundeszentrale für politische Bildung, 16.11.2002.

Grundgesetz und Auftrag der Bundeswehr

M 3

Artikel 24 GG

(1) Der Bund kann durch Gesetz Hoheitsrechte auf zwischenstaatliche Einrichtungen übertragen.

(2) Der Bund kann sich zur Wahrung des Friedens einem System gegenseitiger kollektiver Sicherheit einordnen; er wird hierbei in die Beschränkungen seiner Hoheitsrechte einwilligen, die eine friedliche und dauerhafte Ordnung in Europa und zwischen den Völkern der Welt herbeiführen und sichern.

Artikel 87a GG

(1) Der Bund stellt Streitkräfte zur Verteidigung auf. Ihre zahlenmäßige Stärke und die Grundzüge ihrer Organisation müssen sich aus dem Haushaltsplan ergeben.

(2) Außer zur Verteidigung dürfen die Streitkräfte nur eingesetzt werden, soweit dieses Grundgesetz es ausdrücklich zulässt.

(3) Die Streitkräfte haben im Verteidigungsfalle und im Spannungsfalle die Befugnis, zivile Objekte zu schützen und Aufgaben der Verkehrsregelung wahrzunehmen, soweit dies zur Erfüllung ihres Verteidigungsauftrages erforderlich ist. Außerdem kann den Streitkräften im Verteidigungsfalle und im Spannungsfalle der Schutz ziviler Objekte auch zur Unterstützung polizeilicher Maßnahmen übertragen werden; die Streitkräfte wirken dabei mit den zuständigen Behörden zusammen.

(4) Zur Abwehr einer drohenden Gefahr für den Bestand oder die freiheitliche demokratische Grundordnung des Bundes oder eines Landes kann die Bundesregierung, wenn die Voraussetzungen des Artikels 91 Abs. 2 vorliegen und die Polizeikräfte sowie der Bundesgrenzschutz nicht ausreichen, Streitkräfte zur Unterstützung der Polizei und des Bundesgrenzschutzes beim Schutze von zivilen Objekten und bei der Bekämpfung organisierter und militärisch bewaffneter Aufständischer einsetzen. Der Einsatz von Streitkräften ist einzustellen, wenn der Bundestag oder der Bundesrat es verlangen.

Anmerkung: Zu den Aufgaben der Bundeswehr gehört auch die Terrorabwehr durch die Luftwaffe. Ein entsprechendes Gesetz, das den Einsatz von Bundeswehrjets bei einem Terrorangriff mit einem gekaperten Flugzeug regeln soll, wird derzeit (Juni 2003) erarbeitet.

Die Auslegung des Bundesverfassungsgerichtes

1. Die Ermächtigung des Art. 24 Abs. 2 GG berechtigt den Bund nicht nur zum Eintritt in ein System gegenseitiger kollektiver Sicherheit und zur Einwilligung in damit verbundene Beschränkungen seiner Hoheitsrechte. Sie bietet vielmehr auch die verfassungsrechtliche Grundlage für die Übernahme der mit der Zugehörigkeit zu einem solchen System typischerweise verbundenen Aufgaben und damit auch für eine Verwendung der Bundeswehr zu Einsätzen, die im Rahmen und nach den Regeln dieses Systems stattfinden.

2. Art. 87a GG steht der Anwendung des Art. 24 Abs. 2 GG als verfassungsrechtliche Grundlage für den Einsatz bewaffneter Streitkräfte im Rahmen eines Systems gegenseitiger kollektiver Sicherheit nicht entgegen.

3. a) Das Grundgesetz verpflichtet die Bundesregierung , für einen Einsatz bewaffneter Streitkräfte die – grundsätzlich vorherige – konstitutive Zustimmung des Deutschen Bundestages einzuholen.

b) Es ist Sache des Gesetzgebers, jenseits der im Urteil dargelegten Mindestanforderungen und Grenzen des Parlamentsvorbehalts, für den Einsatz bewaffneter Streitkräfte die Form und das Ausmaß der parlamentarischen Mitwirkung näher auszugestalten.

4. Zur Friedenswahrung darf die Bundesrepublik Deutschland gemäß Art. 24 Abs. 2 GG in eine „Beschränkung" ihrer Hoheitsrechte einwilligen, indem sie sich an Entscheidungen einer internationalen Organisation bindet, ohne dieser damit schon im Sinne des Art. 24 Abs. 1 GG Hoheitsrechte zu übertragen.

5. a) Ein System gegenseitiger kollektiver Sicherheit im Sinne des Art. 24 Abs. 2 GG ist dadurch gekennzeichnet, dass es durch ein friedenssicherndes Regelwerk und den Aufbau einer eigenen Organisation für jedes Mitglied einen Status völkerrechtlicher Gebundenheit begründet, der wechselseitig zur Wahrung des Friedens verpflichtet und Sicherheit gewährt. Ob das System dabei ausschließlich oder vornehmlich unter den Mitgliedstaaten Frieden garantieren oder bei Angriffen von außen zum kollektiven Beistand verpflichten soll, ist unerheblich.

b) Auch Bündnisse kollektiver Selbstverteidigung können Systeme gegenseitiger kollektiver Sicherheit im Sinne von Art. 24 Abs. 2 GG sein, wenn und soweit sie strikt auf die Friedenswahrung verpflichtet sind.

6. Hat der Gesetzgeber der Einordnung in ein System gegenseitiger kollektiver Sicherheit zugestimmt, so ergreift diese Zustimmung auch die Eingliederung von Streitkräften in integrierte Verbände des Systems oder eine Beteiligung von Soldaten an militärischen Aktionen des Systems unter dessen militärischem Kommando, soweit Eingliederung oder Beteiligung in Gründungsvertrag oder Satzung, die der Zustimmung unterlegen haben, bereits angelegt sind. Die darin liegende Einwilligung in die Beschränkung von Hoheitsrechten umfasst auch die Beteiligung deutscher Soldaten an militärischen Unternehmungen auf der Grundlage des Zusammenwirkens von Sicherheitssystemen in deren jeweiligem Rahmen, wenn sich Deutschland mit gesetzlicher Zustimmung diesen Systemen eingeordnet hat.

Auszug aus dem Urteil des Zweiten Senats vom 12. Juli 1994, Aktenzeichen: 2 BvE 2/92, 2 BvE 5/93, 2 BvE 7/93, 2 BvE 8/93

Der Auftrag der Bundeswehr

M 4

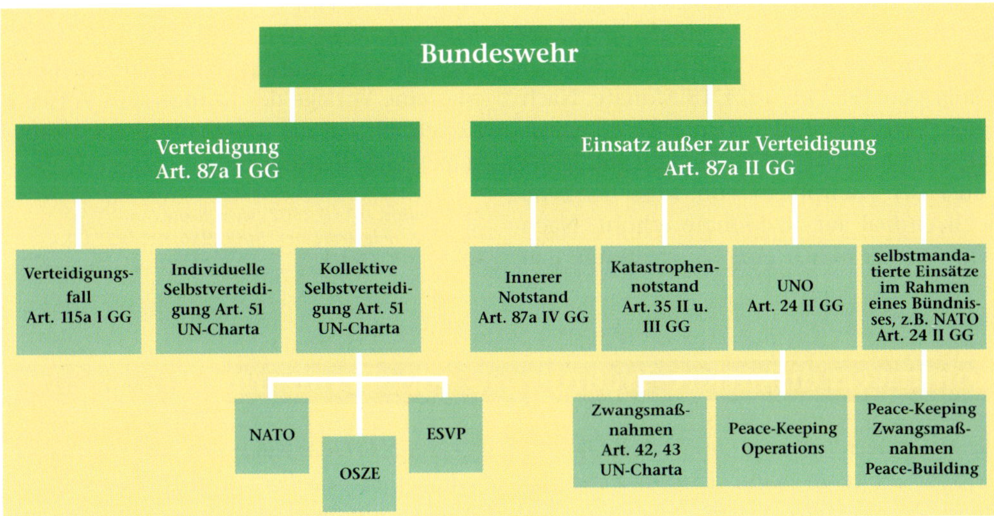

Stichwort Wehrpflicht

M 5

Die allgemeine Wehrpflicht ist seit Aufstellung westdeutscher Streitkräfte nach dem Zweiten Weltkrieg fester Bestandteil der Bundeswehr. Mit der Aufnahme der Bundesrepublik Deutschland in die NATO 1955 wurden die ersten Einheiten der als Wehrpflichtarmee konzipierten Bundeswehr gebildet. Die allgemeine Wehrpflicht wurde 1956 eingeführt. Die ersten Rekruten kamen daraufhin 1957 in die Kasernen: Bis 1960 wurden nach Angaben des Bundesverteidigungsministeriums 268 629 junge Männer einberufen. In den den folgenden Jahren schwankte die Zahl der Wehrpflichtigen meist zwischen 150 000 und 200 000 jährlich. Im Jahr 2001 wurden zuletzt 125 715 zum Grundwehrdienst einberufene Soldaten gezählt. Bis zum Jahr 2012 soll die Zahl der Wehrpflichtigen auf 80 000 sinken. Der Wehrpflicht unterliegen generell alle Männer vom 18. bis zum 25. Lebensjahr. Die Dauer des Grundwehrdienstes schwank-

Frauen stehen nach der Umsetzung eines EuGH-Urteils alle Laufbahnen in der Bundeswehr offen. Sie können nach Art. 12a, Abs. 4 Grundgesetz aber nicht zum Dienst mit der Waffe verpflichtet werden.

te in den vergangenen knapp 50 Jahren erheblich: Während die Wehrpflichtigen zunächst für zwölf Monate eingezogen wurden, waren es nach dem Bau der Berliner Mauer von 1962 bis 1971 18 Monate. Nach einer Verkürzung des Grundwehrdienstes von 1972 bis 1985 auf 15 Monate wurde die Dauer der Wehrpflicht von 1986 bis 1988 noch einmal auf 18 Monate erhöht. Nach dem Fall der Mauer ging sie kontinuierlich auf inzwischen neun Monate zurück. Das Bundesverfassungsgericht (BVerfG) entschied im April, dass die Wehrpflicht weiterhin mit dem Grundgesetz vereinbar sei. Es wies eine Vorlage des Landgerichts Potsdam zurück, die auf die Abschaffung des Zwangs zum Militärdienst zielte.

ZDF-Online, 07.10.2002 (www.heute.t-online.de/ZDFde/druckansicht/0,1986,2017853,00.html, 20.12.2002)

M 6 Kontrovers diskutiert: Wehrdienst- oder Berufsarmee?

Die Amerikaner haben sie, die Engländer haben sie und viele NATO-Verbündete in Europa wollen sie: die Berufsarmee. In Deutschland ist darüber der Streit über die Beibehaltung der Wehrpflicht entbrannt. Der verteidigungspolitische Sprecher Peter Zumkley wirbt für die Wehrpflicht, während sein Parteifreund Christoph Matschie (beide SPD) für die Schaffung einer Berufsarmee plädiert.

a) Peter Zumkley: Plädoyer für die Wehrpflicht

Vorsorge für die Landesverteidigung bleibt nach unserer Verfassung die einzige Legitimation für die Streitkräfte. Fähigkeiten zur Landesverteidigung sind heute aber mehr denn je Beiträge zur Bündnisverteidigung. Dies erfordert eine Aufwuchsfähigkeit der Streitkräfte in einem Umfang, der deutlich über der Friedensstärke liegt.

Der eventuell notwendige Verteidigungsumfang der Bundeswehr kann nur mit der Beibehaltung der Wehrpflicht erreicht werden. Nur eine Wehrpflichtarmee kann genügend Reservisten gut ausbilden und im Verteidigungsfall heranziehen. Die Wehrpflicht als Risikovorsorge für die Landes- und Bündnisverteidigung ist von besonderer Bedeutung. In den letzten 40 Jahren haben über acht Millionen Wehrpflichtige Mitverantwortung für die Sicherheit unseres Landes übernommen und einen Beitrag zu seinem Schutz geleistet. Mit ihrem Dienst haben sie zu einem breiten gesellschaftlichen Konsens für die Notwendigkeit von Streitkräften beigetragen. Die Wehrpflichtarmee ist die vitalere Armee. Die Wehrpflichtigen bringen ein breites Spektrum an Einstellungen und Anschauungen in die Truppe ein. Dies beugt Verkrustung und Entfremdung der Streitkräfte vor und trägt dazu bei, dass der „Staatsbürger in Uniform" in der Gesellschaft verankert bleibt.

Die Befürworter für die Aussetzung oder Abschaffung der Wehrpflicht führen die mangelnde „Wehrgerechtigkeit" ins Feld. „Dienstgerechtigkeit" ist der bessere Begriff, da auch die Zivildienstleistenden der allgemeinen Wehrpflicht genügen. In der Geschichte der Bundeswehr haben fast immer ein Drittel eines Geburtsjahrganges keinen Wehrdienst oder sonstigen Dienst geleistet. Das führte nicht zur Abschaffung der Wehrpflicht. Der Durchschnitt der Nichteingezogenen wird künftig eher geringer sein. Die Behauptung, es würde keine Wehrgerechtigkeit mehr geben, ist somit nicht zutreffend. Und schließlich wäre eine reine Berufsarmee deutlich teurer. Eine Bundeswehr mit Berufs- und Zeitsoldaten sowie Wehrpflichtigen ist in ihrer Qualität jeder Berufsarmee überlegen.

b) Christoph Matschie: Wir brauchen die Berufsarmee

Als die allgemeine Wehrpflicht eingeführt wurde, ging es darum, die Landesverteidigung sicherzustellen. Nur dies konnte einen so starken Eingriff in die Freiheit des Einzelnen rechtfertigen. Das war in einer Zeit, als man im Ost-West-Konflikt mit klassischen Angriffs- und Verteidigungskriegen rechnete, die mit großen Armeen geführt werden würden. Heute gibt es diese Art der Bedrohung in Europa nicht mehr. Damit entfällt auch die Begründung für einen Pflicht, die so stark in die persönliche Freiheit eingreift. Viele europäische Staaten haben deshalb die Wehrpflicht ausgesetzt oder ganz abgeschafft. Wir sollten den gleichen Weg gehen. Die Anforderungen an heutige europäische Armeen haben sich stark gewandelt. Gut ausgebildete Spezialisten sind gefragt. Schon heute spielen Wehrpflichtige für die wesentlichen Aufgaben der Bundeswehr fast keine Rolle mehr.

Was wir in Zukunft brauchen, ist eine gemeinsame europäische Verteidigungspolitik, basierend auf einer gemeinsamen Berufsarmee. Beim Absolvieren des Wehrdienstes hier zu Lande gibt es längst keine Gerechtigkeit mehr. Der eine muss dienen, der andere kommt davon. Auch das unterhöhlt die Legitimation der Wehrpflicht.

Wer sich für Zivildienst entscheidet, muss fast immer ran. Wir haben uns so sehr an die Zivis gewöhnt, dass manche meinen, ohne ihre Dienste geht es nicht. Aber hier müssen wir umlernen. Billige Arbeitskraft für soziale Aufgaben ist kein Grund für eine Dienstpflicht für junge Männer. Wir müssen stattdessen in Zukunft Freiwilligendienste besser fördern und mehr reguläre Stellen schaffen im Sozialbereich.

Auch um die demokratische Einbindung einer zukünftigen Berufsarmee muss uns nicht bange sein. Unsere Gesellschaft hat hier in den letzten Jahrzehnten eine enorme Entwicklung durchlaufen. Wir werden gemeinsam mit unseren europäischen Nachbarn in der Lage sein, eine zukünftige europäische Berufsarmee fest in unserer Demokratie zu verankern.

Stuttgarter Nachrichten, 5.4.2002 (www.stuttgarter-nachrichten.de/stn/page/detail.php/139561, 2.12.2002)

AUFGABEN

1. Informieren Sie sich mit Hilfe des Internets über die Aufgaben der Bundeswehr in den einzelnen Einsatzgebieten (M 1).
2. Beschreiben Sie knapp die Kernelemente und Eckpfeiler der deutschen Sicherheitspolitik (M 2).
3. **Streitlinie.** Denken Sie sich eine Linie in der Mitte des Klassenzimmers. Es steht die Frage zur Diskussion, ob aus der Wehrpflichtarmee Bundeswehr eine Berufsarmee werden soll. Teilen Sie sich nun entsprechend Ihrer Position entlang der Linie in eine Pro- und eine Kontra-Gruppe. Sammeln Sie Argumente für Ihre Position. Auf ein Argument der Pro-Seite folgt ein Argument der Kontra-Seite. Nach Abschluss der Diskussion nehmen Sie nochmals entlang der Streitlinie Stellung (M 5, M 6).

LINKS

www.bundeswehr.de (Die Bundeswehr im Netz)

www.bmvg.de (Bundesverteidigungsministerium)

www.treff.bundeswehr.de (Jugendseite der Bundeswehr)

Informationen und Zusammenhänge

Wandel des Auftrags der Bundeswehr
M 1 - M 4

Vor der Anpassung an die veränderte Sicherheitslage und neue Risiken steht auch die deutsche Verteidigungspolitik und die Bundeswehr. Der Auftrag der Streitkräfte leitet sich dabei aus den Bestimmungen des Grundgesetzes, der Einbindung Deutschlands in internationale Organisationen wie UNO, NATO und EU und der Meinungsbildung in der Öffentlichkeit und den Parteien ab. Im Mai 2003 hat der Bundesverteidigungsminister die neuen verteidigungspolitischen Richtlinien (VPR) erlassen. Sie sind die verbindliche Grundlage für die konzeptionelle Ausrichtung der Bundeswehr. Darin wird die seit dem Ende des Ost-West-Konfliktes sich abzeichnende Verschiebung der Prioritäten von der verfassungsmäßigen Hauptaufgabe, der Landesverteidigung, hin zur Erfüllung ganz unterschiedlicher Mandate auch außerhalb des Bündnisgebietes festgeschrieben. Dazu gehört die Beteiligung an der Krisenprävention, an internationalen Friedensmissionen, humanitären Hilfsaktionen, am Aufbau staatlicher Strukturen nach einem Kriege, aber auch an Kampfeinsätzen im Rahmen einer multinationalen Streitkraft.
Im Auftrag von VN, NATO und ESVP beteiligt sich die Bundeswehr heute mit ca. 10 000 Soldaten an Auslandseinsätzen, wobei die politische Debatte um Sinn und Berechtigung der einzelnen Einsätze anhält.

Verfassungsrechtliche Lage
M 4

Dabei war die Beteiligung von Bundeswehrsoldaten an Maßnahmen zur Friedenserhaltung oder Friedenserzwingung außerhalb des NATO-Bündnisgebietes lange umstritten. Das Bundesverfassungsgericht hat hier 1994 die verfassungsrechtliche Lage geklärt. So gibt es keine Einschränkungen für den Einsatz der Bundeswehr im Rahmen von Systemen kollektiver Sicherheit (UNO) und kollektiver Verteidigung (z.B. NATO), wenn sie der Friedenserhaltung dienen, und ein Beschluss der Bundesregierung vorliegt, dem der Bundestag mit einfacher Mehrheit zugestimmt hat.

Entsendegesetz

Umstritten ist nach wie vor die Notwendigkeit eines so genannten „Entsendegesetzes“, das der Regierung mehr Flexibilität bei Kriseneinsätzen der Bundeswehr geben würde. Der Bundestag würde dann nur noch eine Art „Rückholrecht“ erhalten, ohne über jeden Einsatz neu abstimmen zu müssen.

Reform der Streitkräfte

Für die Wahrnehmung der neuen Aufgaben ist die Bundeswehr auch derzeit noch unzureichend ausgerüstet. Sie muss deshalb weiter umfassend modernisiert werden. Deswegen wird der Anteil der für die oben genannten Einsätze ausgebildeten Soldatinnen und Soldaten bei insgesamt sinkendem Bundeswehrumfang deutlich erhöht. Die Bundeswehr besteht heute aus ca. 285 000 Soldatinnen und Soldaten. Darunter sind so genannte Krisenreaktionskräfte oder Einsatzkräfte (zur Zeit ca. 65 000, zukünftig bis 150 000), die innerhalb kürzester Zeit und mit kompletter Ausrüstung in und außerhalb des Bündnisgebietes ihren Dienst versehen müssen.

Diskussion um die Wehrpflicht
M 5, M 6

Im Zusammenhang mit dem grundlegenden Wandel der Streitkräftestruktur wird seit einigen Jahren auch die Beibehaltung der Wehrpflicht in Frage gestellt. Kritiker fordern, die Bundeswehr nach dem Vorbild anderer europäischer Armeen in eine Berufsarmee umzuwandeln.

4.4 Friede durch Zivilisierung der internationalen Politik

M 1

Friede ... was ist das?

Friede ist nicht Abwesenheit von Krieg. Friede ist eine Tugend, eine Geisteshaltung, eine Neigung zu Güte, Vertrauen und Gerechtigkeit.

Baruch de Spinoza, (1632 – 1677), holländischer Philosoph

Friede ist niemals durch Koexistenz, sondern durch Kooperation.

Karl Jaspers (1883 – 1969), deutscher Philosoph und Schriftsteller

Friede gilt mehr denn alles Recht, und Friede ist nicht um des Rechtes willen, sondern Recht um des Friedens willen gemacht. Darum, wenn ja eines weichen muss, so soll das Recht dem Frieden und nicht der Friede dem Rechte weichen.

Martin Luther (1483 – 1546), deutscher Theologe und Reformator

Was bedeutet Frieden für Sie?

Friede nur so lange währt, als dein Nachbar ihn begehrt.

Sprichwort

M 2

Die weltweite Durchsetzung der Menschenrechte

An der Schwelle zum 21. Jahrhundert erscheint es heute fast selbstverständlich, dass Menschenrechte einen Schutz auch durch die internationale Staatengemeinschaft genießen. Die Zahl der Institutionen, die sich mit der Förderung und Sicherung der Menschenrechte befassen, lässt sich für den Laien kaum noch überblicken. ...

Ausgelöst worden ist diese Entwicklung vor allem durch die Schrecken des Zweiten Weltkrieges. ... So wurde im Juni 1945 in die Charta der Vereinten Nationen die Bestimmung aufgenommen, dass die Weltorganisation sich für die Förderung und den Schutz der Menschenrechte einzusetzen habe (Artikel 1 Absatz 3). Sogleich nach dem Beginn ihrer Amtstätigkeit 1946 wurde deswegen die UN-Menschenrechtskommission als das zuständige Fachgremium damit beauftragt, die einem jeden allein infolge seines Menschseins zustehenden Rechte zu definieren. Die Menschenrechtskommission ist seit dieser Zeit eine der maßgeblichen Kräfte, die die Aktivitäten der Vereinten Nationen auf dem Gebiet der Menschenrechte bestimmen. Sie bereitete auch die Entwürfe für die Allgemeine Erklärung der Menschenrechte vor, die am 10. Dezember 1948 verabschiedet wurde ...

Da die Allgemeine Erklärung als Resolution der Generalversammlung der Vereinten Nationen lediglich empfehlenden Charakter

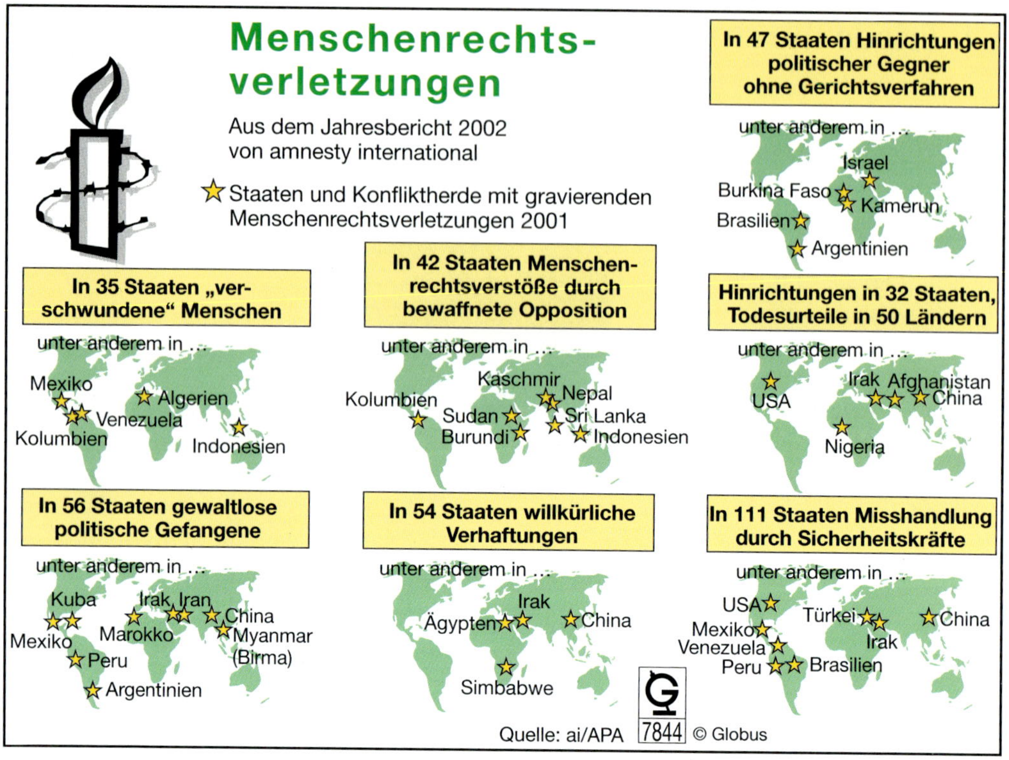

besitzt, wurde in einer nächsten Arbeitsphase sogleich damit begonnen, ihre sachlichen Inhalte in die verbindliche rechtliche Form des völkerrechtlichen Vertrages umzusetzen. Dies gelang erst 18 Jahre später im Dezember 1966 durch die Verabschiedung von zwei umfassenden Vertragsinstrumenten, von denen das eine die traditionellen Freiheitsrechte gewährleistet (Internationaler Pakt über bürgerliche und politische Rechte), das andere die „moderneren“ Rechte der so genannten „zweiten Generation“ (Internationaler Pakt über wirtschaftliche, soziale und kulturelle Rechte). ...

Zunächst muss man nüchtern feststellen, dass es im Kreise der Paktstaaten noch einige signifikante Lücken gibt. Es ist einerseits China, das sich abseits hält, andererseits haben auch bis zur Gegenwart vor allem die islamischen Staaten der arabischen Halbinsel eine ablehnende Haltung an den Tag gelegt. ...

In der Frage, wie diesem sichtbaren Ausdruck eines Zusammenpralls unterschiedlicher Zivilisationen zu begegnen sei, sind die Meinungen geteilt. Während eine Richtung Respekt vor überkommenen Werten und Praktiken anempfiehlt, sind insbesondere die Gremien der Vereinten Nationen nicht bereit, auf Kritik von Zuständen zu verzichten, die sie als Rückstände von illegitimen Herrschaftsstrukturen der Vergangenheit betrachten. ...

Wahre Globalität der Menschenrechte wird freilich mit bloßen Texten, mögen sie auch rechtlich verbindliche Kraft besitzen, nicht erreicht. Die große Herausforderung liegt heute darin, dem normativen Bestand auch tatsächliche Geltung zu verschaffen. Insoweit steht die Entwicklung unter weit ungünstigeren Vorzeichen als bei einer rein juristischen Betrachtung. ...

Im Wesentlichen stehen gegenwärtig auf internationaler Ebene drei Mechanismen für den Fall bereit, dass in einem Lande die internen Verfahren nicht – oder nicht mehr – in der Lage sind, den Schutz der Menschenrechte wahrzunehmen.

Im weltweiten Maßstab sind wiederum an erster Stelle die Vereinten Nationen zu nennen, die neben ihrer Rechtsetzungsfunktion auch Aufgaben der Rechtsdurchsetzung übernommen haben. Nicht nur die Menschenrechtskommission, auch die Generalversammlung selbst nimmt heute die Befugnis für sich in Anspruch, sich kritisch mit der Lage in jedwedem Land der Erde auseinanderzusetzen und gegebenenfalls auch harsche Kritik zu üben. Selbst der Sicherheitsrat, dessen Aufgabe darin besteht, den Weltfrieden und die internationale Sicherheit zu gewährleisten, hat sich in extensiver Auslegung dieses Mandats zu der Auffassung bekannt, dass ein Zusammenbruch von Recht und Ordnung mit der Folge des Eintritts anarchischer Zustände (1992 Resolution 794 zu Somalia) oder eine grundsätzliche Verweigerung demokratischer Rechte zu Lasten der Bevölkerung (1993 Resolution 841 zu Haiti) seine Zuständigkeit begründen könne. So begrüßenswert diese Entwicklung an sich sein mag, so offen muss man auf der anderen Seite feststellen, dass bislang jedenfalls von einer Gleichbehandlung aller Staaten nicht die Rede sein kann. ...

Bessere Garantien für Objektivität und Gleichbehandlung bieten die zahlreichen im Rahmen der Weltorganisation funktionierenden Expertenausschüsse zur Überwachung der verschiedenen Menschenrechtsschutzverträge (zum Beispiel: Menschenrechtsausschuss nach dem Internationalen Pakt über bürgerliche und politische Rechte). Diese Ausschüsse besitzen eine hohe Wirkungskraft, soweit es um die Behebung von Fehlern und Missständen geht, die als Einzelsymptom auftreten. Wenn hingegen in einem Lande die Grundlagen der Rechtsstaatlichkeit erschüttert sind, vermag die bloße Expertenmeinung kaum noch etwas auszurichten.

Auch einzelne Staaten haben nach heutiger völkerrechtlicher Rechtslage die Befugnis, sich für die Respektierung menschenrechtlicher Gebote in einem anderen Land einzusetzen. ...

Am wenigsten beeinflusst von ... Erwägungen politischer Pragmatik vollzieht sich die Arbeit der Nichtregierungsorganisationen (NRO), von denen heute einige, wie etwa amnesty international oder die Internationale Juristenkommission, zu einem nicht zu unterschätzenden Machtfaktor geworden sind.

Christian Tomuschat, Menschenrechte für alle?, in: Informationen zur Politischen Bildung 263, Globalisierung, hg. von der Bundeszentrale für politische Bildung, Bonn 2/1999, S. 51 ff.

Der Internationale Strafgerichtshof – auf dem Wege zu einem neuen Völkerrecht?

M 3

Am 1. Juli 2002 ist der Gründungsvertrag des Internationalen Strafgerichtshofs in Kraft getreten. Der Vertrag wird nach dem Ort der diplomatischen Konferenz, die ihn im Sommer 1998 ausgehandelt und angenommen hat, „Römisches Statut des Internationalen Strafgerichtshofs" („Rome Statute of the International Criminal Court") genannt. ... Voraussetzung des Inkrafttretens war die völkerrechtlich bindende Annahme des Statuts durch mindestens sechzig Staaten (Art. 126 des Statuts). Zur Überraschung vieler Beobachter wurde diese Zahl bereits am 11. April 2002 erreicht ...

„Das Statut ist ein Meilenstein in der Entwicklung des Völkerrechts und legt das Fundament für eine Institution, die die Herrschaft des Rechts in den internationalen

Beziehungen künftig deutlich stärken wird ... Wie oft haben wir uns angesichts millionenfachen Leids gewünscht und gefordert, dass die Verantwortlichen für Krieg, Vertreibung und Völkermord für ihre Verbrechen vor einem unabhängigen Gericht zur Rechenschaft gezogen werden." Diese Ansicht Außenminister Joschka Fischers wird weltweit geteilt, allerdings nicht ausnahmslos: Die Vereinigten Staaten von Amerika stellen sich seit 1998 gegen das Gericht. Dagegen hat sich die Bundesrepublik Deutschland mit großem Nachdruck für einen unabhängigen, effektiven und damit glaubwürdigen internationalen Strafgerichtshof eingesetzt, gemeinsam nicht nur mit anderen europäischen Ländern, sondern insbesondere auch mit Kanada, Australien, Südafrika und Argentinien.

Der Gerichtshof, der seinen Sitz in Den Haag haben wird, wird das erste ständige (das heißt als dauerhafte Institution errichtete) internationale Strafgericht sein, vor dem sich Einzelpersonen (nicht Staaten) wegen bestimmter „schwerster Verbrechen von internationalem Belang" (Art. 1 des Statuts) verantworten müssen. Art. 5 Abs. 1 des Statuts bestimmt die Verbrechen, welche der Gerichtsbarkeit des Gerichtshofs unterliegen, wie folgt:

„Die Gerichtsbarkeit des Gerichtshofs ist auf die schwersten Verbrechen beschränkt, welche die Gemeinschaft als Ganzes berühren. Die Gerichtsbarkeit des Gerichtshofs erstreckt sich in Übereinstimmung mit diesem Statut auf folgende Verbrechen:

a) das Verbrechen des Völkermords;
b) Verbrechen gegen die Menschlichkeit;
c) Kriegsverbrechen;
d) das Verbrechen der Aggression[1]." ...

Die Gerichtsbarkeit des Gerichtshofs erstreckt sich nur auf Verbrechen, die nach Inkrafttreten des Statuts begangen worden sind (Art. 11 Abs. 1 des Statuts). Voraussetzung ist die Anerkennung der Gerichtsbarkeit durch den Staat, in dessen Gebiet das mögliche Verbrechen stattgefunden hat, und/oder den Staat, dessen Staatsangehörigkeit die des Verbrechens beschuldigte Person besitzt (Territorialitäts- bzw. Personalitätsprinzip).

Minderjährige unter 18 Jahren unterliegen nicht der Gerichtsbarkeit des Strafgerichtshofs. Dagegen ist nach Art. 27 Abs. 1 des Statuts unerheblich, ob ein Angeklagter in amtlicher Funktion gehandelt hat: „Dieses Statut gilt gleichermaßen für alle Personen, ohne jeden Unterschied nach amtlicher Eigenschaft. Insbesondere enthebt die amtliche Eigenschaft als Staats- oder Regierungschef, als Mitglied einer Regierung oder eines Parlaments, als gewählter Vertreter oder als Amtsträger einer Regierung eine Person

Chronologie des Völkerstrafrechts

- 1872 Gustave Moynier (Mitgründer des Internationalen Komitees vom Roten Kreuz) schlägt die Schaffung eines Weltstrafgerichtshofs vor
- 1921 Leipziger Kriegsverbrechertribunal
- 1945–46 Nürnberger Militärtribunal (IMT)
- 1946–48 Tokioter Militärtribunal (IMTFE)
- 1947 Einsetzung der Völkerrechtskommission zur Kodifizierung des Völkerrechts durch die UN-Generalversammlung
- 1993 Internationaler Strafgerichtshof für das frühere Jugoslawien (ICTY) in Den Haag errichtet
- 1995 Internationaler Strafgerichtshof für Ruanda (ICTR) in Arusha nimmt Arbeit auf
- 1996 Kommission zur Errichtung des IStGH eingesetzt
- 1998 Staatenkonferenz von Rom
- 1.7.2002 Das „Römische Statut des Internationalen Strafgerichtshofs" tritt in Kraft

nicht der strafrechtlichen Verantwortlichkeit nach diesem Statut und stellt für sich genommen keinen Strafmilderungsgrund dar."

... Der Gerichtshof kann auf Grund einer Initiative eines Vertragsstaates, des UN-Sicherheitsrates oder des Anklägers („Prosecutor", Leiter einer der deutschen Staatsanwaltschaft vergleichbaren Ermittlungs- und Anklagebehörde) tätig werden. Der Ankläger kann aus eigener Initiative Ermittlungen einleiten. Teil 3 des Statuts („Allgemeine Grundsätze des Strafrechts") verpflichtet den Gerichtshof auf wesentliche rechtsstaatliche Grundsätze wie das Prinzip der Gesetzesbestimmtheit („nullum crimen sine lege", „kein Verbrechen ohne Gesetz"; „nulla poena sine lege", „keine Strafe ohne Gesetz"), das Rückwirkungsverbot, die Unschuldsvermutung und das Verbot der Doppelbestrafung. Die Verhängung der Todesstrafe durch den Gerichtshof ist ausgeschlossen.

Der Gerichtshof wird nach dem Prinzip der Komplementarität (oder Ergänzung) nur dann tätig, wenn Staaten nicht willens oder nicht in der Lage sind, eine Straftat ernsthaft selbst zu verfolgen (vgl. Art. 17 des Statuts). Er ersetzt also, was die Präambel des Statuts ausdrücklich betont, nicht die nationale Gerichtsbarkeit, sondern ergänzt diese. ...

Mit dem Statut des Internationalen Strafgerichtshofs ist die Verfassung der Völkerrechtsgemeinschaft um einen wesentlichen Baustein erweitert worden. Der Gerichtshof, so hat der Berliner Völkerrechtsprofessor Christian Tomuschat bemerkt, „verkörpert idealtypisch die neue Qualität eines Völkerrechts, das sich nicht mehr auf die Regelung echter zwischenstaatlicher Angelegenheiten beschränkt, sondern tief in den staatlichen Innenraum eingreift". Damit sei ein weiterer Schritt auf dem Wege von einem Völkerrecht bloßer Koordination souveräner Einheiten zu einer stärker hierarchisierten Weltordnung getan ...

Während der Einzelne vor dem Europäischen Gerichtshof für Menschenrechte (mit Sitz in Straßburg) und ähnlichen Institutionen als Kläger oder Beschwerdeführer auftritt, befindet er sich vor dem künftigen Internationalen Strafgerichtshof in der Rolle des Angeklagten. Damit ist für das Individuum eine gewisse Vervollständigung des völkerrechtlichen Gerichtssystems eingetreten: Nicht nur die Einhaltung seiner Rechte durch die Staaten wird gerichtsförmig überwacht, sondern auch die Beachtung bestimmter Pflichten des Einzelnen gegenüber der internationalen Gemeinschaft.

Das Statut des Internationalen Strafgerichtshofs ist ein weiteres Indiz dafür, dass die alte Trennung zwischen nationalem (innerstaatlichen) Recht und Völkerrecht (zwischenstaatlichem Recht) zunehmend überwunden wird. ... Noch habe das neue Weltinnenrecht als „Rechtsordnung einer globalen Weltgesellschaft" das moderne Völkerrecht nicht abgelöst. Man wird vielmehr von einer Ergänzung und einem teilweisen Wandel der völkerrechtlichen Ordnung durch „weltinnenrechtliche" Elemente sprechen können. Zu diesen zählt auch der neue Internationale Strafgerichtshof.

Bardo Fassbender, Der Internationale Strafgerichtshof: Auf dem Weg zu einem „Weltinnenrecht"?, in: Aus Politik und Zeitgeschichte, B 27–28/8.7.2002, S.32 ff.

[1] Über das Verbrechen der Aggression hat er erst dann Gerichtsbarkeit, wenn hierfür durch eine Überprüfungskonferenz eine Definition gefunden wurde. Artikel 6 definiert Völkermord als eine bestimmte Handlung, die in der Absicht begangen wird, eine nationale, ethnische, rassische oder religiöse Gruppe ganz oder teilweise zu zerstören. Verbrechen gegen die Menschlichkeit werden gemäß Artikel 7 als Handlungen bezeichnet, die als Teil eines groß angelegten oder systematischen Angriffs gegen die Zivilbevölkerung begangen werden. Kriegsverbrechen sind nach Artikel 8 insbesondere schwere Verletzungen der vier Genfer Rot-Kreuz-Abkommen vom 12. August 1949 im internationalen oder nationalen bewaffneten Konflikt.

M 4 Das „zivilisatorische Hexagon“ – eine Architektur des Friedens

Wo zivilisierte Politik zur Zivilisierung des Zusammenlebens der Menschen innerhalb von modernen Gesellschaften beiträgt, wird ein solches Projekt im Idealfall von den folgenden sechs Sachverhalten gekennzeichnet:

1. Entprivatisierung von Gewalt (Gewaltmonopol):

Wesentlich für jeden Zivilisierungsprozess ist die Entprivatisierung von Gewalt bzw. die Herausbildung eines legitimen, in aller Regel staatlichen Gewaltmonopols, dem die einzelnen Bürger untergeordnet sind („Entwaffnung der Bürger“). Wo das Gewaltmonopol zusammenbricht, also die Wiederaufrüstung und Wiederbewaffnung der einzelnen Bürger eine Chance bekommen, findet statt, was in der neuen Diskussion im Hinblick auf entsprechende Vorgänge als ... „Jugoslawisierung“ politischen Konfliktverhaltens bezeichnet wird, nämlich die Renaissance von Bürgerkriegssituationen.

2. Kontrolle des Gewaltmonopols und Herausbildung von Rechtsstaatlichkeit (Verfassungsstaat):

Ein Gewaltmonopol, das nicht durch Rechtsstaatlichkeit eingehegt wird, wäre im Grenzfall nichts mehr als eine beschönigende Umschreibung von Diktatur. Dann wären seine gesellschaftlichen Träger nichts anderes als eine von mehreren Konfliktparteien in einer potenziellen Bürgerkriegssituation. Soll demgegenüber das Gewaltmonopol als legitim akzeptiert werden, bedarf es der Institutionalisierung rechtsstaatlicher Prinzipien und öffentlicher demokratischer Kontrolle, auf deren Grundlage sich Konflikte in einem institutionellen Rahmen fair austragen lassen. Rechtsstaatlich verfasste politische Ordnungen hegen das Gewaltmonopol ein. Es verliert dadurch seinen ursprünglichen Charakter, nämlich einfach eine Instanz von letztlich kriegerisch errungener, also willkürlicher Vormacht zu sein. ...

Überdies zeichnen sich solche politischen Ordnungen auch im gesellschaftlichen Bereich durch eine Fülle von institutionalisierten Formen der Konfliktartikulation, des Konfliktmanagements, der Konfliktregelung und der Konfliktlösung aus. Konflikte jedweder Art, seien es Interessen- oder Identitätskonflikte, werden dabei von vornherein als „normal“ und legitim erachtet, wobei in intakten rechtsstaatlichen Ordnungen Interessenkonflikte häufiger sind als Identitätskonflikte und die ersteren in aller Regel leichter bearbeitbar sind als die letzteren. ...

Ramallah, Westbank, im Februar 2002. Ein palästinensischer Junge schleudert Steine gegen einen israelischen Panzer.

3. Interdependenz und Affektkontrolle:

Die Entprivatisierung von Gewalt („die Entwaffnung der Bürger“) und die Sozialisation in eine Fülle von institutionalisierten Konfliktregelungen implizieren eine Kontrolle von Affekten. Solche Selbstkontrolle wird maßgeblich durch die Herausbildung von großflächig angelegten Verflechtungen ... unterstützt, weil diese, zu beobachten vor allem in arbeitsteiligen Ökonomien, ein erhebliches Maß an Berechenbarkeit erfordern und in der Folge Erwartungsverlässlichkeit mit sich bringen. ... Affektkontrolle ... meint dabei die in differenzierten Gesellschaften sich aus diversen komplexen Handlungszusammenhängen ergebende Selbstkontrolle bzw. Selbstbeherrschung. Sie ist Grundlage nicht nur von Aggressionshemmung und Gewaltverzicht, sondern darauf aufbauend von Toleranz und Kompromissfähigkeit. Beide Einstellungen sind wahrscheinlich überhaupt nicht denkbar ohne vorgängig eingeübte Selbstdisziplin. In ihr findet das Autonomiestreben von Individuen und von Gruppen, das moderne Gesellschaften kennzeichnet, ein unerlässliches Korrektiv.

4. Demokratische Beteiligung:
In politisierbaren Gemeinschaften müssen Interessen auf breiter Front artikulationsfähig und in den gängigen politischen Prozess integrierbar sein. Je offener und flexibler dabei das rechtsstaatlich-demokratische Institutionsgefüge ist, um so belastungsfähiger wird es bei anhaltenden und möglicherweise sich ausweitenden politischen Anforderungen sein. ...

5. Soziale Gerechtigkeit:
In Gesellschaften mit einem erheblichen Politisierungspotenzial ist eine aktive Politik der Chancen- und Verteilungsgerechtigkeit, letztlich ergänzt um Maßnahmen der Bedürfnisgerechtigkeit (Sicherung der Grundbedürfnisse), unerlässlich, weil nur dann sich die Mehrzahl der Menschen in einem solchen politischen Rahmen fair behandelt fühlt. Die materielle Anreicherung von Rechtsstaatlichkeit, insbesondere im Sinne eines Anteils an Wohlfahrt, ist also nicht eine politische Orientierung, der in solchen Gesellschaften nach Belieben gefolgt werden kann oder auch nicht; sie ist vielmehr eine konstitutive Bedingung der Lebensfähigkeit von rechtsstaatlichen Ordnungen und damit des inneren Friedens. Rechtsstaatlich verfasste Gesellschaften tun deshalb gut daran, die Frage der Gerechtigkeit niemals zur Ruhe kommen zu lassen, zumal wenn die ihnen zugrunde liegenden Ökonomien, in der Regel Marktwirtschaften, systembedingt eher Ungleichheit als Gleichheit produzieren.

6. Konstruktive politische Konfliktkultur:
Gibt es in einer aufgegliederten, aber deshalb auch zerklüfteten Gesellschaft faire Chancen für die Artikulation und den Ausgleich von unterschiedlichen Interessen, kann unterstellt werden, dass ein solches Arrangement verlässlich verinnerlicht wird, eine Bereitschaft zur produktiven Auseinandersetzung mit Konflikten vorliegt und kompromissorientierte Konfliktfähigkeit einschließlich der hierfür erforderlichen Toleranz zu einer selbstverständlichen Orientierung politischen Handelns wird. Dann kann noch ein weiterer Faktor hinzutreten: Das Gewaltmonopol und die Rechtsstaatlichkeit werden in politischer Kultur verankert, denn ohne diese blieben beide ohne emotionale Grundlage. Die materiellen Leistungen („soziale Gerechtigkeit“) erweisen sich dabei als eine wichtige Brücke zwischen dem Institutionsgefüge und dessen positiver emotionaler Absicherung („Bürgergesinnung“).

Dieter Senghaas, Frieden als Zivilisationsprojekt, in: ders. (Hg.), Den Frieden denken. Frankfurt/ M. 1995, S. 198 ff.

AUFGABEN

1. Skizzieren Sie die Entwicklung und Problematik des internationalen Schutzes der Menschenrechte (M 2).
2. Erläutern Sie die völkerrechtliche Bedeutung des Internationalen Strafgerichtshofes (M 3).
3. Beurteilen Sie abschließend, welche Entwicklungen und Institutionen der internationalen Politik dazu beitragen, die Bedingungen des „zivilisatorischen Hexagons" (M 4) zu erfüllen und welche nicht. Berücksichtigen Sie dabei besonders, ob und wo sich auf internationaler Ebene Tendenzen zur Herausbildung eines internationalen Gewaltmonopols erkennen lassen.

LINKS

www.amnesty.org (Amnesty International)

www.igfm.de (Internationale Gesellschaft für Menschenrechte)

www.echr.coe.int/ (Europäischer Gerichtshof für Menschenrechte)

www.un.org/law/icc/ (Internationaler Strafgerichtshof)

www.dadalos.org/deutsch/Menschenrechte/Inhalt_MR/inhalt.htm
(virtueller Lehrgang zum Thema Menschenrechte, sehr gut aufbereitet)

Informationen und Zusammenhänge

Wandel des Kriegsbildes

Während einerseits immer mehr Staaten demokratische und rechtsstaatliche Strukturen und Formen des Konfliktaustrags akzeptieren, ist andererseits Gewalt in vielen Teilen der Welt immer noch ein praktiziertes Mittel der Konfliktbewältigung. Dabei verschiebt sich die Ebene der Gewaltanwendung nach „unten", d.h. klassische zwischenstaatliche Konflikte verlieren immer mehr an Bedeutung, während eine Tendenz zu Bürgerkriegen und asymmetrischen Kriegen feststellbar ist, bei welchen die Konturen der Akteure (Warlords, Terroristen) verwischen und auch die Mittel der Kriegführung zunehmend privatisiert werden.

Voraussetzungen einer globalen Friedensordnung
M 1 - M 4

Eine Zivilisierung der internationalen Politik kann sich deshalb nicht allein auf die zwischenstaatlichen Beziehungen beschränken. Für eine nachhaltige Befriedung sind Voraussetzungen notwendig, die auch die innere Verfasstheit der Staaten betreffen. Eckpunkte einer solchen Architektur des Friedens müssen sein:
- Weltweite Anerkennung und Durchsetzung der Menschenrechte
- Entprivatisierung von Gewalt in und zwischen den Staaten und die damit einhergehende Herausbildung eines öffentlich legitimierten, mit rechtsstaatlichen Mitteln kontrollierten Gewaltmonopols
- Verrechtlichung des Konfliktaustrags durch unabhängige Gerichte
- Herausbildung von Interdepenzen zwischen und in den Staaten bspw. durch arbeitsteilige Ökonomien. Sie erzeugen sich überlagernde Interessen und eine erhöhte Verhaltensverlässlichkeit
- Demokratische Teilhabe für alle, auch Minderheiten
- Mechanismen des sozialen Ausgleichs zwischen Arm und Reich

Ansätze zur Verwirklichung

Zwar ist die Weltgemeinschaft noch weit von einer Verwirklichung dieser Voraussetzungen entfernt, doch gibt es zahlreiche Entwicklungen, die eine solche Architektur des Friedens als grundsätzlich realisierbar erscheinen lassen. So gibt es einzelne Friedensregionen, wie z.B die Europäische Union, in denen ein gewaltsamer Konfliktaustrag zwischen den Staaten heute undenkbar scheint. Mit der Errichtung des Internationalen Strafgerichtshofes ist ein weiterer Schritt zu einer Rechtsordnung der globalen Gemeinschaft getan. Und nicht zuletzt bieten die vielen internationalen Organisationen Möglichkeiten zur friedlichen, auf gemeinsamen Regeln basierenden zwischenstaatlichen Kooperation.

Register

Literatur zur Vorbereitung und Vertiefung

Sämtliche Publikationen sind bei der Bundeszentrale für politische Bildung erhältlich.

Deutscher Bundestag (Hg.), Globalisierung der Weltwirtschaft, Schlussbericht der Enquete-Kommission, Opladen 2002

! Czempiel, Ernst-Otto, Weltpolitik im Umbruch, 4. Aufl., Bonn 2003

! Gareis, Sven/Varwick, Johannes, Die Vereinten Nationen, Bonn 2002

! Hauchler, Ingomar/Messner, Dirk/Nuscheler, Franz (Hg.), Globale Trends 2002. Analysen, Fakten, Prognosen, Frankfurt/M. 2002

Hoffmann, Bruce, Terrorismus. Der unerklärte Krieg, Bonn 2002

Münkler, Herfried, Die neuen Kriege, Reinbek bei Hamburg 2002

! Müller, Harald, Supermacht in der Sackgasse. Die Weltordnung nach dem 11. September, Bonn 2003

Müller, Klaus, Globalisierung, Bonn 2002

Stiglitz, Joseph, Die Schatten der Globalisierung, Bonn 2002

Weidenfels, Werner/Wessels, Wolfgang (Hg.), Europa von A - Z, 8.Aufl., Bonn 2002

! Woyke, Wichard (Hg.), Handwörterbuch internationale Politik, 8. Aufl., Bonn 2000

Karl Kaiser/Hans-Peter Schwarz (Hg.), Weltpolitik im neuen Jahrhundert, Bonn 2000

! Informationen zur politischen Bildung
- Europäische Union (Nr. 279/2003)
- Globalisierung (Nr. 263/1999)
- Internationale Beziehungen II (Nr. 274/2002)
- Menschenrechte (Nr. 210/2000)

Thema im Unterricht
- Nord und Süd – Eine Welt? (Nr. 14/1999)
- Europa für Einsteiger (Nr. 5/1998)

Bildnachweis

Agentur Mauritius, Mittenwald (1);
Archiv für Kunst und Geschichte, Berlin (1);
Der Spiegel, Hamburg (1);
Deutsche Presse-Agentur, Frankfurt (31);
DPA-Grafik, Frankfurt (7);
F1-Online, Frankfurt (1);
Fischer Weltalmanach 2001, Frankfurt 2000, S. 807 (1);
Globus Infografik, Hamburg (12);
Greenpeace e.V., Hamburg (2);
Hanel/CCC.www.c5net, München (2);
Keystone Pressedienst, Hamburg (1);
Mandzel/CCC.www.c5net, München (1);
Meldepress, Berlin (1);
Mester/CCC.www.c5net, München (2);
Nel/CCC.www.c5net, München(1);
Picture Press, Hamburg (1);
Pro Asyl, Frankfurt (1);
Christian Renz GmbH & Co., Heubach (3);
Erich Schmidt Verlag, Berlin (6);
Superbild, München (1);
The Image Bank, München (1);
Ullstein-Bild, Berlin (4);
Verlagsarchiv (6);
Visum, Hamburg (2)